书山有路勤为径，优质资源伴你行
注册世纪波学院会员，享精品图书增值服务

科学成长系列丛书

Scientific Compensation
Practices

科学分钱

学习华为分钱方法，解决企业激励难题

卞志汉 著

电子工业出版社·
Publishing House of Electronics Industry
北京·BEIJING

图书在版编目（CIP）数据

科学分钱：学习华为分钱方法，解决企业激励难题 / 卞志汉著．—北京：电子工业出版社，2021.2 (2025.9 重印)

（科学成长系列丛书）

ISBN 978-7-121-39988-6

Ⅰ．①科… Ⅱ．①卞… Ⅲ．①通信－邮电企业－企业分配－经验－深圳 Ⅳ．① F632.765.3

中国版本图书馆 CIP 数据核字（2020）第 231569 号

责任编辑：刘淑丽
印　　刷：涿州市京南印刷厂
装　　订：涿州市京南印刷厂
出版发行：电子工业出版社
　　　　　北京市海淀区万寿路173信箱　　邮编100036
开　　本：720×1000　1/16　印张：16.25　字数：265千字
版　　次：2021年2月第1版
印　　次：2025年9月第24次印刷
定　　价：78.00元

凡所购买电子工业出版社图书有缺损问题，请向购买书店调换。若书店售缺，请与本社发行部联系，联系及邮购电话：（010）88254888，88258888。

质量投诉请发邮件至zlts@phei.com.cn，盗版侵权举报请发邮件至dbqq@phei.com.cn。

本书咨询联系方式：（010）88254199，sjb@phei.com.cn。

致 谢

Acknowledgements

　　"科学分钱"的底层逻辑、核心方法主要源于华为，但又跳出了华为，希望能够适用于所有企业。众恩咨询是一家专注"科学分钱"的管理咨询公司，始终坚持"科学分钱"理论体系的指导，并在大量咨询项目中反复验证和打磨这套方法，才使得本书的知识体系更加完善，工具算法更加实用，实践案例更加丰富。在此要特别感谢众恩咨询的顾问老师们，他们是：

段昌松　贺宇欢　雷程仕

索祖刚　方　蓉　朱剑城

黄惠领　松傲鹏　温优林

詹祝英　陈阿美　李敬文

推荐序一

方向大致正确，组织始终充满活力

华为于1987年诞生在深圳的一处普通民宅，短短30多年，由一个小作坊成长为全球通信设备行业的领导者和世界级领先企业。

华为是如何将十几万名知识型员工组织起来，凝聚在一起，并持续激发他们的内在潜能和价值创造能量的？华为是如何在确保方向大致正确的同时，通过分利、分权、分名让组织始终充满活力，让员工乐于群体奋斗，分灶不分家的？华为又是如何将能力建立在组织上，通过组织平台赋能，提高一线集成综合作战能力，从而能够打赢"班长的战争"，实现员工自我管理、自我激励和自我约束的？知识型劳动价值贡献有时是隐性的、间接的、长期性的，华为是如何评价员工的价值贡献，如何分配价值的？又是如何平衡劳动方和资本方的利益分配，从而激发劳动方全力创造价值的？华为是如何设计激励要素，与不同业务场景、不同人群、不同岗位层级进行有效匹配，牵引公司战略实现，激发员工的内在动力的？许多企业家也舍得给员工让利分钱，但往往钱分得越多，员工越抱怨，人心越散。如何正确地分钱，让钱分得既程序公平，又科学合理，让人心服口服，这是一个世界级的管理难题，也是中国企业家在分钱的过程中普遍面临的困惑，《科学分钱：学习华为分钱方法，解决企业激励难题》一书的出版，为我们总结提炼了华为分钱的底层逻辑，也为我们分享了华为分钱很多具体的可学习、可操作的做法。

华为能够在确保方向大致正确的情况下，始终让组织充满活力，业务保持稳定发展，即便遭遇困境，全体员工仍然拼命划船，实现了公司业务的持续增长，华为强大的组织活力靠的是什么？本书作者认为主要靠华为有一套科学的分钱机制。1998年发布的《华为基本法》第三十条中明确规定："我们要通过影响每个员工的切身利益传递市场压力，不断提高公司的整体响应能力"。正是这套机制，形成了资本、企业、员工之间的利益共同体，命运共同体。本书作者认为华为利益分配的机制有如下四个基本原则。

一是导向增量激励，就是基于战略，围绕公司增长和成长来分钱。华为分钱方法是增量激励，增量激励就是要促进多打粮食，增加土壤肥力。多打粮食主要指订货、销售收入、利润、现金流、成本费用的节省等，增加土壤肥力就是战略性新业务、新市场的突破，客户满意度提升，组织干部队伍的建设等。分钱不但要促进业务的增长和成长，还要促进员工收入的增长和能力的成长。

二是导向组织活力，就是通过制造内外利益差，打破利益板结让组织充满活力。分工是组织存在的基础，分利是组织存在的保障，分工解决组织效率问题，分利解决组织活力问题。分工和分利是组织存在的一体两面，因此，利益分配要解决的核心问题就是组织活力。华为通过实行"高绩效、高激励、高压力"的利益分配机制，让员工在最佳年龄，做出最佳贡献，获得最佳回报。华为通过制造企业内部与企业外部的利益差，提供更有竞争力的利益分配机制，吸引和保有了大量优秀人才；通过制造内部利益差，利益分配向奋斗者、贡献者倾斜，拉开差距，给火车头加满油，激发优秀人才持续奋斗。

三是导向全面激励，就是通过多层次、多维度、立体的激励机制激发每个员工的价值创造潜能。华为将激励从关键的少数人传导到绝大多数人，对员工进行分层、分类、分场景激励，激活组织内部每个细胞，让每个人充满事业和工作的不竭动力。华为从分利拓展到分权、分名，物质激励导向多打粮食，精神激励导向持续奋斗，将激励手段与员工的动机进行有效的链接，做到全面、精准、有效激励。

四是导向内在激励，就是通过外在激励牵引员工内在自我激励，无须扬鞭自奋蹄。激励不能导向员工一切向"钱"看，华为通过分利、分权、分名，让员工有成长感、成就感、成功感。华为的激励最终要导向员工内在的自我激励，因此，特别注重精神激励，要在物质激励的过程中通过精神激励来升华物质激励，在精神激励的过程中通过物质激励来强化精神激励。不能用精神激励代替物质奖励，也不能用物质激励取代精神激励，它们相互补充，却不能相互替代。

在操作层面，本书基于业务场景，提炼和总结了华为很多具体的分钱方法，对当下很多企业有非常好的借鉴意义。

华为从2012年开始进行薪酬总额管理，从过去的基于岗位价值的薪酬微观管控为主，过渡到基于经营业绩的薪酬宏观管控为主。解决了公司和各个经营单元薪酬包从哪里来的问题，从过去的薪酬授予制，转变到现在的获取分享制，多打粮食多分享。形成了经营单元自主管理、自我激励、自我约束的利益分配机制，将组织从过去利益分配的内部博弈转化为与外部市场博弈。薪酬总额生成与管理机制，让组织更有弹性，更有活力，极大地提升了人均产值和人均薪酬水平。

华为围绕战略和经营管理诉求，对薪酬总额的宏观结构进行了设计。薪酬总额从来源上又可以分为经营性薪酬包和战略性薪酬包。经营性薪酬包是从业务持续经营的角度，基于规模和效益生成的薪酬包。经营性薪酬包核心解决"经营效率的持续提升，牵引人均薪酬和人均效益提升"的问题。战略性薪酬包是从公司战略角度，基于战略任务事项确定的薪酬包。战略薪酬包核心解决"战略事项有人干，特殊业务有扶持机制"的问题。薪酬总额从发放方式上分为工资薪酬包和奖金包，前者解决"配多少人，干多少活"的问题，避免资源不足，影响业务发展，或者人浮于事影响效率。后者引导"多创造，多分享"，鼓励有能力的经营单元和个人，不遗余力地创造更多价值。

华为基于员工岗位价值贡献的特点，对薪酬的微观结构进行了设计。包括基于能力和责任的固定工资；基于绩效的效益工资；基于结果贡献的奖金，其中奖金又分为业绩奖金、专项奖金、肥力奖金、战略奖金等；基于劳动态度的福利补贴；基于价值观和持续贡献能力的长期激励。华为的薪酬激励要素与公司的价值观、战略、经营管理诉求进行有效匹配，牵引员工努力提升能力，全力创造价值。

华为的工资管理遵循"以岗定级、以级定薪、人岗匹配、易岗易薪"的管理原则，影响员工个体工资调整的因素，包括个人职级（含任职胜任度）、个人绩效，以及工资市场竞争力，同时要结合公司的财务支付能力予以综合考虑。华为对于每一个级别、每一个岗位工资的确定，既要考虑内部的激励性和公平性，又要考虑对外的竞争性。为了确保基本工资的吸引力，华为会将主要业务竞争企业或主要人才竞争市场作为公司员工工资的市场对标对象。不同的国家地区可以有不同的工资标准对照表，按属地化原则管理。华为员工的任职资格决定其工资上限，绩效结果决定其工资水平，通过绩效调薪矩阵，实现了只有经过绩效检验的能力才能加薪。

华为的奖金管理遵从"分灶不分家，有创造有分享"。华为奖金总包在公司达到基准盈利水平，保证货币资本基本收益的前提下，劳动方和资本方的利益分配比例为3∶1，优先向人力资本分配。华为奖金分配是先到团队，再到个人，鼓励团队奋斗，组织目标优先于个人目标。奖金包的生成主要基于业务增长，基于不同的业务场景分别设计奖金包的生成机制，然后基于不同岗位和人群，分别设计奖金如何分配到个人。华为奖金的生成方法和发放形式非常灵活，但始终基于获取分享制，导向增量绩效，有创造，有分享。

华为坚持劳动回报优于资本回报，让公司创造价值主体获得更多回报。华为公司从成立之初就实行了员工持股计划（ESOP），员工需要花钱购买，有分红权和增值收益权。经过多年的配股，ESOP几乎覆盖了全体骨干员工，员工股东有8万多人，华为公司创始人、总裁任正非自己仅持有公司1%的股权，而99%的股权由员工持有。ESOP股权激励机制吸引和留住了大量优秀人才在华为持续奋斗。为了避免员工持有ESOP后"一朝获得，一劳永逸"的弊端，让拉车的人越来越

多，坐车的人越来越少，2013年，华为实施了时间单位计划（TUP），其本质是长期奖金计划。TUP与ESOP的收益一样，但前者不需要花钱购买，在职期间会失效（如5年到期失效）。TUP的推出让那些不努力的老员工的利益被稀释，让那些持续奋斗的员工获得更多利益，TUP与ESOP两种长期激励机制并行，虚实变化，相得益彰。

福利补助也是企业的激励要素，华为的福利政策在遵守当地法律法规和行业惯例的基础上，设计了导向奋斗者、贡献者的差异化福利补助机制，不搞一刀切，不搞平均主义，员工要通过自己努力和贡献来获取更好的福利，把福利变成激励。

华为针对不同层级员工非物质激励需求的特点，灵活运用多种激励手段（使命、目标、榜样、认可、培训和发展、工作环境等）激发员工工作的责任感和自我价值感，牵引员工持续奋斗，产生内在的自我激励，无须扬鞭自奋蹄。非物质激励主要分为机会激励和荣誉激励。机会激励主要为成长机会、学习机会。机会是对优秀人才的最大激励，给予机会是企业内优秀人员不断涌现的关键手段。荣誉激励表现为对业务发展做出重要贡献和牺牲的员工进行表彰，将他们树立为榜样，并号召员工向他们学习。用集体与个人的荣誉感，激发组织与员工群体持续创造更大价值的责任感。

卞志汉先生的《科学分钱：学习华为分钱方法，解决企业激励难题》这本书系统介绍了华为分钱的具体方法和算法，提炼总结了华为分钱的智慧，阐述了企业分钱的底层逻辑，既有理论高度，又有实操的深度，对企业破解激励难题，非常有借鉴意义，值得企业家和人力资源管理从业者细细品读。

中国人民大学教授、博导，华夏基石管理咨询集团董事长彭剑锋

2020年8月28日

推荐序二

　　华为在报酬体系的设计上非常激进，激励力度极大，20世纪90年代冲坡时期的员工收入，曾经一度是同行业的5~6倍。再加上华为公司那段时间对"狼性文化"的宣传，一般人很容易把华为理解为一个充分利用人贪婪本性实行物质激励的公司。但事实上，"分赃"的前提是"劫寨"。没有一个个"雷锋"式好员工的吃苦耐劳和奉献精神，没有"胜则举杯相庆，败则拼死相救"的团队作战能力，没有铭记"烧不死的鸟是凤凰"的宽广胸怀，就没有物质激励的前提和基础。所以，换一个角度看，华为同样是一个极大地激发人善良本性的典型。主观为自己，客观为他人，本来就不矛盾，看你采取的是哪一个角度。

　　从本质上来看，华为的故事其实是一个与道德关系不太大的激发人、成就人、造就人的管理故事。文化上鼓励大家做雷锋，制度上尽最大可能"不让雷锋吃亏"，从而让更多人自发、自愿地去做雷锋。这个管理故事中扮演最核心、最关键角色的是华为堪称全世界最完善的价值评价体制——左边支持价值创造，右边支持价值分配，从而形成一个源源不断的自我循环机制，也就是任正非最为之自豪的"逝者如斯夫"：喜马拉雅山的冰雪融化为长江水，水流到太平洋，蒸发为云，化为雨雪，再降落到喜马拉雅山上……搭建起这套体系后，创始人只需要像孔夫子一样，站在岸边感慨：逝者如斯夫！搭建这样一套体系，需要创始人对"人"这个世界上最博大精深的生产要素有多大程度的关注度、理解度和把握度，大家可以想见。（肖知兴《以热爱战胜恐惧》）

科学分钱

　　我最近常讲，管理是有标准答案的，企业家要坚信学术、逻辑和实证的力量，结合自己企业的实际情况，努力把规范化的管理体系率先在自己企业里建立起来，科学种田，粮食满仓。在分配和激励方面，我们同样要坚信科学方法的力量。华为公司在这方面的做法，非常值得中国的广大民营企业参考。

　　卞志汉老师长期在华为公司工作，对于华为薪酬体系的建设有深刻的认知和独特的体会，非常希望他的这本书能够帮到中国的广大民营企业。

肖知兴博士

领教工坊学术委员会主席

2020年8月25日

前　言

　　笔者曾在华为工作8年多，经历了华为艰难曲折的全球化，见证了华为海外市场的攻城略地，参与了华为波澜壮阔的管理变革，体验了华为生生不息的组织活力。笔者经常思考：是什么样的魔力，能让华为军团所向披靡，战无不胜，横扫西方的行业巨头？是什么样的机制，能让近18万名知识分子团结一致，艰苦奋斗，甘愿燃烧自己的青春？笔者开始对华为如何激发组织活力产生浓厚兴趣，研究探讨华为激发组织活力的具体方法，思考提炼华为组织活力的底层逻辑。随着研究的深入，笔者发现华为组织活力的源泉不是高深莫测、虚无缥缈的企业文化，也不是精心设计、运行有序的管理流程，而是基于对人性洞察的利益分配机制。任正非曾说："企业经营机制，说到底就是一种利益驱动机制，企业持续发展的动力不是人才的问题，是利益分配的问题。"

　　2013年离开华为后，笔者开始做投资、咨询与培训相关的工作。期间，走访和交流了不少中国企业，现在很多中国企业经营都遇到瓶颈。笔者发现一个有趣的现象，很多企业为了走出困境，提升组织凝聚力和战斗力，启动了所谓的企业文化建设，开始学习国学、佛学、稻盛哲学、阳明心学等。笔者观察，这些企业大多数是借企业文化建设之名，行"存天理、灭人欲"之实，通过一套大公无私的价值观来改变员工的工作态度，强调员工要不计较个人得失，甘愿无私奉献。在这些企业的老板眼里，名、权、利都是私欲，是洪水猛兽，是潘多拉的魔盒。所以要通过企业文化建设，引导员工讲奉献，讲使命，讲远景，讲情怀，不谈钱。

但是笔者在华为工作的时候，感受到华为从不避讳和员工谈钱，而且是大谈特谈。任正非鼓励员工多挣钱，改变自己的命运，改变家族的命运，同时实现自我超越。在创业初期，华为还没有多少钱可分的时候，他就跑到员工中间跟他们聊天，给他们画一幅美好的图画："将来你们都要买房子，要买三室一厅或四室一厅的房子，最重要的是要有阳台，而且阳台一定要大一点，因为我们华为将来会分很多钱。钱多了装麻袋里面，塞在床底下容易返潮，要拿出来晒晒太阳，这就需一个大一点的阳台。要不然没有办法保护好你的钱不变质。"

任正非也曾说："最典型的华为人，都不是人才，钱给多了，不是人才也变成了人才。"2019年7月，华为内部公开发文面向全球招聘天才少年，对8位顶尖学生实行年薪制，最高的201万元，最低的89.6万元。同年11月11日，全国备战"双十一"，企业准备"卖卖卖"、员工们准备"买买买"时，华为向全体员工发布分钱通知。为了奖励做出贡献的员工，华为决定给员工发放两份特别奖金：第一份，每人多发一个月工资，11月发放；第二份，参与国产组件切换的人员共发放20亿元专项奖金。网络流传的华为这种公开谈钱、分钱的报道满天飞，伴随着华为的发展从来没断过，成为茶余饭后的热门话题。

一般的企业谈钱色变，视私欲如狼似虎，唯有任正非能够毫不避讳，反而将分钱视为驾驭虎狼之师的不二法门，津津乐道。所以任正非说："企业管理最难的工作是如何分钱，钱分好了，管理的一大半问题就解决了。"华为奉行"存天理，顺人性"。存天理就是始终坚持以客户为中心；顺人性，就是以奋斗者为本，绝不让雷锋吃亏，贡献者定当得到合理的回报。

笔者观察到，优秀的企业都舍得分钱，也善于分钱。任正非仅有公司1.01%的股份，而把其他的股份都分给了员工。步步高的大股东是东莞步步高教育科技有限公司工会委员会，持股高达63.61%；段永平的股份由一开始的70%以上，到后来稀释到只占步步高17%左右的股份。温氏在中国企业最早推行全员持股与利益共享机制，上市前有6800多个股东，温氏四兄妹加起来的股份只有百分之十几，通过利益共享机制吸纳和凝聚了一大批人才到山沟沟里来创业。

都说华为的任正非大公无私，把自己的股份几乎全部分给了员工，但任正非自己并不认为他是无私的，他说："最大的自私，是无私。"正是因为他愿意无私地分钱，才成就了华为，最终成就了他本人，"一将功成万骨枯"，从这个意义上说，他确实是最自私的。

现代经济学之父亚当·斯密在《国富论》中说："我们每天所需要的食物和饮料，不是出自屠夫、酿酒师或面包师的恩惠，而是出于他们自私的算计。"亚当·斯密从人是自私的这个原点，推理构建了现代经济学的理论大厦，从而推动了市场经济的蓬勃发展，为社会、国家、企业、个人创造了巨大的财富。美国开国元勋、发明家、外交家本杰明·富兰克林曾说："如果你想要说服别人，要诉诸利益，而非诉诸理性。"拿破仑有一句名言："给我足够的军功章和绶带，我才能打胜仗。" 1998年华为发布的《华为基本法》第三十条中明确规定："我们要通过影响每个员工的切身利益传递市场压力，不断提高公司的整体响应能力。"任正非曾说："管理就是洞察人性，激发人的欲望。一家企业的成与败、好与坏，背后所展示的逻辑，都是人性的逻辑、欲望的逻辑。欲望是企业、组织、社会进步的原动力。欲望的激发和控制构成了一部华为的发展史，构成了人类任何组织的管理史。"华为能够一路披荆斩棘，屹立行业之巅，与任正非设定的这些底层逻辑有很大关系。

2017年，华为在上海开战略务虚会，总结出来华为持续成功的关键是，方向大致正确，组织始终要充满活力，只有组织充满活力，才有可能让企业活得久一点。华为让组织充满活力的基本方法是围绕"价值创造、价值评价、价值分配"的价值循环管理，基于利益分配规则的确定性，应对外部环境的不确定性；基于利益分配规则的信任，简化厚重的管理体系，激发组织的潜能与活力。

为了传播华为分钱智慧，解决企业激励难题，笔者系统研究了华为分钱的方法，并借鉴其他优秀企业的做法，从人性的原点出发，从经营的原理着手，从底

层的逻辑展开，廓清了分钱的基本原则，归纳了分钱的基本方法，演绎了分钱的具体算法。本书学习华为，但又跳出华为，希望用科学的精神、理性的思考、逻辑的力量、实操的算法，帮助中国的企业走出组织管理的混沌，坚定中国的企业舍得分钱的信念，让中国企业掌握善于分钱的方法。

目　录

第一章　分钱的原点：企业经营机制实质是利益驱动机制

委托代理的僵局 …………………………………………………… 001

人性惰怠的困局 …………………………………………………… 002

组织发展的死局 …………………………………………………… 005

第二章　落后的分钱方法：钱越分越少，越分越不满意

固定工资+定额奖金 ……………………………………………… 009

业绩提成机制为什么效果越来越差 ……………………………… 009

阿米巴经营哲学的误用 …………………………………………… 011

股权激励往往成为负向激励 ……………………………………… 015

虚伪的目标奖金制 ………………………………………………… 017

利益直接算到个人 ………………………………………………… 019

缺少利益分配的机制和规则 ……………………………………… 020

第三章　科学分钱的原理：方向大致正确，组织始终充满活力

假设一：当人被激励时可以创造更多价值 ……………………… 022

假设二：企业一定会走向灭亡 …………………………………… 023

构筑内外利益差让组织充满活力 ………………………………… 024

第四章　分钱的基本原则：钱给多了，不是人才也成了人才

原则一：导向增量激励 …………………………………………… 031

原则二：导向组织活力 …………………………………………… 035

　　原则三：导向全面激励 ···················· 038

　　原则四：导向内在激励 ···················· 046

第五章　分钱的基本方法：优化价值创造管理循环，基于信任，简化管理

　　如何定义价值创造 ······················ 048

　　如何正确评价价值 ······················ 052

　　参考案例：华为绩效管理 ·················· 062

　　如何合理分配价值 ······················ 070

　　参考案例：海底捞的分钱方法 ················ 077

第六章　分钱的策略：坚持均衡发展策略，基于场景，差异化管理

　　内外利益差的平衡策略 ···················· 084

　　劳动方与资本方的平衡策略 ················· 088

　　刚性与弹性的平衡策略 ···················· 088

　　增量与存量的平衡策略 ···················· 089

第七章　分钱的总额管理：自我管理，自我激励，自我约束

　　薪酬总额的内容 ······················· 093

　　薪酬总额的规划 ······················· 094

　　薪酬总额的基本算法 ····················· 096

　　薪酬总额的设计方法 ····················· 098

　　薪酬总额管理机制 ······················ 104

　　参考案例：华为代表处粮食包生成机制 ··········· 107

第八章　分钱的结构：利益牵引，指哪打哪

　　经济利益分配结构 ······················ 111

　　员工收入的结构设计 ····················· 111

　　薪酬要素的结构设计 ····················· 115

　　岗位薪酬结构设计 ······················ 118

　　激励期限结构设计 ······················ 120

第九章　即时激励：激励不过夜

第一步：认识即时激励 ……………………………………… 124

第二步：员工分组 …………………………………………… 124

第三步：分配荣誉券 ………………………………………… 125

第四步：发放荣誉券 ………………………………………… 126

第六步：汇总及排名 ………………………………………… 127

第七步：奖励 ………………………………………………… 128

第十章　工资：以岗定级、以级定薪、人岗匹配、易岗易薪

基于责任能力的职能工资制 ………………………………… 130

基于岗位价值的职务工资制 ………………………………… 132

基于市场价值的协议工资制 ………………………………… 133

基于结果导向的复合工资制 ………………………………… 134

复合结构工资制操作方法 …………………………………… 136

参考案例：华为工资管理的方法 …………………………… 142

第十一章　奖金：打破平衡，拉开差距

奖金分配与部门绩效和个人绩效改进挂钩 ………………… 154

奖金分配既要多打粮食又要增强土壤肥力 ………………… 155

奖金分配既要给摘果子的人也要给栽树的人 ……………… 157

奖金分配既要拉开差距也要兼顾公平 ……………………… 157

奖金包分配到团队的计算方法 ……………………………… 158

奖金包分配到个人的计算方法 ……………………………… 166

参考案例：华为的奖金机制 ………………………………… 170

第十二章　长期激励：获取分享，风险共担

如何平衡长期激励与短期激励 ……………………………… 193

如何平衡长期股权激励与长期奖金激励 …………………… 194

如何平衡历史贡献和未来贡献 ……………………………… 194

如何平衡合法合规和激励机制的灵活性 …………………… 195

利润分享激励 ………………………………………………… 195

权益分享激励 ·························· 199

股权激励的设计方法 ·················· 201

初创公司的股权激励 ·················· 210

快速成长期公司的股权激励 ············ 213

非上市公司的股权激励 ················ 214

参考案例：华为股权激励 ·············· 216

上市公司的股权激励 ·················· 222

参考案例：万科股权激励 ·············· 222

第十三章　福利补助：靠贡献获取，避免福利化

福利补助的类型 ······················ 229

派遣补助 ···························· 231

岗位津贴 ···························· 231

保障性福利 ·························· 232

非保障性福利 ························ 233

第十四章　非物质激励：导向持续奋斗

机会激励 ···························· 236

荣誉激励 ···························· 237

参考文献 ···························· 242

第一章

分钱的原点：企业经营机制
实质是利益驱动机制

我们每天所需要的食物和饮料，不是出自屠夫、酿酒师或面包师的恩惠，而是出于他们自私的算计。

——亚当·斯密

现代管理学之父德鲁克的理论几乎涉及管理领域的所有方面，讲到激励时，他说："迄今为止，我们对于如何激励员工知之甚少。目前只能做两点，一是不打击员工的士气，二是消除员工取得工作绩效的障碍。"华为总裁任正非曾说，分钱是企业管理最难的工作，钱分好了，一大半的管理问题就解决了。不管是学界，还是企业界，大家公认分好钱是一项非常具有挑战性的工作。为什么分好钱如此困难，或者说为什么企业必须分好钱？要回答这个问题，就要回到原点去思考。

€ 委托代理的僵局

自从有了分工和交易，社会生产效率得到了极大的提高。随着分工的细化，企业发展成为经济社会的基本器官。企业的规模越来越大，企业内部的分工越来越细，企业所有者与企业的经营者出现分离，内部作业流程基于岗位进行纵向和横向的分工。这种分离和分工，在企业内部形成了一系列的委托代理关系。一种

人想达到某种商业目的，但限于条件，他们自己不能直接去操控。例如，一个企业所有者，由于自身的能力所限，他无法经营企业，又想把企业经营好，他就可以委托一个职业经理人来经营企业，这个职业经理人即"受托人"。后者有专业特长，能把别人委托的事做好。这个职业经理人开始受托经营企业后，便招募员工，按照作业流程对员工进行人岗匹配，员工接受职业经理人的委托而工作。这种层层的委托关系，会导致如果受托人不能切实遵照委托人的意思去干，就会损害委托人的利益。如果委托人对所托之事不懂行，受托人对所行之事不尽责，就会形成委托代理的僵局。委托人要思考如何激励和约束受托人的行为，让双方的利益达成一致，实现共赢。

委托人追求的是公司业绩的最大化、股票价值的最大化，追求企业要活得久，尤其是家族企业。受托的职业经理人追求个人权力最大化、财富最大化、社会地位显赫。例如，世界五百强企业的高管，企业的规模奠定了他们的地位、声望，借助这一社会资本，他们能获得更广阔的个人舞台。概言之，经理人不一定追求企业活得长久。由此不难得出一个结论：委托人和受托的企业经营者之间存在目标和利益不一致的问题，同样经理人与员工的目标和利益也存在不一致的问题。

如何化解这个僵局？这就需要设计一套利益机制，使受托人与委托人的利益趋向一致。随着现代企业组织越来越复杂，企业规模越来越大，分工越来越细，涉及利益方越来越多，企业如何设计一套让各方都满意的激励和约束机制，几乎成了世界性的难题。

€ 人性惰怠的困局

人的自然属性导致人是容易惰怠的，这是人在自然进化中养成的习性。人要保存能量，需要减少工作量，这样在食物不够的时候，就能够动用身体储存的能量活下来，这是人在进化过程中习得的生存法则，通过生物的格律印刻在人的底层基因里面，变成了人的潜意识。人很难摆脱潜意识的驱动，幸好人有理性，通过理性的思维，赋予工作意义，能够激励我们持续为某个目标努力，从而改造自己。

　　人的生理功能随着年龄会逐步衰退，这也是自然规律，我们无法抗拒。这会让我们的体力下降，学习能力下降。这种演化的趋势也会让人产生惰怠。人在生理上的变化有几个关键里程碑，第一个就是人体在12岁时达到免疫力的高峰。也就是说，12岁以后，人体对于疾病、外来病菌侵害的免疫力就开始下降了。第二个是人在25岁左右达到自我修复能力的高峰。例如，我们都有过亲身体会，25岁之前特别能熬夜，不论是工作、学习、加班，还是玩乐、通宵看电影、泡吧，总之不管再累，回去睡一觉就恢复过来了。但是25岁之后，这种自我修复能力就慢慢下降了，很多衰老的症状也是从25岁慢慢开始出现的，人过了25岁就要开始和衰老做斗争了。第三个拐点大概发生在40~50岁，就像我们开车6万~10万公里要进行一次大修，因为这时候很多配件已经老化了，要进行及时的更换。

　　如何激发人的主观能动性，对抗人的生命的惰性，让人能够持续地努力奋斗，并乐在其中，这就需要对人性的深入洞察。但是不同的人和同样一个人在不同的时间段，动机都不一样。变化的人心，不变的人性。那么，人性究竟是什么？

　　人性最难把握，中西方管理学对人性有很多的研究和理论，不管是 X 理论、Y 理论，还是 Z 理论；不管是人本善、人本恶，还是无善恶；不管是新教伦理，还是理性感性，大多只是一种假设。古今中外，人类穷尽智慧，上下求索，研究人性，找不到确切的答案。

　　但有一点，几乎是共识：人性一半是天使，一半是魔鬼，这一切皆归因于人的欲望。管理组织中的人，就是管理人性，也就是管理欲望。组织管理的机理在于：基于人性，基于人的动机，基于人的欲望，通过管理行为，激发人天使的一面，抑制人魔鬼的一面，以实现组织的目标。

　　图1-1是华为针对人性的弱点，提炼总结的企业的核心价值观。华为的核心价值观的底层逻辑不是情怀，是对人性的敬畏。

　　核心价值观其实是针对人性的弱点逆向做功。为什么讲以客户为中心？因为以自我为中心，以上级为中心，这些是人的本性，不需要教就会，所以我们才要强调以客户为中心。

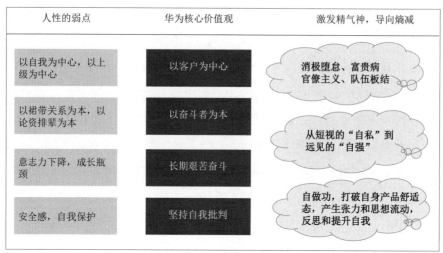

人性的弱点	华为核心价值观	激发精气神，导向熵减
以自我为中心，以上级为中心	以客户为中心	消极堕怠、富贵病官僚主义、队伍板结
以裙带关系为本，以论资排辈为本	以奋斗者为本	从短视的"自私"到远见的"自强"
意志力下降，成长瓶颈	长期艰苦奋斗	自做功，打破自身产品舒适态，产生张力和思想流动，反思和提升自我
安全感，自我保护	坚持自我批判	

图1-1　华为的核心价值观

为什么要讲以奋斗者为本？因为在一个组织里，主管做评价激励天然就容易以裙带关系为本，以论资排辈为本，这个不需要鼓励就会发生。你跟大家讲全力创造价值，大家都很赞同，因为全力创造价值肯定没错。一讲到科学评价价值，有些人心里就嘀咕了，为什么？科学评价价值，一定要以绩效贡献作为客观公正的评价标准，而不是因为谁和你是亲朋好友，谁和你是一个基层团队打出来的老伙计，谁是上级领导派过来的，你就给他好的评价。真正做到以价值贡献作为评判标准是很难的。以奋斗者为本是要克服人性弱点的。

为什么要讲长期艰苦奋斗？人的弱点就是随年龄增长其意志力会下降，知识技能会逐步老化。我们讲思想上的艰苦奋斗，就是要终身学习，持续成长。为什么要坚持自我批判？人的本性就是需要安全感，需要自我保护，不敢把自己真正的弱点暴露在别人面前、说给别人听，甚至把自己保护起来。所以，推行核心价值观是为了克服人性的天然弱点，开展逆向做功，防止熵增现象发生，使我们鼓励的行为和自我价值贡献能够产生。当然人性是多面的，不全是消极的，也有很多积极的因素。

组织发展的死局

　　一个企业正常的生命规律是从创业、萌发，然后到成长、成熟、衰退，最后死亡这样一个过程。企业在发展过程中，组织走向衰退是一个必然的趋势。从它的内部，由于经营规模扩大以后，管理的复杂度也变大了，历史沿革出的冗余的东西、利益的板结、不创造价值的东西会越来越多，边际效益也在递减；再加上外部的技术进步、新商业模式层出不穷、产业周期规律等因素，就会不断地对企业构成种种威胁，最后就表现为组织创造价值的功能失效。

　　这就是为什么过去很多优秀的企业，随着时代的发展，大多数都被淘汰了。其中不乏非常优秀的企业，它们始终能够洞察新的机会，发现新的商机，却依然逃脱不了走向衰退的命运。例如，诺基亚发明了智能手机，却败给了智能手机；柯达胶卷发明了数码相机，却被新的数码相机企业打败。这些曾经引领行业发展的企业，在业务发展方向选择并没有犯错的情况下，依然被无情淘汰，原因何在？

　　很庆幸任正非帮我们给出了解释，这可以说是中国企业管理界，或者说任正非对现代管理的一个巨大贡献。第一次把熵定律引入企业管理，这是任正非首创的。

　　熵定律是自然科学领域的一个定律，叫热力学第二定律。这个定律简单描述起来，就是温度总是从高温物体向低温物体进行传递，传递到最后，温度相等的时候，就不传递了，这个时候物理学上把它定义为死亡，叫热寂。对应到企业，同样符合这个定律，企业组织的自然走向是随着企业的发展，组织会开始懈怠，流程开始僵化，缺乏创新动力和文化，封闭保守，固定守成。个人会惰怠，贪图享乐，追求安逸，缺乏使命感和责任感。组织发展在熵定律的约束下，组织逐渐失去活力，功能衰退，必然走向灭亡，这就是组织发展的死局。

　　任正非在他的文章《一江春水向东流》里面写道："历史规律就是死亡，而我们的责任是要延长生命。"不管是个人，还是企业，最终都是要死的。我们的努力就是让死亡晚一点到来，不要过早地夭折。2017年华为在上海开战略务虚

会，讨论华为如何活下去，如何活得久一点。最后会议总结，未来华为的生存法则是"方向大致正确，组织始终充满活力"。可见企业经营的重点是让组织始终充满活力，用组织充满活力的确定性，应对未来变化的不确定性。

通用电气前总裁杰克·韦尔奇在其封山之作《商业的本质》里面阐明，企业经营的本质是经营团队；日本经营之神稻盛和夫认为企业经营的本质就是经营人心，他特别强调经营哲学和企业文化内化于心，为此他专门写了《活法》和《干法》，只有真正理解做人何为正确，理解了稻盛和夫的经营哲学"活法"，才能用好他的经营实学"干法"。两位伟大的企业家都把企业经营的本质指向了经营组织和人，并创立了一套如何经营组织和人的管理哲学和方法。

任正非直接从组织活力的底层逻辑指出，企业经营的本质就是利益分配。他从自然科学热力学第二定律熵定律中洞察到，企业作为一个存在体，同样受熵定律的约束，要想让企业活得久一点，企业必须不断打破利益平衡，主动构筑利益差。通过与外部企业对标，构筑外部利益差，不断提升企业自身吸引和保有优秀人才的能力。通过构筑内部利益差，利益分配优先向奋斗者和贡献者倾斜，拉开差距，给火车头加满油。通过影响每个员工的切身利益，提升组织应对外部环境的整体相应能力，把市场压力无依赖、无衰减地传递到企业内部，使组织始终保持活力。所以任正非认为企业经营的本质就是利益分配，钱分好了，一大半的企业管理问题就解决了，华为能够走到今天，得益于分钱分得好。

分钱的难处

具体来讲，企业在分钱的过程中，遇到的主要挑战如下：

（1）企业发展的不同阶段（创业阶段、成长阶段、成熟阶段）应该如何分钱？

（2）企业究竟应该拿出多少钱来分才科学？

（3）如何设计企业的弹性薪酬机制，激发组织活力？

（4）如何按照贡献大小确定各个部门的薪酬分配机制？

（5）如何避免"激励一类人，麻木一群人"的困局？如何打造典型的岗位（销售、研发、职能）薪酬机制？

（6）如何按照价值贡献来确定员工的薪酬水平？固定和浮动薪酬如何设计？

（7）企业效益下滑甚至亏损，员工工资和奖金要调整吗？

（8）如何分钱才能促进团队协同，减少推诿、扯皮现象？

（9）如何设计中长期的激励机制，打造事业共同体？

（10）除了物质奖励，还有哪些激励手段可以激励员工？

第二章

落后的分钱方法：钱越分越少，越分越不满意

如果你想要说服别人，要诉诸利益，而非诉诸理性。

——本杰明·富兰克林

　　究竟如何分钱？这不是一个简单的问题，每一个企业在这个问题上都面临着诸多挑战。例如，企业究竟应该拿出多少钱来用于分配呢？这个分配具有科学性吗？还是由老板拍脑袋决定的？企业如何能够做到按照价值贡献来确定员工的利益分配？关键是如何定义价值贡献？不同岗位员工的价值贡献点差异可能很大，如普通的操作工、办公室的职员、研发部门的技术专家、销售部门的销售人员等。另外，成熟度不同的业务的价值贡献点差异也很大，如成熟的业务、成长的业务、拓展的业务、创新的业务等。不同岗位、不同业务交织起来，价值贡献如何定义就是个复杂的问题。还有，如何利用好分钱的机制，让高管团队保持一条心不变，铆足精神使劲干？如何分钱，才能实现激励效果的最大化？在行业不景气或企业效益下滑的时候，又该按照什么样的原则对员工的薪资水平进行调整？

　　中国改革开放初期，整个市场环境属于机会成长阶段，只要在地上打一口井，一米深就会有水。现在经济增长的环境发生了变化，产能过剩，需求升级，属于价值成长阶段。企业需要提前布局，专注于价值成长，聚焦战略，需要坚持打一百米、一千米深的井才有可能有水。

从一米深的井转变到一千米深的井，激励机制怎么变？为什么过去惯用的激励机制，尤其是短期的简单粗暴的激励机制，效果越来越差？这是目前很多公司面临的问题。

€ 固定工资+定额奖金

大部分企业主要的薪酬模式就是每个月发放的固定工资，然后再加一个定额的奖金，如年底再多发一到三个月的月薪。这种方法从本质上看是平均主义，是大锅饭。预期的收益对员工没有太大的吸引力。在这样的机制下，假设人性是自私的，员工如果想争取收益最大化，员工最佳的行为就是尽可能少地付出。因为收入相对固定的情况下，最小化付出，才能有最大化的收益。这就是为什么执行"固定工资+定额奖金"的企业的员工都没有动力，大家都倾向于少付出。

€ 业绩提成机制为什么效果越来越差

业绩提成是大部分企业采用的主要激励机制，尤其是在销售部门，业绩提成是不可或缺的激励方式。在中国，过去企业成长的机会比较多，打一米深的井就能有水，大部分企业的业绩处于上行通道，这一机制的确能够起到比较好的效果。但是在经济不景气或企业效益下滑的情况下，尤其是现在市场竞争激烈，大部分企业业务增长停滞，甚至下滑，提成机制不但不能救企业，反而会带来很多负面效果。下面列举一些常见的问题：

（1）提成机制会让老板成为一个不讲诚信的人。原因是大项目销售，往往是老板或公司高层冲上去搞定，销售经理反而不会有太多的贡献。再者，项目太大，会打破销售人员收入的平衡，老板往往会调低提成的比例，结果导致销售人员认为老板不讲信用。

（2）**提成机制会导致团队不稳定，士气低落。** 当大部分企业增长没有以前那么快时，提成对于员工来讲，感觉收入没有太大的增长，员工就会士气低落。还有一些企业的销售是向下走的，因为经济结构在调整，企业在艰难转型，业务波动很大。这个时候提成机制会导致销售团队的收入不稳定，波动大，员工就会对业务没有信心。

（3）**提成机制导致销售团队不愿意开拓新市场。** 例如，老板刚开始创业，华东和华南市场是以老板为主做起来的，但西北市场总做不起来，如"新西兰市场"——新疆、西藏、兰州，这些市场为什么总做不起来？优秀的销售人员也都在华南或华东这个市场，你想把浙江区域的销售总监调过去，去开拓新疆的市场，那个市场也很大。但是他不去，为什么？销售提成的机制决定了他不会去新市场。去新市场，从零开始做，还不如待在原来的市场，这是存量市场。存量市场怎么算都能有非常可观的奖金，并且更加安全，更加确定，更加轻松。在这样的机制下，公司新的市场增长就很难突破。

（4）**提成机制导致客户资源私有化。** 一般只要是做销售的采用提成机制，几年之后，客户资源容易变成销售人员的个人财产。你要再拿回来非常难，派一个人接手他的业务也非常难。公司管理层都很难接触客户，销售人员会将客户资源捂在自己手里，不会公开给公司，更不会交给其他销售人员。因为每个客户只要产生订单，都会有提成，这就导致公司客户资源的私有化。这样销售人员就能挟客户向公司争取更多利益，如要求更高的提成，或者要求公司降价等。有的销售人员甚至将客户资源带到竞争对手的公司，谋取更大的利益。客户资源私有化，还会导致销售人员不愿拓展新的客户，或者销售人员手里积累太多的客户资源，销售人员自己根本无法有效管理，宁愿出现"僵尸客户"，也不将客户资源分配给其他销售人员跟踪管理，从而浪费公司的客户资源。

（5）**提成机制导致销售团队不愿意培养新人，销售人员不能上下左右调动。** 提成机制导致客户资源私有化后，老的销售人员和区域销售负责人是不愿意培养新人的，因为新人成长起来对老的销售人员会有威胁。另外，老的销售团队也不愿意输送优秀的销售人员到其他新的区域开拓新业务。因为提成机制，销售人员很难流动起来，特别优秀的销售人员都不愿意升职做管理、带团队，因为这样他们必须交出客户资源，这会让他们没有安全感。

（6）**提成机制往往导致客户结构恶化，产品价格恶化。** 因为提成机制，销售人员会合伙给公司施压，要求降低价格，这样销售人员容易完成销售任务。因为提成机制，销售人员会去找容易做的中小客户、对价格敏感的低端客户，而不会花大力气开发大客户。因为这些大客户开发难度大、周期长，短期订单也不一定大。所以销售提成经常导致的结果就是"富了和尚穷了庙"，这就是为什么很多企业现在销售额也在增长，但是毛利下滑得厉害，销售成本费用增长快，赚了吆喝赔了买卖。

总之，销售提成机制会导致很多问题，老板成为坏人，骨干调动不了，新的销售力量培养不出来，新市场也突破不了，客户结构恶化，陷入价格战的泥潭。当然提成机制也有它适用的场景，但企业不能过度使用提成机制，要扬长避短，要与其他的激励机制结合起来用才能产生好的激励效果。

€ 阿米巴经营哲学的误用

日本的经营之神稻盛和夫先生创建的阿米巴经营管理方法，受到很多中国企业的追捧和效仿。

阿米巴就是细胞的意思，把公司的经营划分为最小的经营细胞，做虚拟利润的考核。稻盛和夫先生创建阿米巴方法的初衷是培养经营性管理人才，希望每个员工都像总经理一样思考问题，管理企业经营活动。稻盛和夫本人曾一再强调，要首先学习他的经营哲学，然后才能学他的经营实学。但是很多企业在学习阿米巴经营时，简单地生搬硬套，将阿米巴做成利益分配机制，本末倒置，而不是推行精细化的经营管理，这就违背了阿米巴的初衷。很多企业学阿米巴，其实是企业老板想轻松点，希望以包代管，就像承包责任制一样，让企业能够自动运转，但实际结果是让自己更忙了，企业更混乱。

（1）**内斗内行，外斗外行。** 企业推行阿米巴，通过设置虚拟的经营单位，划

小经营单元，运用阿米巴的管理方法进行内部结算。这样容易导致企业内部各部门为了夺取资源，争夺更好的定价权，相互之间经常扯皮，把大量精力用在内部博弈上。如果能够争取更有利的内部定价，争取到更多公司资源，阿米巴们的经营利润就更出色。当通过内部博弈更容易取得好业绩的时候，阿米巴们的眼睛就不会盯着市场、盯着客户，就不会努力服务好客户、努力开发出好的产品，而是进行更多的内部博弈，所以就形成了"内斗内行，外斗外行"的局面。

（2）**关注短期利益，忽视长期利益。**企业通过划分小的阿米巴，然后考核阿米巴们的虚拟利润。一旦确定内部转移定价，对每个阿米巴来讲，如果要想做大利润，最容易做的就是控制费用。于是阿米巴们开始缩减人员编制，让现有人员承担更多工作，从而降低上下游的服务水平和满意度。另外，为了利润最大化，阿米巴们会尽可能砍掉当期没有经济产出的各种投入，如新产品开发、新设备引进、团队能力的提升、新产品市场推广等。最后呈现的结果是经营数据好看，但是企业没有了未来。通过降低服务质量，增加员工单位时间投入，牺牲未来的成长机会，而获得的当下的虚拟利润，这种表面上的增长不是有效增长，而是杀鸡取卵、饮鸩止渴的做法，这违背了稻盛和夫先生的初衷，阿米巴要通过提升经营管理能力来提升盈利能力。这就是为什么国内很多企业实施阿米巴后，整个企业经营处于收敛的状态，而不再是扩张的趋势。企业各个经营单位过于注重短期利益，缺少对企业持续发展的长期利益的关注。

（3）**只看数据，忽视亲临现场解决问题。**企业在推行阿米巴的过程中，特别强调内部核算。有的企业花大量成本实施企业的ERP或其他内部管理软件，甚至有的企业专门上一套阿米巴的管理软件，把企业所有的经营活动都进行量化管理，细到办公用的一支笔、一张纸都要明确费用承担的主体。每天、每周、每月进行PDCA循环改进。如此精细化的管理，会使阿米巴们将全部注意力放在数据分析上，忽视对业务本质的理解和洞见，这又违背了稻盛和夫先生倡导的"现场有神灵，答案在现场"。管理者要亲临现场，发现问题，解决问题，而不是坐在办公室盯着数据发号施令。过多过细地关注数据，还会导致整个企业文山会海，各种数据、各种表格泛滥，反而让阿米巴们远离业务、远离现场、远离市场、远离客户，而不是贴近一线，快速反应，现场解决问题。

（4）**过度授权，山头主义盛行**。稻盛和夫推行阿米巴的初衷是培养经营管理性人才，提升经营管理水平。所以推行阿米巴要求基于虚拟利润做管理改进，并且将经营活动管理的权利和责任下放到各个阿米巴，只有这样才能让各个经营主体主动自发地管理好自己的阿米巴。但事与愿违，现实中发现很多推行阿米巴的企业，往往导致山头林立，互相扯皮，互相抢夺资源，架空总部各个职能部门，形成一个个小山头、山大王。企业各种前瞻性、战略性、全局性、协同性的管理要求很容易踏空，无人关注，每个阿米巴只关注自己的一亩三分地，无暇顾及公司层面的经营管理要求。整个公司就像个体户集中营，各人自扫门前雪，事不关己高高挂起，成了一个团伙，而不是一个团队。

阿米巴在日本容易成功，和日本鲜明的集体主义文化有很大的关系，而中国文化更多的是家文化、圈子文化。阿米巴在日本就是一条龙，在中国就变成一条虫，其底层的原因可能是文化的差异，就是"橘生淮南为橘，生淮北为枳"的道理。

推行阿米巴的困惑

某企业实施阿米巴，开始内部模拟定价，但领导不可能核定所有的定价，于是只好让每个阿米巴上报自己的价格，当然他们还让人附带了定价依据。阿米巴的定价依据是什么？要么是成本加成法，要么是外部标杆比对法，反正什么有利于自己就选什么价格作为依据。领导也不可能比较每个阿米巴报上来的"单位时间附加值"，于是很快就通过了。然后，企业开始正式运行阿米巴模式。

一个产品生产出来，居然发现各个环节加成出来的成本比市场售价还高，要是按照这个价格来卖，根本卖不掉。老板生气了，你们不是骗我吗？你们还信不信"敬天爱人"的稻盛哲学了？于是乎，让各个环节压缩自己的成本，各个阿米巴都不干了，都是一句话："我敬天爱人呀，我们的定价没问题呀！"老板没办法，从市场价格开始往回走，强行下压了每个环节的"单位时间附加值"。大家不乐意，但也不敢多说什么。

阿米巴们真的很有经营意识，他们心想，既然你管控了我的单价，那么我就做大工作量，这个你总管束不了我吧？结果IT阿米巴，一个小小的软件改动，也要给你谈价格，而且一拖就是几天，加大工作量。采购这项服务的阿米巴疯了，他们说："我不是搞IT的，你也别玩我，你不干，我在外面找其他人做。"老板不干了："你们不要嫌弃我们的IT团队，对于我们的队友，要不抛弃、不放弃，你们怎么不'敬天爱人'呢？"采购服务的阿米巴崩溃了："老板，你让IT阿米巴去'敬天爱人'呀，他们都不'敬天爱人'，我凭什么'敬天爱人'呀？"

说到这里，真正的问题似乎出来了。领导定不出价格，只有在市场里通过比价才能"比"出真正公平的价格，而阿米巴模式中，更多的还是提倡内部供应。这样一来，企业内部应该存在的"供应链"实际上就成了"供应棍"，即交易关系是固定的，而非像链条一样，可以找到其他的环节（外部供应商）进行重组。这样的情况下，大家反正都能卖掉自己的产品，肯定就会索要高定价或造出工作量来做大自己这个环节的收益，击鼓传花式地把压力传给销售部，最终倒霉的是销售部。

老板为什么不开放外部供应？道理也很简单，有的企业本来就有资源的投入，例如，兴建了一个IT团队，又如，投入了某类固定资产。此时，如果不从内部购买服务，资源就会被闲置，更是亏损。但一旦要使用保护经营这些资源的阿米巴，又肯定不可能是公平的定价。

人家还说得振振有词："我们的东西是贵点，外面的是便宜，但质量不一样呀！"

采购的阿米巴火大："确实不一样，你比人家差远了，要不是老板护着，我早就不想用你们了。"谁有道理？这个时候是扯不清楚的。因为，这个时候的服务都具有"资产专用性"，也就是说，是专门为内部提供的，与外部的服务没有可比性。如果让阿米巴自主决定，人家肯定不会采购，但老板不会愿意。老板根本没有想明白一个道理：如果让部门成为公司，肯定会有一些公司被淘汰，否则那就不是市场。

在这样的心态下，老板不敢再像以前设想的那样，定价之后就放手让阿米巴们开展经营。于是，他们开始收权，用"看得见的手"强势地协调交易。此时，阿米巴们已经完全失去了经营的动力，阿米巴模式变成了一种"另类的绩效管理"，还是由老板决定考核结果，只不过计量绩效的形式不是KPI罢了。如此一来，传统科层制下绩效管理模式的弊端再次袭来，大家"各扫门前雪"，只管找领导要钱，阿米巴们之间居然出现了"阿米巴墙"。

上游供应服务的阿米巴总会说："你要我干事，可以，拿钱，不给就不做。嫌我的价格不合理？那没办法，爷就是垄断的，就此一家，别无他处！"下游采购的阿米巴不服，找到老板，老板头大，只好各打五十大板，然后再确定一个价格标准。下一次，只要在议价上达不成一致，阿米巴们就又会找到老板来仲裁……原本希望阿米巴们开始自主经营，而现在又变成了都"盯着老板"，老板几乎要累死，阿米巴们还都不满意。

€ 股权激励往往成为负向激励

股权激励本身是非常好的中长期激励机制，是企业推行合伙文化的重要的手段，是当前大多数依赖人才的高科技公司主要的激励机制。但股权激励本身也是一把双刃剑，用得好，可以吸引激励大批优秀人员；用得不好，反而会成为负向激励，还不如不做。

（1）**分配不公，导致内部对立。**大多数公司都会做股权激励，尤其是对人才比较依赖的高科技企业。很多中小板、创业板的上市公司，都会给高管做配股，上市后还会再做限制性股权或期权激励，但这里面存在很多问题。例如，上市前一次性做的配股，有可能3年才上市，有可能5年才上市，中间可能又有高管进来，之前的总监配了股，新进的总监没配股，这个时候一起工作，就会觉得不公平。还有可能，因为配股没有基本的规则，也没有宣导和沟通，老板自己拍脑袋就分配了，大家也会觉得不公平。所以，配股没有规则，导致分配不公，就会人为制造员工的对立和不满。

（2）**机制不好，导致内部动荡。**就算高管都配了股，也会出现一个新问题。为什么很多创业板、中小板的上市公司，上市一年后，业绩大概率都会"变脸"，大部分的高管团队都会变动，甚至高层震动？这很可能是因为股权激励惹的祸。因为，中小企业上市公司的高管层在企业上市之前本身薪酬收入并不高，大家憋足劲儿干活就是为了公司上市，甚至牺牲个人短期利益，降低公司的薪酬成本，让公司的利润报表更加"靓丽"。上市后，高管持股一年之后解禁，大部分高管会考虑减持。但只要高管层还在公司上班，证监会规定每年只能减持25%，不能超过这个比例。尤其看到股价、股市往下走，肯定想尽早套现，怎么办呢？辞职，辞职之后就不受监管法规的约束。上市公司高管为了套现集中离职，这是很多公司遇到的问题。所以企业推行股权激励机制，要避免人性的弱点，要设计好员工入股、转岗、退休、离职等股权处置的机制，不要留给员工投机钻营的机会，要导向员工为客户、为企业持续创造价值，分享价值。

（3）**形势不好，导致内部涣散。**国内大部分企业上市后，都会采取限制性股权或期权激励，限制性股权激励一般会授予员工按照当前股票价格的一半购买上市企业的股票。尤其近几年，股票市场行情比较差，很多公司做的股权激励对员工的吸引力减小，有的上市公司的股票甚至腰斩，跌破员工配股价格，反而带来负向激励。目前中国股市投机氛围严重，业绩持续增长的企业，股票并不一定持续走强，资本市场有时会扭曲企业的价值，同时也扭曲股权激励的价值传导机制。所以资本市场不完善，或者形势不好的时候，上市企业的股权激励往往失效，甚至是负向激励，导致员工不满意，天天担心或抱怨企业股价的波动，无心工作，更无暇服务好客户，工作氛围涣散。

华为的股权激励是基于"力出一孔，利出一孔"的思想来设计的。什么意思呢？就是力量往一个地方使的时候，长期聚焦在某一个领域，利益也只来自这一个领域。《管子·国蓄第七十三》中提到："利出于一孔者，其国无敌；出二孔者，其兵不诎；出三孔者，不可以举兵；出四孔者，其国必亡。"战国时期，商鞅在《商君书》中亦提出"利出一孔"的思想。这个唯一的孔道，就是"农战"。除此之外的商业、娱乐等事项，尽在禁除之列。"商鞅变法"就是按照

"利出一孔"和"驱农归战"的中心思想，将秦国整个社会打造成了"农战"体制，全民为兵。最终得以横扫六国，实现统一。

华为所有员工的收入、奖金、分红，唯一来源是为客户创造的价值——公司取得的合理的利润，这样大家才能分到钱，而不是通过资本市场的溢价获取利益。不像国内某些上市公司，平时给企业员工的薪酬收入就很低，企业的实际盈利能力比较弱，通过减少员工薪酬，勉强达到上市公司盈利水平要求，通过企业上市后获得资本溢价来实现员工的合理薪酬收入，结果坑了股民。员工在资本市场卖出股票所得的收入，跟他平时工作付出的努力，不一定有直接正向关系，或者正向关系不明显，在资本市场不好的时候甚至是负向关系。这就把员工的心态搞乱了，股权激励机制就没有起到正向的作用，反而受资本市场的诱惑，导致各种投机行为，失去了为客户创造价值的战略定力。

€ 虚伪的目标奖金制

很多企业都会采用目标奖金制，通过给员工设定目标，基于目标设定奖金。有的企业还设置基础目标，基础目标对应基础奖金。如果连基础目标都没有达到，就没有奖金；如果超过基础目标一定值，再设超额奖金。为了激励员工超额完成目标，还承诺上不封顶、下不保底的机制。目标奖金制的逻辑看上去很完美，现实却很"骨感"。

（1）**导致低目标追求**。只要企业推行目标奖金制，定目标就会变成猫捉老鼠的游戏。企业老板希望员工定更高的目标，员工却叫苦连天努力压低目标，用各种说辞说服企业目标定得不合理，难以完成。尤其当整体市场环境变差时，更是给了员工调低目标的借口。大家心里都揣着明白装糊涂，心照不宣地演戏。老板会给大家做思想上的松土，讲讲大环境，说说小愿望，希望大家有格局，有理想，努力拼搏再创佳绩，如此云云。谁知，员工不买账，依然使劲往低处报目标，捂住手里的客户信息、项目信息，讲各种困难和挑战。结果定目标就变成了心理战、消耗战、拉锯战。虽然最后目标也定下来了，但远不是企业想要的目

标，而是员工为了自己的收入而确定的一个安全垫。不是员工没有格局、没有追求，如果从人性的角度讲，员工没有错。因为目标的高低直接关系到员工的收入是否确定和安全，只要收入与目标直接挂钩，员工一定会尽可能压低目标。结果就导致了低目标追求，事与愿违。

（2）**导致士气低落。**推行目标奖金制，有些企业还会与员工一起商量，讨论市场形势和订单机会，上下一起确定相对合理的目标。但在有些企业，老板很强势。人有多大胆，地有多大产。在目标奖金制下，员工倾向于压低目标，强势的老板很难容忍。起初老板还有可能与员工商量商量，经过心理战、拉锯战、消耗战后，老板实在撑不住了，就拍桌子强压目标，谁也不能反对，结果定目标草草收场，目标也高得离谱。但屈于老板的强势，大家只能沉默忍受，其实内心并不接受。尤其是某些企业老板长期追求高目标又很少完成目标，强压目标给员工，员工也很少拿到目标奖金，结果导致员工士气低落。

（3）**导致员工间拼凑业绩。**推行目标奖金制，业绩按照人头算到个人，往往会出现员工之间为了获取高额业绩提成相互拼业绩的现象。笔者曾经辅导过一家健身连锁企业，每个健身俱乐部都会有私教部。私教部按照销售业绩设定阶梯目标提成制，完成不同的目标，提成的点数不同。结果发现一个奇怪的现象，每个月算提成的时候，私教部就那么几个私教的业绩特别好，达到最高的业绩提点数，而其他私教的业绩几乎可以忽略不计。笔者当时就指出，这里面肯定存在拼业绩现象，其他私教把业绩主动拼到业绩比较好的私教头上，这样可以共同拿到公司最高的提成比例，结果一查，果然如此。这都是目标奖金制惹的祸。

华为的业绩目标不会与收入直接挂钩，所以不存在上面所说的问题。针对如何定目标，华为有两个基本的共识：第一，目标肯定不合理，因为目标是一种预测，没有人敢说预测是合理的。目标其实是一种决心，即你发誓要做什么，是企业战略追求。决定企业目标的是，你对未来的预测、你下的决心和你的战略想法。第二，实现目标的行动必须合理。具体目标值是公司的决心和诉求，是根据公司发展要求确定的，不能讨价还价。需要与公司讨论的是如何达成目标，即行动策略及资源需求，这是可以讨论的，也是必须讨论和推演的。华为任何目标都必须事先推演，原子弹必须先在黑板上爆炸，然后才有可能在地上爆炸，没有推演的目标，就是莽撞和投机。

利益直接算到个人

　　中国改革开放前，是计划经济，没有现代化企业管理机制，也没有现代化的职业经理人群体。改革开放后，循着"不管白猫黑猫，会捉老鼠就是好猫"的思想，市场经济开始蓬勃发展，遍地是机会，企业跑步前进。大多数企业没有建立科学的利益分配机制，普遍采取简单粗暴的业绩提成奖金。基本上企业负责人直接决定员工的收入，并且也缺乏劳动法的保护，企业与员工之间经常因为利益问题而起冲突。久而久之，企业与员工之间在利益分配上缺乏信任，但企业还是需要冲锋陷阵的员工。于是，很多企业为了稳住员工，建立信任，开始在内部推行绩效合同，约定具体的绩效指标和奖金标准，尤其是销售部门。没有绩效合同，很多销售员心里都没有安全感，担心企业老板年底不兑现。如此往复，就形成今天很多企业都将利益分配直接算到个人，即使不签订形式上的绩效合同，也会有非常明确的机制，将利益直接分配到个人。这种机制看起来解决了企业与员工利益分配上的信任问题，但实际上，会产生很多管理问题。

　　（1）**团队协作差**。只要利益直接算到个人，整个团队之间的配合就会很差。首先是前中后台部门之间的协作差，中后台部门会"羡慕嫉妒恨"前台部门丰厚的业绩提成。前台部门业务量越大，中后台部门的抱怨和不满情绪就越大。因为任何业绩与中后台可能没有太大的利益关系，徒增了工作量而已。另外，在同一个团队内部，利益直接算到个人，他们之间不会有经验分享，也不会产生好的协作，甚至彼此成了竞争关系。

　　（2）**内部利益分配不公**。直接将利益算到个人，可能会出现内部利益分配不公。因为个人业绩的大小未必与个人的努力付出完全对应，有可能是整个市场行情突然转好，也可能是公司某个业务赶上市场爆发阶段，也有可能是撞上大运。因此，把业绩奖金直接算到个人头上，使得个人利益所得与业绩之间的关联过于

刚性，要么某些人收入很低，某些人收入很高，容易导致内部的不公平。

（3）**团队无法管理，团队氛围差。**将利益分配直接算到个人，表面上看似乎非常科学，包产到户，精准到人。但是一家企业的存在、一个组织的存在，必然存在分工。既然分工，就一定有协作。但是如果把利益分配直接算到个人，就会让人产生一种幻觉，认为只要做好我自己的工作，按照利益分配的计算公式完成指标就可以获得预期收益。不需要关注上下游协同，不需要关注同事之间的配合，任何与利益分配指标无关的工作和要求都是额外的负担。所以利益直接算到个人的组织就会出现管理失效或低效，管理者无法驱动下面的个体，管理者往往被架空，没有抓手。每个个体就会基于自己利益的最大化，而不是团队或企业利益的最大化行事。最后就会导致每个个体都很有个性，甚至任性，无法管理，团队氛围差。

华为的利益分配在坚持团队优先的基础上，兼顾个人奋斗。先按照公司整体业绩达成情况，确定公司总的奖金池；再根据部门绩效，将公司奖金包分配到每个部门，生成部门的奖金包；然后由每个部门根据个人绩效和岗位责任大小分配到个人。公司利益分配坚持"大河有水小河满"的原则，通过利益分配，在底层逻辑上解决分工与协作的问题。

€ 缺少利益分配的机制和规则

有一些企业并没有合理的加薪或利益分配机制，缺少既定的规则，实行的是一对一的薪酬谈判制，每个员工的薪酬都是员工个人与企业不断博弈的结果。这么做会产生如下一些问题。

（1）**必然导致员工斤斤计较，一切向"钱"看。**员工为了让自己处于有利地位，往往会在手里捏几张底牌。如果公司不给员工预期的收益，员工就会与公司摊牌。笔者曾经拜访深圳某家公司，其老板就因为财务总监手中掌握公司税收的信息，要挟公司给予100万元的离职补偿，最后老板只能束手就擒，支付100万元离职补偿。所以没有分配规则的企业，就会把天使也变成魔鬼。如果员工不计较，就吃亏了，这是人性，不能怪员工，这是企业的潜规则所致。

（2）**必然导致会哭的孩子有奶吃**。俗话说：干得好不如说得好。能说会道的员工有更多加薪机会，就会滋生投机分子。没有利益分配的规则，经常是默默贡献的老黄牛吃亏。例如，研发部门的张三和李四能力可能差不多，两人都希望涨工资。其中，张三能说会道，善于博弈，找各种理由说服老板给自己加了2 000元工资。但李四可能比较老实腼腆，羞于直接争取利益，结果就会出现老板给李四加500元工资。这种博弈的结果就是老实人吃亏，会哭的孩子有奶吃，长此以往，企业就会有越来越多会哭的孩子。

（3）**必然导致员工不出力**。有一些企业仅凭印象加薪，就会导致员工报喜不报忧，做表面文章，会催生像百灵鸟一样会唱歌的"好员工"。凭印象给员工加薪，还会导致溜须拍马、捂盖子、谎报军情的氛围。总之，没有以责任结果为导向的利益分配规则，组织就会出现"出工不出力，出力不出活"的现象。

上面列出的是一些笔者认为比较落后的分钱方法。这些分钱的方法本身没有好坏，说它们落后主要指运用的场景不当，没有基于场景进行差异化运用，一刀切，激励手段单一，僵化死板地执行。最后所导致的结果可能是钱也分了，但是没有起到激励的效果。

随着知识经济时代来临，知识工作者成为企业员工的主力，员工激励变得更加复杂。传统的激励效果越来越差，未来的激励越来越场景化、差异化、多样化。因此分钱需要根据企业发展的阶段和业务特点持续优化，避免利益板结、组织僵化，具体如表2-1所示。

表2-1　传统与未来薪酬机制对比

	传统的薪酬机制	未来的薪酬机制
激励手段	单一化	多样化
弹性程度	低弹性	高弹性
选择权	企业决定	员工选择
激励人群	部分	接近全部

第三章

科学分钱的原理：方向大致正确，组织始终充满活力

利益是人类行动的一切动力。

——霍尔巴赫

企业管理最难的工作是分钱，要把这个工作做好，就应该有基本的哲学、基本的逻辑、基本的原则、基本的方法，就应该是科学的而不是随意的。回到科学的层面探讨，我们首先要从基本的假设出发，任何科学的理论和方法都是基于假设的。假设不一样，得出来的结论和方法是不一样的。就像欧几里得平面几何的假设和黎曼椭圆几何的假设完全不一样，甚至是前提假设完全相反。但他们分别构建了严密的体系，促进了人们对空间的认知，各自都有巨大的科学和实践的价值。

€ 假设一：当人被激励时可以创造更多价值

西方管理科学，或者说经济学，都是从人的假设开始的。西方经济学的第一个假设是，人是自私的；第二个假设是，资源是有限的。这是整个现代经济学两个核心的假设。那管理学里面，对于怎么管理人，从泰勒写《科学管理原理》开始。为了提高组织和人的效率，企业管理中，对于人的研究从来没有停止过。

西方管理科学针对人的最基本的假设，发展出了很多员工激励的学说、理论和方法。例如，基于经济人的假设，出现了经典的员工激励方面的X理论；基于自我实现人的假设，发展了Y理论；基于复杂人的角色，发展了马斯洛的需求层次理论；等等。此外，还包括双因素理论、期望效价理论、强化理论、公平理论等。不论哪一种理论，似乎都有道理，但不够完美。而在这么多理论中，有一点是公认的，当被激励时，人可以创造更多价值。

基于这个假设，我们就不能把人当作可以随意驱使的工具，要回到人的底层的动机上去设计激励机制。人的动机是动态变化的，在不同生理年龄阶段、在不同的岗位上、在不同工作环境中，其动机都不一样，这就需要设计针对不同人、不同场景、不同岗位的差异化的激励机制。既不能只激励一小撮人、麻木了一大群人，也不能一刀切地一个激励方法适用所有人，要因时因地因人地设计激励机制。这就是为什么说华为任正非说分钱是企业管理最难的工作。

⑥ 假设二：企业一定会走向灭亡

每个企业都在向员工支付报酬，可是我们却很少思考我们为什么要给员工分钱，背后的逻辑是什么？把钱分好，究竟在企业经营管理活动有多重要，是根本性决定性要素，还是众多要素中的一个因子？我们需要从企业持续发展的角度，从企业存在的根本推动力的角度思考分钱的重要性。不思考清楚这个问题，我们就会在分钱这个问题上摇摆不定、朝三暮四、无所适从。

从古至今，还没有哪个企业或组织可以长期存在的。虽然我们无法证明企业的生命周期的存在，但基于我们现有认知，我们可以假设企业是有生命周期的。任何企业都会经历创业期、成长期、成熟期、衰退期，所不同的是，每个企业经历每个阶段的时间长短不一样，具体如图3-1所示。有的企业可能都没有过企业的成长期，就死在了创业的路上；有的企业在衰退时，死而不僵，垂死挣扎，甚至脱胎换骨，重获新生，跳过非连续性生命曲线，进入下一个成长曲线，这样的企业也存在，但企业最终仍然走向灭亡的这个趋势不会改变。如果企业生命周期

假设成立，我们就一定要问，推动企业走向灭亡的力量是什么？要想让企业活得久一点，我们只有找到这个推动企业走向灭亡背后的力量，才能通过反向用力，改变企业走向灭亡的速度和方向。正如我们改变一个运动物体的速度和方向一样，需要对物体进行反向做功，才能改变运动的轨迹。正是因为理解了力的原理，牛顿在苹果树下面发现了万有引力定律，我们才能发明火箭技术，反向用力；我们才能摆脱地球引力的束缚，飞向太空。那么，推动企业走向灭亡的力是什么呢？

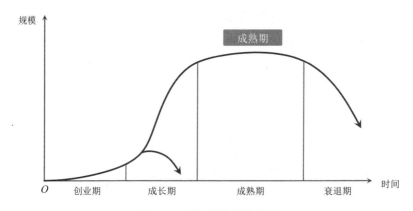

图3-1　企业生命周期曲线

(€) 构筑内外利益差让组织充满活力

任正非认为企业也是一个物种，有生命周期，符合热力学的第二定律——熵定律。企业组织的自然走向是随着企业的发展，组织会开始懈怠，流程开始僵化，缺乏创新动力和文化，封闭保守，固定守成。这个过程就是"熵增"。理解熵定律，就如我们理解了万有引力定律一样，就能反向做功，通过制造"负熵"，让组织出现"熵减"，组织活力增加，企业的生命力得以延续。因此，推动企业走向灭亡的力就是"熵"，具体如表3-1所示。熵增，就是组织活力的衰退；熵减，就是组织活力的增加；负熵，就是不断打破平衡，构建组织内部的"温差"。要想让组织充满活力，就要给组织注入活性因子。

表3-1 "熵"与组织的关系解读

	特 征	解 读
熵增	混乱无效的增加，导致功能减弱失效	人的衰老、组织的滞怠是自然的熵增，表现为功能逐渐丧失
熵减	更加有效，导致功能增强	通过摄入食物、建立效用机制，人和组织可以实现熵减，表现为功能增强
负熵	带来熵减效应的活性因子	物质、能量、信息是人的负熵，新成员、新知识、简化管理等是组织的负熵

为了让组织充满活力，基于对熵定律的理解，华为设计了维持企业生命力的活力引擎，正如火箭摆脱万有引力需要强大的动力引擎一样。图3-2为华为组织活力引擎模型示意图。

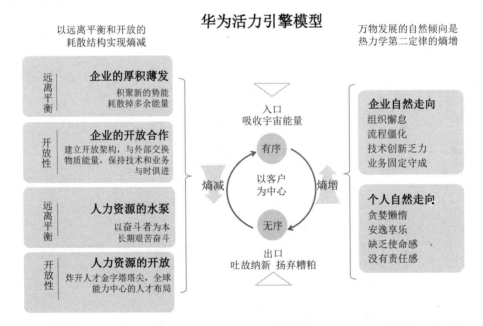

图3-2 华为组织活力引擎

如何构建组织内部活力因子"负熵"，正如如何构建系统的"温差"，避免物体之间不传递热量而停止做功，进入热寂的死亡状态，并让企业的活性因子始终处于做功的状态？任正非认为，企业经营机制说到底就是一种利益驱动的

机制，这个利益的驱动机制就是让组织形成"利益差"。只有通过构筑企业利益差，才能让企业产生利益的交换和流动，犹如水差产生溪流河流，温差产生风流气流。企业的利益差，让企业充满活力。这种利益差表现为企业外部利益差和企业内部利益差。构筑企业外部利益差，通过与外部企业对标，相比同行和市场上其他企业，给员工提供更有竞争力的利益分配机制，不断提升企业自身吸引和保有优秀人才的能力。构筑企业内部利益差，就是以奋斗者为本，不让奋斗者吃亏，让奋斗者获得超过普通劳动者更多的利益回报，让奋斗者所得超过资本所得，拉开利益分配的差距，给火车头加满油，充分激发组织活力。

这种不断构筑利益差的过程就是科学分钱。科学分钱不仅仅是狭义的物质利益的分配，还包括非物质利益的分配，如成长机会、职权、荣誉等各种人事待遇都是"分钱"。因此，本书讨论的科学分钱是广义的"分钱"，是全面认可的激励机制。用中国古代的智慧来讲，科学"分钱"就是通过分利、分权、分名，对员工进行全面激励、精准激励、有效激励，充分激发组织活力，具体如图3-3所示。

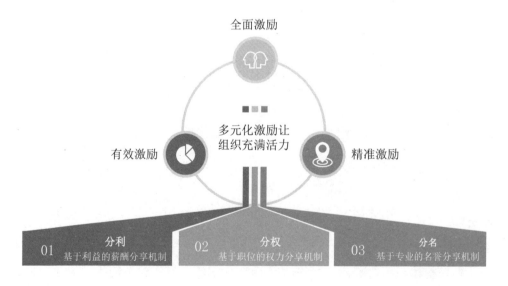

图3-3　科学分钱示意图

延伸阅读：华为"分钱"方法金句
——摘自《华为人力资源管理大纲2.0》

（1）以奋斗者为本：不让雷锋吃亏，奋斗者必将得到回报。

（2）企业的活力除来自目标的牵引、来自机会的牵引以外，在很大程度上是受利益驱动的。企业的经营机制，说到底就是一种利益的驱动机制。价值分配系统必须合理，使那些真正为企业做出贡献的人才得到合理的回报，企业才能具有持续的活力。

（3）物质文明建设基于责任贡献，坚持了多劳多得的分配理念，形成了劳动所得优先于资本所得、组织激励源于业务经营与发展结果的获取分享、个体激励向奋斗者与绩优者倾斜的回报分配机制。

（4）确立了价值分配的总原则是基于责任贡献、多劳多得。在为客户创造价值的过程中，公司不仅采用愿景目标、商业机会形成牵引发展的"前轮驱动"，也构建了用"合理的价值分配来撬动更大的价值创造"的"后轮驱动"。这个价值分配机制的基本原则是责任结果导向、多劳多得。

（5）明确了劳动是价值创造的主体，获得优先分配。30年来公司全体员工通过艰苦的努力与创造成就了公司的发展，是公司价值创造的主体，理应获得更多的回报。公司实施员工持股计划，让员工分享公司发展红利。但形成了劳动所得优先于资本所得的分配原则和3∶1的经验性分配比重，在承认资本承担发展风险，理应获得合理回报基础上，更注重让劳动获得更多的激励资源分配。

（6）确立组织激励来源于业务经营与发展的获取分享制。公司建立了将工资性薪酬包与业务经营与发展结果相挂钩的机制，将奖金包管理从"自上而下、人为分配"转变为"自下而上、获取分享"，形成了"有创造、就分享""利益分享、风险共担"的机制，促使员工将所有努力聚焦到业务经营与发展上，同时公司在员工薪酬激励的资源投入上也更为积极和大胆。

（7）确立个体激励分配基于"以贡献定回报"原则。个人的学历、工龄、社会荣誉、社会职称都不是公司员工获得激励的依据，责任结果是员工获得回报的

唯一基础。公司推行了"以岗定级、以级定薪、人岗匹配、易岗易薪"的工资管理制度，根据员工承担的责任及在岗贡献确定员工薪酬水平；责任结果也是员工获得奖金等短期激励，以及因岗位晋升而获得更好发展与回报的基础。公司积极探索并实施了时间单位计划（Time Unit Plans，TUP，是一种长期奖金激励计划）等长期激励优化机制，避免员工持有员工持股计划（Employee Stock Ownership Plans，ESOP，是一种长期股权激励计划）后出现"一朝获得、一劳永逸"弊端。

（8）发挥分配的杠杆与导向作用，将回报向创造更多价值的绩优者和奋斗者倾斜。公司的激励分配向组织中的绩优者倾斜，逐步打破了分配的过度平衡，强调激励资源向一线倾斜、一线关键岗位职级要高于支撑服务岗位、一线获得更大的价值分配比重。公司为承担重大业务和管理责任的人员建立了重大责任岗位津贴、高管奖金方案等机制，体现"给火车头加满油"的导向。公司激励资源分配强调向艰苦地区或艰苦岗位的员工倾斜，加大了在海外艰苦地区工作员工的外派补助和生活补助标准，实施艰苦地区的职级高于非艰苦地区职级1~2级的倾斜政策，导向干部员工积极当责、奔赴艰苦地区与岗位。

（9）丰富激发员工价值创造动力的手段，物质文明与精神文明建设并重。

（10）构建全价值链贡献分享机制，让更多、更好的资源参与公司价值创造过程；基于不同业务与人群的不同责任贡献，构建差异化价值分配机制，撬动更大的价值创造。

（11）机会与薪酬激励管理既要提升针对性，向促进公司有效增长的新业务与做出突出贡献的超优人才倾斜；又要注意避免破坏公司集体奋斗传统的继承与发扬。

（12）要及时对先进人员进行荣誉表彰。要善用多元化激励的方式，多元化激励不应该只是物质上的多元化激励，各类表彰、表扬也是精神层面的多元化激励。要分层分级授予直接主管拥有及时表彰、表扬的荣誉激励权力，员工的荣誉激励可以采用积分累计制，荣誉累积情况应可适度影响其退出公司时的长期激励保留额度，由此，在组织中强化不断追求卓越、持续奋斗的贡献文化。

（13）各类努力创造的人才仍然是公司未来价值创造的主体，继续坚持多劳多得的分配原则、获取分享制和劳动获得更多分配等激励管理哲学。

（14）对于公司成熟业务的获取分享制持续优化。要逐步引入追加奖励、战略奖励等措施，不仅让"多打粮食"的工作得到当期回报，也要让"增加土地肥力"的努力获得合理收益；可适当引入追溯与追索等手段，识别因惯性增长而"搭车收益"现象、纠正为短期收益而业务作假的行为，但追溯与追索要实事求是、基于场景、注意尺度，避免僵化追责而打击干部与员工创造价值的能动性。

（15）建立并强化成长与发展初期业务的获取分享机制。对于成长和发展初期业务，可借鉴优秀实践、结合业务自身特点发展获取分享机制；可合理加大激励机会与资源向成长和新发展业务的一定倾斜，促进优秀干部与员工积极投身成长与发展初期业务，去建功立业。

（16）优化薪酬激励的结构性管理，促使短期激励机制导向多产粮食，长期激励机制导向持续奋斗。

（17）长期激励机制要导向奋斗，让优秀人才在成长中始终保持价值创造的动力。同时也是对过去的贡献的一种再分配，并非福利人人有份。鼓励所有人都努力去无私贡献，团结贡献。

（18）短期激励机制要导向多产粮食、产好粮食。继续保持员工工资性收入的行业竞争力，以不断吸引、激励和保留优秀的人才。要调整不同人群的短期收入结构，与其贡献的性质相对应。可以差异化薪酬结构，也要敢于差异化。

（19）长期激励机制与短期激励机制都要导向持续奋斗、交替均衡。激励管理的总原则是按贡献分配、按劳动结果积累，让员工清楚"每天的奋斗都是在为今天和未来"。

（20）坚持责任结果导向的激励分配，掌握好不同组织中个体评价与分配"拉开差距"与"平衡稳定"间的妥协与灰度。

第四章

分钱的基本原则：钱给多了，不是人才也成了人才

国家大事，惟赏与罚。赏当其劳，无功者自退；罚当其罪，为恶者咸惧。则知赏罚不可轻行也。

——唐太宗

任正非曾说："华为不缺人才，钱给多了，不是人才也变成了人才。"但是任正非也曾说过："猪养得太肥了，连哼哼声都没了。"分钱的方法很多，愿意分钱的老板也很多，真正把钱持续分好的企业并不多，这就需要企业理解分钱的基本原则。只有理解基本原则，才能掌握灰度，才能有手感，才能活学活用。

分钱需要因时、因地、因人制订差异化、场景化的激励方案，这就让分钱的工作变得复杂起来。不变的人性，变化的人心。在利益分配的过程中，很容易产生各种陷阱。例如，为了激励员工努力工作，加大激励力度，员工在获得较大利益分配后，容易满足现状，不思进取，过度激励反而会让员工产生惰怠。又如，当员工物质激励得到一定的满足后，更加追求精神激励，更加注重自我的成长和成就，这就要求企业随时能够感知员工动机的变化，适时设计有效激励措施。

因此，如何科学分钱，这是一个非常复杂的问题。它的复杂性在于：人性

是复杂多变的，每个人都有不同的价值观，做着不同的工作，生活在不同的环境中，甚至不同国家的文化习俗也完全不一样。所以，大家所表现出来的工作动机是不一样的。有人工作是为了养家糊口，有人工作是为了光宗耀祖，有人工作是为了上帝的荣耀，等等。

业务场景是多样的，包括不同的部门，如财务部门、行政部门、研发部门和生产部门就拥有截然不同的业务场景。即便相同的业务，在不同的区域也会有不同的特征。很多公司，尤其是规模比较大的公司，拥有诸多的业务板块，每个板块的成熟度不一样，有的是成熟业务，有的是成长业务，有的是新兴业务；还有不同事业部之间的差异，这些都导致了业务场景的多样化。

面对人性的多变性和业务场景的多样性，企业在制定激励机制时，就不能采取一刀切的简单粗暴的分配机制，也不能生搬硬套其他公司的做法。如何结合企业自身的特点和需要，有针对性地设计有效的激励机制，这就要掌握一些分钱的基本原则，才能灵活掌握灰度，做到心中有全景，手中有场景。科学分钱的基本原则如下。

€ 原则一：导向增量激励

企业是一个营利组织，要想活下来，必须始终谋发展，不断追求业务的有效增长。有效增长的内涵就是业务要有增量，增量激励的外延表现在如图4-1所示的三个方面。

（1）业务要有增长。业务要有增长的直观的理解就是销售额、利润、回款等经济性指标要有增长。激励机制的设计不能为了激励而激励，必须始终围绕如何促进业务的增长，拉通端到端的业务流程，确定价值创造的关键环节，识别价值贡献的关键岗位，发现影响业务增长的短板，寻找有行动潜能的改善空间，进行"靶向"激励。只有持续增长的业务，企业才能持续为员工提供更好的利益分配机制，才能吸引和保有优秀人才。检验企业激励机制是否有效，也是看业务是否有增长。如果没有增长，大概率来看，激励机制肯定有问题。要么就是大

锅饭、平均主义，组织缺乏活力，个人缺乏动力；要么就是利益板结，想要努力的人，没有努力的空间和机会。优秀的人进不来，平庸的人出不去，最终导致企业增长受阻。

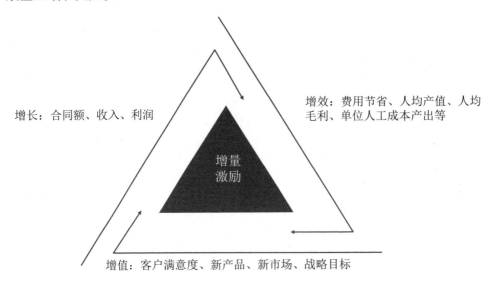

图4-1　增量激励的外延表现

（2）业务要有增效。业务要有增效就是人均产出要不断增加，投入产出要不断增加，费效比要降低，提升企业的盈利能力。有些企业面对市场环境变化，不一定能有持续增长，或者某些业务单元不一定能有持续的增长，但并不妨碍这些业务单元积极努力做贡献。贡献的方向可以是降低费用，提高组织能力，提升人均产出，这个努力过程一样是价值贡献，一样应该得到认可和激励。很多职能部门，不直接促进业务的增长，但它们可以在有限努力空间内，开展成本费用管控，提升人均产出，从而提升人均薪酬水平。激励方案设计要导向组织和个人提高人均产出，降低成本费用，可以设置费用节省奖励，也可以设置人均产出提升方面的奖励机制。

（3）业务要有增值。业务要有增值，就是不断促进创新业务的发展，促进业务的成长。经营企业，从结果上看有两种，一种是挣钱的企业，也就是企业有盈利，这是大多数的成功企业追求的状态；另一种是值钱的企业，而企业并不盈利，尤其是互联网企业，早期发展阶段，甚至很长一段时间都不赚钱，但这样的企业很值钱，大家看好企业的长期价值，这样的企业也不少。所以激励机制也要导向创新，导向做新业务、做战略业务、做价值提升的团队和个人。例如，两个销售经理，给公司贡献的销售额都是3 000万元，假设都按照2%提成，从利益分配的角度，公司对于他们的业绩贡献的认可是一样的。假设两个销售经理的客户对象不同，其中一个是行业大客户，另一个的来自几个不知名的中小客户，显然这两个销售人员服务的客户对象对公司的价值不一样，大客户对公司长期发展更有价值。又假设这两个销售人员销售产品的结构不同，其中一个销售的是公司新产品，是公司未来的发展方向；另一个销售的是老产品，对象也是老客户。很显然，同样的销售额，新产品对公司的价值更大，促进了公司新业务的发展。某些业绩贡献能促进公司业务的增长，但并不一定能促进公司业务的成长，成长的结果是未来有更好的增长。因此企业在追求业务增长的时候还要追求企业的长期价值，要导向企业的战略成长。

导向战略成长，就是要构筑公司持续的盈利能力和竞争能力，能让企业活得久一点。很多企业的激励措施往往导向短期经营目标的实现，导向财务性指标，如收入、利润、回款、费用等，而忽视面向未来的公司核心能力的构建，如新产品的开发、新的市场的开拓、重大竞争项目的卡位、亏损业务的扭亏、内部管理的重大改进、客户满意度和市场占有率的提升等。这些面向未来的战略目标往往没有当期的经济贡献，往往与公司当期的经营目标有冲突，往往用经济指标无法衡量，往往成熟业务的激励方式无法有效覆盖，导致长期目标被忽视、无法落地等。企业当期经营结果往往是前期的布局与努力，"菩萨畏因，凡夫畏果"，企业不应该过多地在当下的"果"上着力，更应该在可能影响未来"果"的当下的"因"上进行激励，这才是真正的智慧。很多企业在分钱过程中容易短视和临时抱佛脚，这就是为什么很多企业的战略目标很难落地，新产品和新市场很难突破，企业增长和成长很慢，企业的路越走越窄的原因。

激励机制的设计要特别注重导向战略，导向长期价值贡献。例如，对关键大客户的突破，可以叠加专项激励，可能激励的金额比某个大客户首次的订单金额还要

大，这么做的依据，并不是看单次的交易，而是看长期的价值。

很多企业的激励机制不由自主地落到了存量激励的陷阱，导致企业业务发展受阻却浑然不觉。例如，大多数企业实行的业绩提成机制就是比较典型的存量激励，业绩提成容易导致客户资源私有化，销售人员积累到一定的客户量后，就没有意愿拓展新客户了，守着老客户吃老本，最终害了公司也害了自己。又如，很多企业的激励机制都是固定工资加上定额奖金，如13个月薪酬，或者14个月薪酬，这也是存量激励的思维，没有给予员工努力空间，因此也不会产生增量贡献。对于当期没有经济贡献的新业务，在激励的时候，往往被忽视；对于公司有长期价值的业务，没有做激励，没有导向未来的成长，企业就失去了未来业务发展的机会。这些都是企业在激励机制设计时要特别注意避免的陷阱。

华为在考核激励过程中，特别注重导向战略，导向公司长期价值追求。考核激励既要追求当期的经营目标的达成，也要导向未来的增长。华为分钱方法是增量激励，增量激励就是要促进多打粮食，增加土壤肥力。多打粮食主要指订货、销售收入、利润、现金流的增加，以及成本费用的节省等；增加土壤肥力就是新业务、新市场的突破，客户满意度提升，组织干部队伍的建设等。华为各个代表处的考核激励就体现了多打粮食和增加土壤肥力的原则，如表4-1所示。

表4-1 华为各代表处考核激励指标

牵引点	序 号	KPI 名称	设置目的及定义
多打粮食 （50%） （打分）	1	订货	促进和牵引订货的提高
	2	销售收入	促进和牵引销售收入的提高
	3	贡献利润	测量盈利能力，体现经营结果
	4	经营性净现金流	衡量资金流动性状况，支撑有效运营
增加土壤肥力 （50%） （述职评议）	5	战略	战略山头项目，战略目标，运营商环境
	6	客户	关键客户关系管理、客户满意度
	7	组织干部人才	基于业务的长期发展需要，构建关键业务与团队能力，获得竞争优势，牵引人均贡献提升

续表

牵引点	序　号	KPI名称	设置目的及定义
内外合规 （扣分项）	8	内外部合规	牵引代表处管理内外部合规风险 当地法律合规 财务内控合规 流程内控合规

€ 原则二：导向组织活力

一个企业基业长青，成功的要素很多。很多理论家，在事后分析大企业失败的时候，总是说战略选择的失败。当然，很多企业的失败确实有战略选择的失败，但是也有不少企业战略选择没有问题，为什么也失败了呢？诺基亚发明了智能手机，自己却死在智能手机上；柯达胶卷发明了数码相机，却死在了数码相机上。很多优秀的大公司，并不缺乏智慧和远见，却没有抓住机遇，例如，美国的商业巨头IBM公司成功地预见了电子商务趋势，但IBM错过了电子商务，一度处于危机的边沿。后来IBM也预测到移动互联网的巨大商机，但IBM始终没有发展起来，以及后来IBM也洞见了智慧城市，推出智慧地球，但业务发展得并不好。传统优秀的大公司从来不缺乏洞见，它们可以聘请外部咨询公司做各种战略规划。对于未来，这些大公司比任何其他中小企业都更加有资源和能力抓住机会，但为什么往往是名不见经传的小公司通过颠覆式创新，超越大公司成为新技术变革的独角兽。所以应对外部环境的不确定性，不是战略选择的失败，而是组织的失败。即使战略选择失败了，也是组织在选择，归根结底是组织问题，是组织活力的丧失。

随着技术的发展，未来的不确定性越来越多，企业很难跨越非连续性的技术创新和商业模式的创新。企业如何在不确定的环境下生存下来？如何找到应对不确定性的规律，以确定性应对不确定性？华为的做法是，以内部利益分配规则的确定性，应对外部经营环境的不确定性。以组织的活力应对战略的混沌。在应对不确定性中，企业能够把握的最大的确定性，就是始终让组织充满活力，在方向大致正确的前提下，充满活力的组织不断调适进取的姿势，才能实现企业的战略

和经营目标。即使方向完全南辕北辙，一个优秀的团队也能及时地发现和纠偏，不至于让企业走向万劫不复的深渊。

分工是产业社会的基础，是企业存在的基础，是区别于自给自足农业社会的根本，因为分工才出现组织。组织是解决分工后一体化、协同化的机制，分工是组织存在的基础，分利是组织存在的保障。分工解决组织效率问题，分利解决组织活力问题。分工和分利是组织存在的一体两面，因此，利益分配的核心要解决的问题就是组织活力。只有通过构筑与企业外部的利益差，提供更有竞争力的利益分配机制，才能吸引优秀的人才加入企业；只有在企业内部构筑员工之间的利益差，利益分配向贡献者倾斜，拉开差距，给火车头加满油，才能激发优秀人才持续奋斗。

通用电气前总裁杰克·韦尔奇，为了激活通用电气组织活力，发现了企业组织管理的"活力曲线"规律。一般来说，一个组织中，20%的人是最好的，70%的人是中间状态的，10%的人是较差的，这是一个动态的曲线，如图4-2所示。一个善于用人的领导者，必须随时掌握那20%和10%的人的姓名和职位，以便实施准确的奖惩措施，进而带动中间状态的70%。这个用人规律，杰克·韦尔奇称为"活力曲线"规律。在杰克·韦尔奇时代，他提出了"数一数二"战略，就是通用电气的各个事业部在行业中要么第一，要么第二，否则就被并购剥离或关掉。当时通用电气六大不同行业的事业部每个都成为行业龙头，通用电气的不相关多元化似乎违背了很多经典的管理理论，没有聚焦核心业务，各个事业部没有相关性，是企业发展的大忌。然而在杰克·韦尔奇的带领下，通用电气取得了巨大的成就。杰克·韦尔奇时代通用电气的成功说明，决定企业发展的不是战略选择，而是组织活力。只要组织充满活力，做什么都有可能做到最好，这就是为什么杰克·韦尔奇在写完商业巨著《赢》的封山之作后，又写了一本《商业的本质》。在《商业的本质》里面，杰克·韦尔奇认为商业经营的本质就是经营团队，就是经营组织活力。

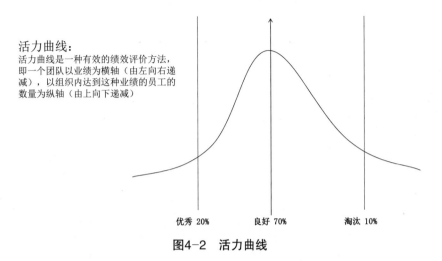

活力曲线：
活力曲线是一种有效的绩效评价方法，即一个团队以业绩为横轴（由左向右递减），以组织内达到这种业绩的员工的数量为纵轴（由上向下递减）

优秀 20%　　　　良好 70%　　　　淘汰 10%

图4-2　活力曲线

　　组织是由人组成的，要让组织有活力，就必须让个人充满动力。如何让组织里的个人充满动力？要让组织中的个人充满动力，就要让激励措施与个人的动机进行有效链接，**一定要把动机、动力、动作有效地串起来**。要去探究不同层次、不同岗位的员工，他们的动机是什么。基于这个动机，把各种激励措施进行有效链接，让他们产生动力，然后让他们表现出来企业想要的动作。

　　员工的动机千差万别，即使同一个人在不同的人生阶段，也有不同的动机。即使在同样的人生阶段，在不同的场景下也会有不同的动机。美国著名社会心理学家马斯洛给我们提供了一个识别员工动机的框架，这就是"马斯洛需求层次理论"，如图4-3所示。他认为人的行为受到人的需要欲望的影响和驱动，人的需求由于重要程度和发展顺序的不同呈现多样性、多层性，只有尚未满足的需求才能够影响人的行为，已满足的需求不能起到激励作用。虽然人的需求是多样性、多层性的，但影响人的行为的因素是由当下主要的需求决定的。虽然后来的心理学家和管理学家认为马斯洛的需求层次理论过于僵化，在现实中，人的需求是综合的、动态的，但它确实提供了一个好的框架。

　　基于马斯洛需求层次理论，我们要动态地识别个人的动机，并对动机进行有效的管理和引导。例如，20世纪70年代以前的员工，普遍对物质激励更加敏感，这是因为20世纪70年代以前的员工出生在物质比较匮乏的年代，缺乏安全感，对

金钱的渴求更多的是对安全感的追求。但是20世纪90年代后的员工，成长在改革开放之后，物质生活条件比较好，有安全感，他们更多地追求个性发展，工作要好玩，有成就感是第一位的。因此，在激励的时候，就要做区分，对于20世纪90年代后的员工要更多地通过发展机会，提供开放自由的工作环境，并给予更多的精神认可，才更能激发他们的活力。

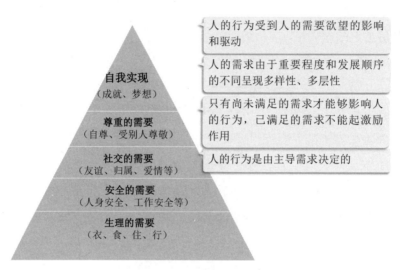

图4-3　马斯洛需求层次理论

€ 原则三：导向全面激励

很多企业都愿意激励员工，但往往只注重激励一小撮人，还美其名曰"精英主义"。笔者认同企业需要激励核心价值创造者，但不能因为"激励一类人，而麻木一群人"。久而久之，竭尽全力仍无缘奖励的大多数员工就会堕化为激励制度面前的"吃瓜群众"，面对激励制度无动于衷，自甘沉浮，沦为"平庸的大多数"。

精英激励的原生魅力不在于让人人成为精英，而在于让精英的成功荡起涟漪，一圈圈地推及身边的人，让每一个人都能从他的成功中有获得感。形同中心位置荡起的水花越大，辐射面越广，精英员工越处于组织网络的中心位置，普通员工越有机会观察和模仿他们的行为。通过这样的社会影响过程，针对精英的个人激励对整个团队绩效起到一个积极的溢出效应。精英激励就像一把利刃，以四两拨千斤之势，展示出无穷的激励魅力。同样，利刃把握不好容易自残，企业往往"好心办坏事"，陷入精英激励困局。

为什么精英激励往往会失效呢？正如"一个乞丐不会嫉妒一个百万富翁，但会嫉妒一个比他乞讨得多的乞丐"。如果员工意识到自己无论如何努力都无法改善与精英员工之间巨大的鸿沟，更难以跃迁到精英层次，他们很可能放弃努力，安于现状，沦为"不求有功，但求无过"的沉淀层员工。

过度激励精英员工，会加剧组织内部互动方式的恶化。普通员工倾向于"抱团取暖"，排挤谤杀精英员工。这种实质性的孤立行为反过来强化了精英员工的地盘意识，催生资源特权主义，产生知识技能壁垒。而精英恰好占据了组织网络中的大量优质资源，是组织网络的重要节点，地盘意识的强化使得这些重要节点成为信息孤岛，从而形成组织内部的信息断层，组织在困局中做着低效的激励。处于精英激励困局中的组织，看似平静的表面下却是消极情绪的暗流涌动，看似和谐的背后却是团队协作的分崩离析。

只要我们认可当人被激励时可以创造更多价值这个基本假设，我们就需要对所有人进行激励，只是激励手段、方法不一样而已。企业在进行激励制度的顶层设计时，要对组织和个人进行全面激励，精准激励，有效激励，要分层、分类、分阶段实施靶向激励，构建滴水灌溉式的精准激励模式。

为扫除传统精英激励盲区，从时间和空间的角度出发，构筑如图4-4所示的横向分类、纵向分层、时间递延的三维立体的全面激励体系。

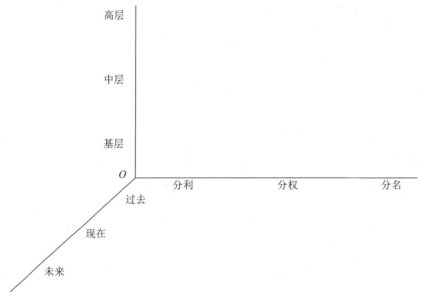

图4-4　三维立体的全面激励体系

维度一：纵向分层，即基层、中层、高层

依据员工岗位和能力的差异，对员工进行分层，可以简单地把员工分为高层、中层和基层，针对不同层级的员工分别设计考核激励机制，在每个层级内部拉开利益分配差距，激发员工积极贡献。还可针对不同层级，再细分不同的梯度（如按照前5%、5%~20%、20%~60%、60%~90%、90%后划分为5个梯度）。根据每一梯度员工能力水平制定不同的考核标准，采用不同的方法进行奖励，即便D梯度的员工整体能力或业绩低于A梯度，但是处于D梯度范围内的优秀员工只要达到该梯度的奖励标准，仍然可以获得奖励。需要注意的是，不同梯度之间员工的激励方式不同，激励强度不同。组织由奖励顶层精英，转为奖励每一梯度内的优秀员工，使得处于任何一个梯队的员工都能"跳一跳、够得着"，从而回归到组织激励的本源——将激励从关键少数传导到绝大多数人，激活组织内部每个细胞，让组织充满活力。

华为倡导高层要有使命感、中层要有危机感、基层要有饥饿感的组织文化。

（1）高层：不以物质利益为驱动力，必须有强烈的事业心、使命感。

（2）中层：完不成任务，凝聚不了团队，斗志衰退，自私自利，将被挪窝，被降职。

（3）基层：对奖金的渴望、对股票的渴望、对晋级的渴望、对成功渴望。

华为将员工分类，分别采取不同的激励方式，这里面实际上就是对人性底层的动机的深刻洞察。

维度二：横向多元化，即分利、分权、分名

经常有企业家朋友对笔者说，我们公司不像华为那么有钱，华为可以分配的利益很多。我们给不了员工那么多钱，那么我们这个激励如何做呢？其实，如果把思维打开的话，能分的东西不仅仅是钱，还可以分权和分名。钱是分配资源，权力也是分配资源，荣誉也是可以分配的资源。我们需要升级我们的认知，多元化拓展激励资源，而不能将注意力仅仅放在钱上。如果天天算计物质利益，也会导向员工一切向钱看，斤斤计较。激励资源在企业里永远是有限的、稀缺的、宝贵的。要突破空间和时间的限制，"无中生有"地创造激励资源。

从人们对利益感知的角度，利益分配从激励内容上可以概括为几种。

（1）分利：基于利益的薪酬分享机制。将物质利益结构化，根据岗位角色、业务场景、贡献度、劳动态度等分配工资、津贴、奖金、分红、福利等，通过利益的分配在企业与员工之间构筑利益共同体。

（2）分权：基于职位的权力分享机制。将企业权力结构化，将企业的立法权、行政权、监督权赋予德才兼备的员工，让员工在行使权力的过程中，激发员工的使命感、责任感。通过权力的分配在企业与员工之间构筑事业共同体。

（3）分名：基于专业的名誉分享机制。将企业名誉结构化，根据企业的愿景使命、核心价值观、战略目标、阶段性工作重点设置荣誉激励，并特别营造庄重的仪式感。很多公司都不注重荣誉奖励，基本上都是物质激励，简单粗暴地发奖金了事。过于依赖物质激励，会导致物质激励效用递减，员工对物质激励的满足感会下降，无法达到持续激励的目的。因此，需要认知升级，将荣誉视为企业最重要的无形资产，在企业内部设置荣誉殿堂，将历年受到荣誉表彰的优秀人物和

事迹记录下来，供企业员工作为榜样随时学习。在企业内部网站、报刊、墙上，持续宣导优秀人物的事迹，让公司提倡的价值观在员工中发生化学反应，导向员工内在的自我激励，而不过度依赖外在的物质激励。通过名誉的分配，在企业与员工之间构筑命运共同体。

下面我们首先来看看华为是如何分利的。华为1998年颁布的《华为基本法》里面对于企业利益分配有明确的规定。

第十九条 效率优先，兼顾公平，可持续发展，是我们价值分配的基本原则。

（1）按劳分配的依据是：能力、责任、贡献和工作态度。按劳分配要充分拉开差距，分配曲线要保持连续和不出现拐点。

（2）股权分配的依据是：可持续性贡献、突出才能、品德和所承担的风险。股权分配要向核心层和中坚层倾斜，股权结构要保持动态合理性。按劳分配与按资分配的比例要适当，分配数量和分配比例的增减应以公司的可持续发展为原则。

第六十九条 我们在报酬与待遇上，坚定不移向优秀员工倾斜。工资分配实行基于能力主义的职能工资制；奖金的分配与部门和个人的绩效改进挂钩；安全退休金等福利的分配，依据工作态度的考评结果；医疗保险按贡献大小，对高级管理和资深专业人员与一般员工实行差别待遇，高级管理和资深专业人员除享受医疗保险外，还享受医疗保健等健康待遇。

第七十条 公司在经济不景气时期，以及事业成长暂时受挫阶段，或根据事业发展需要，启用自动降薪制度，避免过度裁员与人才流失，确保公司渡过难关。

华为的"冬天"——2003年4月，因为没有完成上一年销售目标，以任正非为首的总监级以上的高层领导中，有454位员工主动申请降薪10%，而华为根据每个人的具体情况，最终批准了362人，其余92人未获批准。

其次，华为权力是怎么分的。华为公司借鉴西方国家治理的经验，将权力主要分为立法权、行政权、监督权，采取三权分立、互相制衡的方式分别对不同组织和个人进行授权。内部有各种各样的委员会，如投资委员会、战略委员会、薪酬委员会、财经委员会、审计委员会、道德遵从委员会、变革委员会等。中国一直都是官本位的思想，有个一官半职对于员工来说既是一种责任，也是一种权力，满足员工安全感、成就感的需要。能够进入这个委员会里面的员工，不仅意味着权力的分配，同时也意味着公司对员工的认可。

华为利用各种权力资源来激励员工。例如，任正非自己是CEO，但是他把CEO的大部分权力让渡出来，分配给轮值CEO。华为轮值CEO制度是从2011年开始实施的，被授权的轮值CEO每人做半年CEO。轮值CEO在轮值期间作为公司经营管理及危机管理的最高责任人，对公司生存发展负责。轮值CEO负责召集和主持公司经营管理团队（Executive Management Team，EMT）会议，在日常管理决策过程中，对履行职责的情况及时向董事会成员、监事会成员通报。几个轮值CEO之间相互PK，看谁最能做出成绩，最能得到大家的认可。通过轮值CEO也能解决山头主义、本位主义，让高层干部更加具有协同精神和全局意识。而任正非则是正式的CEO，只具有否决权，守住华为的业务边界和核心价值观。由此可见，任正非非常愿意分享，不仅将自己的股权分享得只剩下1%，还将公司的CEO权力也分享给了核心高管。近年来越来越多的企业向华为学习，实行轮值CEO制度。而华为在2018年3月又将自己独创的轮值干部管理模式"升级"，开启了"轮值董事长制度"。

干部轮值实际上是华为权力分享的机制，也符合华为的赛马文化，华为的人才培养是赛马不相马，通过淘汰机制来选拔真正的干部。这也是华为一直倡导的责任结果导向。华为所有的管理岗位都是赛马文化，每年坚持管理干部10%的淘汰率，并且每个管理干部一般3年就轮换到其他岗位，避免干部专权、惰怠，保持组织活力。

华为坚持将权力授到一线。华为坚持让听见炮声的人来指挥作战，让最了解一线的人、与客户和市场最贴近的人来决策。坚持权力下放，责任下沉。华为权力授予有明确的规则，如70%的权力授到一线、20%的权力在经营层、10%的权力

在董事会等。

华为将人事决策和业务决策权适度分离。华为内部建立了两套决策体系。一套是基于人事管理的决策，在华为内部称为行政管理团队（Administrative Team，AT），对员工的评价、调动、晋升、调薪、配股等进行决策，决策的规则是从众不从贤。AT一般由5个人组成，少数服从多数，实行民主集中制，并且整个决策过程进行会议录音，以备后续抽查。另一套决策体系是业务管理的决策，在华为内部称为经营管理团队（Staff Team，ST），主要对业务本身进行决策，包括业务战略、目标、计划、策略和经营预算等进行决策，决策的规则是从贤不从众。ST人数没有明确规定，一般10人左右，由业务团队的最高责任人负责决策，实行首长负责制。对于人事管理的从众不从贤的权力分配机制，有效地避免了个人主观主义、任人唯亲、拉帮结派的现象。对于业务管理的从贤不从众的权力分配机制，有效地避免了责任不清、争功诿过、效率低下的问题。

最后，华为的名誉是如何分配的。名誉分配机制（荣誉激励），即分名。荣誉激励机制是解决员工工作是否有意义的问题，就是赋予工作意义，更多地导向于员工内在自我激励。在华为内部的网站上有一个栏目，叫荣誉殿堂。在这里，华为把员工过去获得的各种奖项都挂在上面。荣誉不仅对获奖员工是一种持续的激励，对于其他员工特别是新员工也是一个很好的学习榜样。华为设置了非常多主题突出的荣誉奖项，包括金牌奖、蓝血十杰、天道酬勤奖、零起飞奖、明日之星以及优秀家属奖等，它们主要导向员工内在的自我激励。

维度三：时间递延性，即过去、现在、未来

从时间上延展激励措施，从人们对时间的感知，利益分配可以从时间上概括为：

（1）分过去的钱。企业可能现在不赚钱，未来也不一定能赚钱，但如果企业过去赚钱，有留存利润，有盈余公积，就可以用过去的钱来分。如果站在未来看现在，企业每年都要适当留存一部分利益，应对未来的不确定性。具体的表现形式可以是安全退休金、递延奖金计划、递延分红计划、盈余公积、留存利润等。

（2）分现在的钱。相对成熟的企业，当期一般会有合理的利润，可以用于分

配当期的工资、奖金、分红、补贴、福利等。

（3）分未来的钱。企业当期亏损，或者初创企业，往往当期没有太多可以分配的利益，如果不分配，就会出现员工不满意甚至离职。记得有一次，笔者在深圳讲课，有个学员，企业规模做得挺大，年收入30亿元。但是刚好赶上行业转型，近两年公司都是亏的。但是他坚信，未来两三年会赚钱。他说，如果不分，留不住员工；就算想分，现在也没钱分。怎么办？笔者告诉他，如果你对未来这么看好的话，为什么不把未来的钱拿来分，给员工发股权、发期权呢？很多创业公司，是拿不出很多的钱来激励核心员工的，但是创业公司可以用股权来吸引人才，股权就是分未来的钱。所以，只要思维打开，突破时间的限制，将未来的股权、未来的学习机会、成长机会分配给员工，让员工对未来的利益有确定的预期，既能降低企业当期的薪酬支付压力，也能与员工进行长期的利益绑定。

还要关注激励制度在时间上的延续性，设置随时间持续的动态激励制度。在海底捞的激励制度中，我们可以看到这样一条："海底捞的普通员工如果连续3个月被评为'先进'就可以自动晋升为'标兵'；连续4个月被评为'标兵'就可以自动晋升为'劳模'；连续6个月被评为'劳模'就可以自动晋升为'功勋'。"这种必升而非选升接近部队校级以下军衔的激励制度，使得海底捞的员工能够对工作充满期待与挑战，从而避免部分绩优人员躺在功劳簿上睡觉，以此达到让员工持续奋斗的目的。

构建纵向分层、横向分类、时间递延的三位立体的激励机制，通过滴水灌溉式的精准激励，回归激励本源，在鼓励先进的同时，有效激发大多数普通员工的工作潜力，使得每个员工都能"心中有梦，奋起直追"。将组织的每个细胞激活，释放潜藏在每个员工身上的潜力，从而真正实现"增量撬动存量"，完成激励关键少数到激励绝大多数的转变，从相对单一激励方式到多元化激励方式转变，从容易导致利益板结的静态激励到导向持续奋斗的动态激励转变。充分激发组织整体活力，让人人富有成就感、获得感。

€ 原则四：导向内在激励

钱分对了，一大半的管理问题就解决了。但是一些企业可能走到另一个极端，就是过分依赖物质激励。如果企业与员工仅仅建立在利益交换关系上，企业员工就不可能有使命感，不可能构建事业共同体、命运共同体。表面上看，通过物质激励，企业很有狼性，员工很有干劲，实质上每个人都在为自己的利益奋斗，员工只是"雇佣军"，不可能与企业同呼吸共命运。当企业遇到任何挫折，员工就容易作鸟兽散；或者当外部有更大利益诱惑时，员工就有可能挂印而去；甚至不惜牺牲企业利益为了个人利益铤而走险。

因此，企业在利益分享过程中，导向要正确，不可以导向一切向钱看，唯钱是瞻，企业利益分配最终要导向员工内在的激励，自我的激励，不能导向处处谈钱——不给钱，不干活。要通过分利、分权、分名的多元化激励措施，激发出员工的使命感和责任感，要通过核心价值观来感召，通过目标来牵引，通过成就来认可，通过成长来驱动，将员工塑造为无须扬鞭自奋蹄的"千里马"。

要导向如图4-5所示的员工内在的自我激励，要特别注重精神激励，要在物质激励的过程中通过精神激励升华物质激励，在精神激励的过程中通过物质激励强化精神激励。不能用精神激励代替物质奖励，也不能用物质激励取代精神激励，它们相互补充，却不能相互替代。

图4-5　员工的内在激励

第五章

分钱的基本方法：优化价值创造管理循环，基于信任，简化管理

自利则生，利他则久。

——稻盛和夫

谈到企业分钱的方法，大多数人都会想到多劳多得，按照贡献来分配。但在实际操作中，我们对于如何定义价值贡献经常是拍脑袋，没有科学的方法。要想设计好分钱的方法，必须要回到"钱从哪里来"这个源头上思考：

创造价值的源头是什么？

价值是如何创造的？

谁创造了价值？

如何评价价值贡献的大小？

分配什么利益给价值创造者？

如果不把这些问题想清楚，稀里糊涂地分钱，就会导致员工的公平感比较差。结果是钱分了，财散了，人散了，心也散了。所以企业分钱，必须遵守分钱的基本方法，这个基本方法就是打通如图5-1所示的企业价值创造、价值评价、价值分配链条，以客户为中心全力创造价值，以责任结果为导向正确评价价值，

以奋斗者为本合理分配价值。

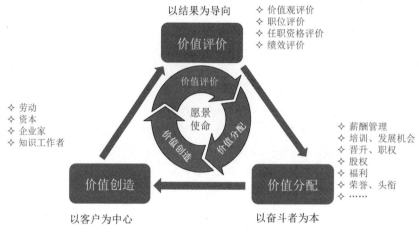

图5-1　分钱的基本方法

ⓔ 如何定义价值创造

　　所有的人都认同企业要基于价值贡献来进行利益分配，首要的关键问题是，什么是价值贡献？究竟谁创造了价值？不同岗位、不同部门、不同业务板块的价值贡献如何定义？这都是我们科学分钱首先要思考的问题。

谁创造了价值

　　华为将企业价值创造来源区分为四个群体：一般劳动者、知识性工作者、企业家群体和资本方，这种划分的方法非常有借鉴意义，有助于我们区分不同群体创造价值的特点，分别设计不同的利益分配机制。接下来我们需要抽丝剥茧地分析和理解一般劳动者、知识性工作者、企业家群体、资本方的价值创造如何定义？

　　一般劳动者就是从事简单劳动、按照劳动法的要求雇用的员工，他们与企业之间是受劳动法约束的雇佣关系。那么什么是简单劳动？简单劳动容易被替代，接近于体力劳动，是相对复杂劳动而言的，但不完全等同于体力劳动。随着机器人、人工智能的出现，越来越多的体力劳动甚至脑力劳动逐渐被替代，如律师、金融从业人员、教育行业也将逐渐被人工智能替代，所以不能把劳动简单区分为体力劳动和脑力劳动。简单劳动相对复杂劳动的本质区别是，简单劳动的投入与产出是线性关系。例如，一个工人一小时生产10件产品，在不改变作业条件的情况下，工作两小时生产20件，以此类推，每多工作一小时，就多生产10件产品。这种劳动的特征就是线性关系，只要工人停止劳动，产出就变为零。又如律师，律师处理案子，需要翻阅法律条文，他的投入与产出也是线性的，每天能处理多少个案子也是相对恒定的，如果他不工作，就没有产出。所以一般劳动者创造的价值是有限的，与投入的时间和精力相关，按照计件制或者工时制来分配价值是相对合理的。这也就是为什么工厂的工人多用计件或计时来付酬，而律师多按时间来付酬。一般劳动者是按照既定流程和标准高效完成工作的人群，他们是一般的价值创造者，这个群体主要指职员和操作工，他们的劳动是简单劳动，按照劳动法的要求，签订劳动合同，形成雇佣关系，企业支付相对市场平均或者略高的薪酬。

知识性工作者从事的是复杂劳动，简单劳动的投入与产出是线性关系，那么知识性工作者的投入与产出就是指数关系。知识性工作者主要做创新，投入与产出不是简单的线性关系，是有可能产生巨大的回报的。这种回报的产生与知识性工作者是否还在工作没有直接关系。可能知识性工作者在海边度假，但是产出还在继续。例如，知识性工作者的某个发明专利，开发的某个软件平台，某个创意成功商业化运作后，创造的财富是巨大的，是日复一日的简单劳动无法比拟的。知识性工作者主要指专家和主管，他们主要负责解决客户的问题，满足客户的需求。这个客户可以是企业内部上游环节和下游环节的内部客户，也可以是企业外部的客户、供应商及合作伙伴等。所以，从事复杂劳动的知识性工作者是重要的价值创造者，与企业不是简单的雇佣关系，应该是合伙关系，是公司的中坚力量，是公司价值分享尤其是剩余价值分享的重要参与方。

企业家群体不仅仅指老板本身，而是指在企业内部具有企业家精神的企业家群体，就是公司的核心经营管理层。企业家群体必须有使命感和责任感，引领企业走向成功，以责任结果为导向，对业务目标的实现承担绝对责任。他们主要的任务是通过洞察市场，寻找机会，引领企业持续发展，眼睛盯着市场和客户，多

打粮食，增强土壤肥力，达成经营目标。企业家群体从事的是更加具有挑战性的复杂劳动，是事关企业全局胜败的核心价值创造者。在企业这个群体主要指各个业务板块的一把手。企业家群体除了与知识性工作者一样分享企业的剩余价值，还是企业经营权的主宰者，分享企业的经营权。

企业的成立发展离不开资金，企业发展的资金的来源有两种。第一种是资本市场，企业通过让渡股权来获得外部投资的资金；第二种是扩大再生产增加利润，进行自我的积累。这两种资金都可以转化为企业的资本。在成熟的商业社会，资本除了表现为企业发展的生产要素，还表现为产权的实现形式，也就是企业最终属于资本方，资本方是企业的所有者，决定着企业资源配置原则和价值分配。资本对于企业价值创造表现为两个方面。一个方面是资本方为企业的发展贡献智力，在这个意义上，资本转化为了知识资本，应该得到类似于企业家和知识性工作者的合理回报；另一个方面，资本为企业的发展承担了风险，即风险资本，为企业的创新与发展提供了资金保障，为企业获取超过市场平均的收益承担了风险，因此风险资本应该获得超额收益，也符合风险与收益的匹配的基本原则。

如何创造价值

企业的目的十分明确，就是让自己具有竞争力，能赢得客户的信任，在市场上能存活下来。从企业活下去的根本来看，企业要有利润，但利润只能从客户那里来。必须以客户的价值观为导向，以客户满意度为标准。公司的一切行为都是以客户的满意程度作为评价依据，企业价值创造的源头是为客户创造价值。要服务好客户，就要选拔优秀的员工，而且这些优秀员工必须要奋斗。要使员工可以持续奋斗，就必须让奋斗者得到合理的回报。

企业是一个功利组织，不是福利院，也不是俱乐部。它的一切都是为了实现目标而努力，这种目标要有商业价值。从短期来讲，企业目标就是要实现销售收入、利润、现金流的有效增长；长期来看，短期目标的实现要有助于提升企业核心竞争能力，有利于企业持续地活下来。因此，可以总结为多打粮食，增加土壤肥力，前者聚焦短期经营目标的完成，后者注重公司长期目标的实现。

企业组织是一个分工和协作的组织，沿着服务好客户的端到端流程，会形成流程化运作的组织，在不同流程环节和节点上，不同的部门和岗位创造不同的价值，对组织能力和个人专业水平的要求不一样。这就需要针对不同业务场景、不同岗位、不同人群设计差异化的激励措施，建立有创造、有分享、多劳多得的回报机制。

组织按照分工不同，承担不同的责任，每个责任中心根据自己的定位确定科学的评价标准，牵引组织不断改进绩效，也决定组织的利益分配。华为将组织形态分为如下三类：

（1）作战单元，直接负责完成公司的收入、利润、回款等经营目标，在客户界面作战，对最后的经营结果负责。

（2）作战平台，对作战单元提供炮火，提供服务，并调动资源。负责资源和能力建设，对经营结果负责。

（3）管理平台，对作战部门提供运营支持，赋能作战部门，不对经营结果负直接的责任。

基于不同的责任定位，每个责任主体都有自己价值创造的目标和空间，并据此获得相应的回报，具体如表5-1所示。

表5-1 各责任主体价值创造的目标和资金来源

部　门		奖金来源	组织KPI
作战单元	成熟区域	贡献利润＋收入	新产品 市场份额/竞争对手压制
	新区域	山头项目＋收入	概算利润 重点产品 新区域 ……
	营销管理部	销售平均奖金×价值系数	项目中标率 概算利润 存货 应收账款 ……

部　门		奖金来源	组织 KPI
作战平台	产品研发	贡献利润＋收入	新产品收入 产品竞争力 专利布局
	技术研发	产品研发平均奖金 × 价值系数	技术规划里程碑达成率
	制造	可控制成本下降	交付及时率 质量 安全 ……
	采购	采购成本下降	原料库存周转率 原料断货 原料质量 ……
	物流	物流成本下降	货品安全 ……
管理平台	财务	平均奖金 × 价值系数	费效比 融资成本
	人力	平均奖金 × 价值系数	人均产出 关键岗位人才储备

€ 如何正确评价价值

　　一谈到价值评价，很多人不由自主地想到绩效评价，这是一个很大的误解，正是这个误解，让我们深陷绩效考核的各种坑不能自拔。绩效考核是绩效管理的手段，不等于价值评价。很多企业花大力气在企业内部搞绩效考核，并根据绩效考核的结果来分配价值。唯绩效考核的价值评价，不但不能正确评价贡献，往往扭曲价值创造与价值评价的关系。

　　价值评价应该以责任结果为导向，而不应以绩效结果为导向，这两者是有区别的，并不一定完全相等。为什么两者会有区别？因为责任结果基本上是客观存在的，就是在一个组织体系里面，只要设计了这个岗位，这个岗位是有它存在的必要的，而不是一个完全没必要的岗位，这个岗位就必然要承担一定的责任，而且这个责任或者职责已经用文件写出来也好，没有写出来也好，是客观存在的。写得出来，可能意味着企业对这个岗位理解得很透彻了，清楚其责任。写不出来，可能是企业现在的认知水平有限，但它是客观存在的。既然作为一个客观存在的岗位，有它对应的责任和职责，它就必有相应的产出，产出的结果就是责任结果。所以一个人在这个岗位上，其责任结果如何，事实上是基于这个岗位所要担负的责任。他做得怎么样、他的产出如何，是周边及上下游甚至客户评价出来的。

　　价值评价要从责任和结果两个层面进行评价，并互为条件，互相验证，而且分别决定员工的价值分配内容。基于责任能力主要决定员工的固定收益，包括工资、股权分配数量、福利、人事待遇、学习机会等；基于结果贡献主要决定员工的浮动收益，如奖金、分红等。基于员工的能力（通过任职资格来评价）匹配某个岗位，根据某个岗位，员工承担某个岗位责任，在没有产生结果前，企业需要为员工的能力和责任支付基本的报酬即固定工资，解决员工基本的生活保障。因为结果具有不确定性，不能完全根据结果来事后支付报酬。但结果的好坏决定员工的浮动收益，解决奖勤罚懒的问题。持续的好结果是对员工能力的证明，员工就会得到晋升，从而相对固定的工资就会进一步提升。更高的岗位和责任又会让员工有机会做出更大的贡献，分享更多奖金或者分红等。图5-2就是以责任结果为导向的价值评价体系。

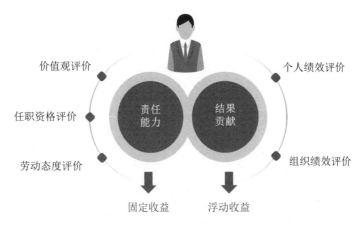

图5-2　以责任结果为导向的价值评价体系

基于责任能力的价值评价

从责任的层面，价值评价主要包括价值观评价、能力评价（即任职资格评价）、劳动态度评价，这些评价是"冰山"下的评价，是对未来能否做出贡献的潜在价值的评价。

1. 基于价值观的价值评价

价值观评价是干部晋升的底线，越是到高层，越需要在价值观方面进行长期的360度的考察。价值观评价往往通过关键事件来考核，核心是看当组织利益与个人利益发生冲突的时候，是否站在公司利益的立场上考虑问题，放弃个人利益，服从公司利益。价值观评价是权力分配的重要依据，简单讲，价值观评价是决定是否升职的关键。

2. 基于任职资格的价值评价

能力评价即任职资格评价，是对于员工是否具备岗位任职要求进行认定和评价。一般会区分为管理线和专业线的任职资格评价，前者决定员工是否具备担任某层级管理岗位的任职要求，后者决定员工是否具备某个专业岗位的任职要求。任职资格评价决定员工的固定薪酬，即工资和各种津贴。

华为有非常完整的任职资格评价体系。华为自1998年正式引进英国国家职业资格制度，经过了三个阶段：1996—1998年，在关注行为规范化的基础上，在部分职类上试行任职资格管理；1998—2001年，建立任职资格标准，并对员工进行任职资格认证；2001年开始将认证结果与人力资源其他模块相结合。华为的任职资格管理实践给我们以有益的启示：通过在企业中建立任职资格管理体系，并将素质模型纳入任职资格管理体系，既可有效地弥补素质模型自身的缺点，又能够把搭载素质模型的任职资格管理体系与人力资源管理体系密切对接，使得两者真正成为人力资源管理与开发的有效管理工具。

在华为的任职资格管理体系中，包含以下几个关键要素和环节。

（1）划分任职资格等级。华为任职资格管理体系包括技术任职资格、营销任职资格、专业任职资格和管理任职资格。共分为六级，每级又分为四等，即职业等、普通等、基础等、预备等，并形成了详细的任职资格标准体系。

（2）构建职业发展通道。任职资格与职位相结合，为员工提供了职业发展通道。通过任职资格管理的牵引，形成管理和专业/技术两条职业发展通道。

（3）建立任职资格标准。任职资格标准是基于岗位责任和要求，对承担该岗位的长期综合绩效优秀的员工被证明了的成功行为和能力要素，进行归纳而形成的评价指南。

（4）开展任职资格认证。任职资格认证是指为证明申请人是否具有相应任职资格标准而进行的鉴定活动。相同工作性质（职类）的人员按照统一的标准进行程序的认证，以提升认证结果的客观性，真实反映员工持续贡献的任职能力。

（5）应用任职资格结果。任职资格标准的应用包括：作为培训需求的重要来源，培训体系根据各类别任职资格标准的要求，进行课程体系建设；作为职位说明书任职要求的补充和细化，用于招聘中参考确定拟聘职位的考察标准；指导员工日常工作的改进。任职资格作为员工薪酬和配股的上限的标准。

3. 基于劳动态度的价值评价

基于意愿的劳动态度评价是评价员工的努力程度。评价员工是否愿意奋斗，是否诚实守信，不弄虚作假。劳动态度评价决定员工的成长机会分配，包括学习机会、轮岗机会等人事安排。

华为每年都对员工进行一次劳动态度评价，先由员工根据劳动态度自检表进行自评，然后由华为各级AT（人力资源干部评价委员会）进行集体评议。表5-2为华为的劳动态度评价标准。

表5-2　华为劳动态度评价标准

行为参照	自检
保持艰苦奋斗，不断提升职业化能力。	
以下是公司对员工在诚信方面的最基本要求，一旦违反，将给予开除或辞退处分，违反国家法律的严重行为将移交司法机关处理。	
严禁泄漏公司的商业秘密	□没有违反 □违反 □未涉及
严禁故意虚假报销	□没有违反 □违反 □未涉及

续表

行为参照	自检
严禁从事与公司有商业竞争的行为	☐没有违反 ☐违反 ☐未涉及
严禁行贿、收受贿赂与回扣	☐没有违反 ☐违反 ☐未涉及
严禁出入不健康的场所	☐没有违反 ☐违反 ☐未涉及

行为参照	自检
一、基本行为准则：（针对所有员工）	
在华为工作期间，未经公司批准不得在外界担任何兼职或顾问	☐没有违反 ☐违反 ☐未涉及
在华为工作期间，不进行炒股、炒汇等投机活动，不自行参股或与他人合伙开办公司	☐没有违反 ☐违反 ☐未涉及
不利用工作之便接受任何形式的回扣	☐没有违反 ☐违反 ☐未涉及
不在费用报销中私账公报，不因公名义报销不合理费用	☐没有违反 ☐违反 ☐未涉及
履行节约，合理开支，不铺张浪费	☐没有违反 ☐违反 ☐未涉及
信守自己对公司的承诺，忠诚于公司	☐没有违反 ☐违反 ☐未涉及
处理所有华为业务活动关系时，要诚实、守信、可靠	☐没有违反 ☐违反 ☐未涉及
严守保密承诺，不有意或无意泄漏公司机密	☐没有违反 ☐违反 ☐未涉及
自觉遵守公司信息安全管理规定，维护公司知识产权，不私下交流、传递公司保密文档	☐没有违反 ☐违反 ☐未涉及
不利用工作之便私自收集和非法使用公司保密文档	☐没有违反 ☐违反 ☐未涉及
在华为工作期间，未经批准，不擅自以公司名义对外发表意见、担保或出席活动	☐没有违反 ☐违反 ☐未涉及
关爱自己的家人，对家庭有责任心，妥善处理好自己的家庭关系，避免恶性家庭纠纷事件的发生	☐没有违反 ☐违反 ☐未涉及
不参与任何形式的赌博活动	☐没有违反 ☐违反 ☐未涉及
不去不健康场所活动，不访问不健康的网站	☐没有违反 ☐违反 ☐未涉及
不贪污/不受贿、不假公济私	☐没有违反 ☐违反 ☐未涉及
不在上班时间打无关紧要的私人电话，或做其他与工作无关的事情，不利用公司电话打私人长途	☐没有违反 ☐违反 ☐未涉及

续表

行为参照	自检
主动举报侵犯公司知识产权和损害公司利益的行为	□没有违反 □违反 □未涉及
不利用公司网络资源从事与工作无关的活动	□没有违反 □违反 □未涉及
上班时间不闲聊、不大声喧哗	□没有违反 □违反 □未涉及
不参加业务伙伴提出的超出业务需求范围的交际活动	□没有违反 □违反 □未涉及
在客户、合作方和员工面前谦逊、有礼	□没有违反 □违反 □未涉及
将客人赠送的非文化礼品交公	□没有违反 □违反 □未涉及
接待工作中，不饮酒过量、失礼或影响工作	□没有违反 □违反 □未涉及
不以任何形式（网络、媒体等）散布对公司不利的言论	□没有违反 □违反 □未涉及
在对外事务中，言行、举止得体，维护国家及公司形象	□做到 □需改进 □未涉及
仪表端庄、大方、得体，不做在办公场所着无袖衣、背心、超短裙、穿拖鞋等不符合着装规范的行为，不留怪异发型	□做到 □需改进 □未涉及
在公共场所要尊重他人，遵守社会公德	□做到 □需改进 □未涉及
乘车、乘电梯时，主动让客人或女士、老人优先	□做到 □需改进 □未涉及
排队上下班车	□做到 □需改进 □未涉及
生活作风上严格自律，洁身自爱，遵守社会道德标准	□做到 □需改进 □未涉及
准时出席会议，确实不能与会时，提前告知会议召集人；不无故中途退场	□做到 □需改进 □未涉及
在会议中，不交头接耳或做与会议无关的事；将手机设置为静音状态或交秘书处理，不干扰会议	□做到 □需改进 □未涉及
以尊重和公正的态度，对待来自全世界客户、供应商、业务伙伴以及员工的文化差异；尊重各国籍、各民族员工的风俗，以礼相待	□做到 □需改进 □未涉及
不利用公司的资源或职务之便，为个人谋私利	□做到 □需改进 □未涉及
避免可能被认为性骚扰的言行或举止	□做到 □需改进 □未涉及
不持有、不使用非法的物品、药品	□做到 □需改进 □未涉及
具有社会责任感，并在需要的时候奉献自己的爱心	□做到 □需改进 □未涉及

行为参照	自检
基本行为准则：（针对管理者的其他要求）	
中高层干部不推荐操作类基层人员（尤其是亲属、朋友）入职	□做到 □需改进 □未涉及
带头遵守公司信息安全规定，不袒护、不姑息违反信息安全规定的员工	□做到 □需改进 □未涉及
对下属不符合公司相关规定的行为及时批评纠正	□做到 □需改进 □未涉及
带头遵守公司禁止赌博的规定，对员工的赌博行为及时纠正，不袒护、不姑息，带头营造一个健康的组织氛围	□做到 □需改进 □未涉及
尊重下属，不训斥、责骂下属	□做到 □需改进 □未涉及
没有任人唯亲、拉帮结派或根据个人好恶提拔及推荐下属的行为	□做到 □需改进 □未涉及
遵守内阁原则，不随意传播团队决策的敏感信息	□做到 □需改进 □未涉及
二、责任心与敬业精神（针对所有员工）	
热爱本职工作，对工作精益求精，不断学习并提高自身能力，推动工作进步	□做到 □需改进 □未涉及
勇于承担工作责任，不推卸责任，并把解决问题作为首要任务	□做到 □需改进 □未涉及
有风险意识，勇于创新、改进和推动工作，不怕犯错误	□做到 □需改进 □未涉及
言行一致，切实履行自己做出的承诺	□做到 □需改进 □未涉及
不玩忽职守，不重犯同样的错误	□做到 □需改进 □未涉及
在工作中敢于坚持原则，善于坚持原则	□做到 □需改进 □未涉及
情况发生变化或遇到困难时，及时处理或报告有关领导，努力减免损失	□做到 □需改进 □未涉及
不计较个人得失与个人的恩怨，讲真话，不捂盖子，不隐瞒事实	□做到 □需改进 □未涉及
责任心与敬业精神：（针对管理者的其他要求）	
注重下属的培训培养，勇于到艰苦地区和自己不熟悉的环境中工作，不断挑战自我，不断自我完善	□做到 □需改进 □未涉及
跨部门合作不推诿，勇于承担责任，有全局观	□做到 □需改进 □未涉及

续表

行为参照	自检
工作安排上不以自我为中心，不强调个人原因而对工作安排讨价还价	□做到 □需改进 □未涉及
三、团队精神：（针对所有员工）	
在工作团队内能以工作目标为导向，为团队目标的达成勇于承担工作中的困难	□做到 □需改进 □未涉及
勇于开展批评与自我批评	□做到 □需改进 □未涉及
尊重他人的人格，不用侮辱性的语言指责他人	□做到 □需改进 □未涉及
襟怀坦白，包容他人，主动分享资源，积极帮助他人	□做到 □需改进 □未涉及
注意内部团结，不制造矛盾和事端，以诚待人	□做到 □需改进 □未涉及
积极为营造团结向上的团队氛围做贡献	□做到 □需改进 □未涉及
团队精神：（针对管理者的其他要求）	
对下属的考核与评价做到公正、客观	□做到 □需改进 □未涉及
处处以身作则，做好下属的表率	□做到 □需改进 □未涉及
与下属进行平等有效的思想沟通	□做到 □需改进 □未涉及
充分、及时地肯定下属成绩，不与下属抢功	□做到 □需改进 □未涉及
主动学习他人包括下属的长处，吸纳他人的经验，接受下属的正常意见	□做到 □需改进 □未涉及
评定奖金、股金等不一味强调本部门功绩	□做到 □需改进 □未涉及

基于结果贡献的价值评价

员工的价值观、能力、劳动态度评价是潜在的价值评价，是员工未来可能做出贡献的前置性评价，主要决定员工的基本报酬或者固定报酬。员工虽然具备未来做出贡献的潜在价值，但是否真的做出期望的价值贡献呢？这就需要建立基于结果贡献的价值评价机制。基于结果贡献的评价分为个人结果贡献和组织结果贡献，即个人绩效评价和组织绩效评价。组织绩效评价往往要优先于个人绩效评价，也就是说个人绩效再好，如果员工所在的组织或者团队绩效不好，个人的绩效也不会太好，受到组织绩效的约束。

很多企业花了很多精力推广绩效管理，每个员工头上都有指标，指标的打分精确到小数点后两位，看似科学严谨，其实全部是管理成本，没有效益。很多指标都是数字游戏，人力资源也无法判断合理性，所以出现人人完成指标，组织目标没有完成的尴尬局面。绩效管理重点是组织绩效管理，不是个人绩效管理。个人绩效管理权限要下放到主管，只要组织绩效偏差不大，个人的评价由主管排个序都是可以的。千万不能本末倒置，组织绩效才是绩效管理的重点。

很多企业组织绩效管理的指标非常复杂，把部门的正常职责全部考了个遍，考的往往是部门管理的规范性，而不是有效性，如输出多少个流程，制定几个制度等。而且，考核指标少则七八个，多则二十多个，如此多的指标等于没有考核，各个部门根本抓不住工作重点。最后只能流于形式，大家都走走过场，一点也没有硝烟味。

战略贡献必须单列考核，避免被淹没在考核指标中；战略贡献往往无法用当期的经济指标进行评价，如重大项目卡住竞争对手，牺牲了当期的商务条款，导致某个项目出现小幅亏损，这种亏损时对公司长远发展是有意义的，会让企业未来的市场土壤变"肥"。不能因为利润考核影响当期利润而不去做，进而失去未来的商业机会，甚至被对手挤兑出去，或者对手进来后发起价格战，导致市场"土壤"变贫瘠，在战略上溃败。

很多企业的绩效管理只能看到一堆杂乱无章的指标，无法评价指标的合理性，公司很容易被牵着鼻子走。绩效管理的灵魂是业绩改进，这个改进与客户需求比，与历史比，与同行比，我们的差距在哪里，我们改进的幅度有多大，改进的路径是什么。改进的内涵就是增量绩效，增量绩效的外延是经营有增长（收入、利润、现金流）、管理有增效（人均效率、费用效率提升）、业务有增值（新业务有突破、客户满意度有提升）。

很多公司花了很多精力推广绩效，进行目标管理，忙得不亦乐乎，最后收效甚微，失败的关键是绩效管理没有与激励机制挂钩。绩效的结果要应用到价值分配中，组织绩效要影响组织的利益分配，个人绩效要影响个人的利益分配。

1. 基于业务场景的差异化绩效评价

很多企业做绩效评价，不区分业务特点和发展的阶段，用一套统一的指标来衡量业务绩效，让业务部门无所适从。例如，大部分企业都会对各个业务板块考核收入、利润、回款等财务性指标，这是成熟业务的考核标准。对于新业务，这些财务性指标不能真实反映团队努力的结果，甚至有些新业务可能还没有产生销售。这种僵化的考核方式，就会导致没人愿意发展新业务。

场景化的绩效评价，需要根据企业各个业务板块的成熟度和战略重要程度来进行差异化考核。成熟阶段的业务，要重点强调对公司的利润贡献，以考核利润为主。成长阶段的业务，要重点强调增长和份额，以考核增长和市场份额为主，过于追求利润可能会失去市场的机会，形成不了规模效益。创业阶段的业务，要重点强调业务模式的验证，注重客户的满意度，建立标杆客户等，以考核客户满意度、标杆客户个数为主。孵化阶段的业务，要重点强调商业计划的可行性和业务的准备度，要重点考核项目的里程碑节点，是否按照计划完成关键任务。除了按照业务成熟度来进行差异化考核，还要根据各个业务对公司的重要程度，是否是公司战略业务，是否是公司主航道，来确定考核权重。越是对公司战略重要的业务，考核的权重就越大，就越注重中长期的考核，而不是短期的考核；越是对公司不重要的业务，就越需要强调利润贡献，注重当期的考核。这样就是要基于业务的特点来设置绩效评价标准。

2. 基于岗位层级的差异化绩效评价

不同类别的岗位价值不一样，其核心是岗位创造的价值不一样。每个部门的一把手，尤其是直接面向市场的一线业务部门的负责人，他们存在的价值就是要打胜仗，要完成公司的经营目标，以结果说话，没有任何模糊地带和灰度，这些结果也特别容易度量。这些直接创造价值的部门的一把手应该进行绝对结果考核，没有结果的努力，是浪费公司资源。但是对于辅助部门，如财务部门、人力资源部门、供应链部门、基础研发部门等中后台部门，它们的结果很难度量，也不是公司业绩的直接创造部门，因此对这些部门的人员不能用绝对的结果考核，要有相对考核，既承认他们努力的过程，也关注他们努力的结果。结果好，过

程也努力，自然能得到好的绩效评价；如果过程好，结果差，绩效结果不至于太差；结果好，过程没有努力，绩效结果也不一定就是优秀，可能是跟着公司的业务惯性或者市场行情，结果自然就好了，与他们的努力并不一定有因果关系；当然结果不好，过程也不好的，就要给予差的评价，甚至淘汰。

€ 参考案例：华为绩效管理

华为的绩效管理不是为了分钱，而是为了挣钱，为了牵引价值创造。绩效管理要以战略为导向，要促进业务的有效增长。华为绩效管理包括组织绩效管理和个人绩效管理。组织绩效管理要优先于个人绩效管理，个人绩效管理要支撑组织绩效的达成。组织绩效的管理主要由ST通过月度经营分析会，对组织绩效进行经营分析和预警，对完成不好的绩效进行纠偏和调整，确保年底目标完成。个人绩效的管理主要是上级管理者对下属的个人绩效目标的设定、辅导、沟通、反馈等进行管理。华为做得比较成功的是组织绩效管理，这点与很多企业只做个人绩效管理不同。组织绩效与个人绩效管理的关系如图5-3所示。

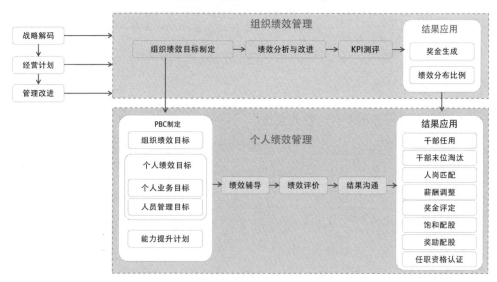

图5-3　组织绩效与个人绩效管理的关系

一、华为组织绩效评价

华为经营管理的重点是抓组织绩效，而不是个人绩效。华为在个人绩效管理方面主张简化考核，在组织绩效管理方面追求严格考核，这是非常有道理的。华为的组织绩效管理如图5-4所示。

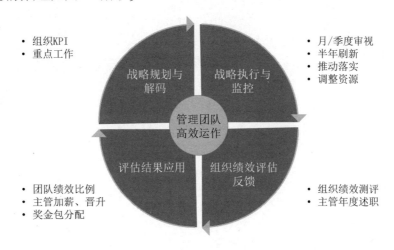

图5-4　华为组织绩效管理

华为的组织绩效考核的核心是多打粮食，增加土壤肥力。华为对于组织绩效，尤其一线业务部门的绩效考核就是三点：多打粮食、增加土壤肥力、内外合规（扣分项）。华为的组织绩效评价根据当期产粮多少来确定基本评价（KPI），根据对土壤未来肥沃的改造来确定战略贡献，两者要兼顾，没有当期贡献就没有薪酬包，没有战略贡献就不能提拔。

华为对组织绩效的评价既要关注到当期的抢粮食，又要关注土壤肥力指标的达成。华为组织绩效决定组织的奖金包，因此组织绩效就决定个人绩效，体现团队绩效优先于个人绩效，引导个人首先关注团队目标的完成。否则，即使个人业绩再好，因为整个团队绩效目标没有完成，个人绩效的评价也好不到哪里去。

组织绩效管理的灵魂是业绩改进，不是指标完成。华为整个经营管理循环都是从差距开始的，如图5-5所示。

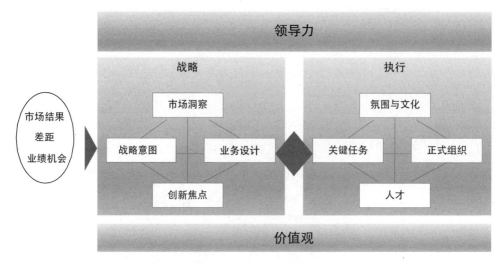

图5-5　华为经营管理循环

组织绩效管理成功的关键是激励机制。要深刻理解华为部门薪酬包的生成与组织绩效是脱钩的，与个人绩效是挂钩的。这样才能导向大家多打粮食，而不是为了薪酬奖金将目标制定得很低，确保自己能拿到奖金。很多企业不理解这个关键点，导致目标制定过程中开展拉锯战、消耗战、心理战。所以绩效管理成功的关键是华为科学的分钱方法。

组织绩效评价方式："考""评"相结合。

（1）考：计算KPI得分。

单项指标落在各个区段时，采用线性插值法确定绩效分数。

超过挑战值以1.2倍计分，低于底线值以0分计。

KPI总分=∑单项KPI得分×权重+关键事件加减分。

（2）评：主管述职评分。

主管总结部门重点工作开展情况并向上级管理团队汇报。

上级管理团队根据述职情况进行打分。

管理团队结合上述两项得分进行综合排名。具体比例由部门管理团队确定。

华为各代表处绩效考核方案

为牵引代表处自主经营、挑战目标，面向未来改变业务运营模式，实现作战指挥权前移，充分释放代表处活力，更好地支撑代表处未来业务发展。华为各个代表处组织绩效管理的方案如下。

（一）代表处组织绩效管理总则

目的：落实公司高绩效文化导向，牵引代表处在自主经营的基础上勇于自我挑战，达成"内外合规，多打粮食，增加肥力，提升人均贡献"的目标。

总体原则：简化考核，聚焦多打粮食、增加土壤肥力和内外合规；基于贡献采用绝对考核，牵引代表处自主经营、挑战目标。

（二）代表处组织绩效目标设定方案

为简化管理、聚焦关键经营结果，代表处的组织绩效目标聚焦在多产粮食、增加土壤肥力和内外合规方面，具体考核框架和权重设置基于代表处及作战BG的业务发展阶段确定，代表处整体组织绩效目标的框架如前文表4-1所示。

（三）代表处组织绩效的考核责任人和考核周期

代表处整体的组织绩效考核责任主体为业务管理小组，代表处××BG业务部的组织绩效考核责任主体为代表处CEO。

考核周期原则为年度，如需调整，由相应的考核责任主体决策。

（四）代表处组织绩效管理程序

代表处组织绩效管理程序分为三个阶段：目标制定、过程跟踪、结果评估。

（1）目标制定：结合战略规划/年度商业计划制定工作目标，代表处CEO提出组织绩效目标建议，业务管理小组审批；作战CEO提出组织绩效建议，代表处CEO批准。

（2）过程跟踪：组织绩效目标要纳入代表处经营管理会议例行管理，及时识别问题和闭环改进，保证目标的有效达成。

（3）结果评估：基于组织绩效考核规则和数据提供要求，输出组织绩效结果。

（五）代表处组织绩效结果应用

组织绩效结果作为评价要素影响代表处CEO/作战CEO个人绩效评价和代表处/××BG业务部整体个人绩效比例设置，用于牵引试点代表处对当期经营结果和业务长期可持续发展负责。

二、华为个人绩效评价

华为公司个人绩效管理的原则是以责任结果为导向，并关注关键过程的行为，引导员工以正确的行为做正确的事，不断改进工作绩效。华为个人绩效管理的根本目的是导向冲锋，充分保证产出，实现组织与个人的共同成长。

华为的个人绩效管理以岗位职责为基础，以客户需求为牵引，不同层级不同类别的岗位要关注不同的考核点。

高层岗位要关注长期的综合绩效目标的达成。高层在关注当期经营目标的同时，要更多地关注长期目标，强调对公司长期利益的贡献，重视团队建设和干部后备队建设，不断地提升领导力的素质，确保公司的可持续发展。通过年度考核和中长期考核相结合，上岗述职与离职"快照"相结合，主管评价委员会评价相结合等措施，避免高层主管的短期行为，通过职位管理、奖金激励、荣誉激励、责任回溯等激励与约束机制，引导高层关注公司的可持续发展。

中层主管兼顾中长期绩效目标的达成和业务规划的有效落实，关注团队管理、干部员工培养和业务运作，提高业务和干部培养的成功率，使之在团队持续地产生更大的绩效。

基层员工关注本职岗位上短期绩效目标的达成和过程行为的规范，强调实际任务的完成和绩效的不断改进。基层岗位考核标准的建立首先应以业绩考核为主，按实际作业结果给予评价，不对基层员工，尤其是基层操作岗位的员工做绩效的强制分布；其次明确规定，每个人只能选本岗位中所直接从事的专业项目来进行考核，就是以他所认定的最主要的专业参加考核，其他专业项目一概不予记分。要从管理机制上去约束，不能一专多能。

对基层员工，鼓励他们干一行，爱一行，专一行，要成为岗位专家和能手；鼓励基层员工爱岗敬业，开展技能比武，倡导工匠精神；不鼓励基层员工进行岗位轮动，这样会导致效率低下及公司资源的浪费。对基层员工实行量化考核，不采取强制分布的绩效评价。根据量化指标进行绝对化考核，并对基层员工实行工龄工资，鼓励基层员工忠于职守。

个人绩效评价要以责任结果导向，并关注关键行为过程，引导员工以正确的行为做正确的事。华为绩效考核的目标不是扣钱，而是让他们正确地做事去改善绩效，这就是华为公司绩效管理与其他很多公司的绩效管理的区别。出发点和动机不同，发心不同，结果是完全不一样的。

个人绩效评价要牵引目标协调一致，确保个人目标和组织流程目标的一致性。搞个人绩效管理的最终目的是要跟公司的全流程目标达成一致，不是为了完成个别的人或者个别的部门的目标，仅仅强调自己的流程高效，为了局部的改善，牺牲全流程的效益，而是要站在全局上制定本部门的目标和考核指标，确保上下左右部门目标对齐。

个人绩效评价要确保客观公正，就是考核的结果以客观事实和数据为依据。华为不搞360度考核，也不搞什么德能勤绩考核，就是为了避免考核过程中的人情分。如果某个人有重大品德问题，那是公司的道德遵从委员会和审计监察的事。个人品德和作风问题，就该这两个部门管理，而不是在绩效考核过程中打分。某个员工上班不迟到，不早退，可是结果不好，考核分数再好，也不是高绩效员工，没有产生业绩结果的考核是没有意义的。所以华为一直强调的是以客观事实和数据为依据，不搞人情分。

个人绩效评价要分层分类管理，就是目标要层层分解，结果考核要分类、拉开差距。华为每年从10月开始到第二年的2月，要层层做战略解码，形成目标及指标集。目标先分解到部门，然后分解到个人，然后全员签署个人绩效承诺书。形成了个人绩效的书面承诺，就是非常严肃的事情，白纸黑字，就不会因为领导喜好，或者更换部门领导，随意改变员工的绩效目标，这样做绩效评价的时候就有相对客观的依据。

华为个人绩效结果的评定是要分类、拉开差距的。很多公司绩效考核的方式就是打分，例如，100分是满分，可能最差的99分，最好的107分，基本上集中在100分上下，所以拉不开差距，挫伤优秀员工的积极性。

华为在绩效结果评定上有五个等级（A、B+、B、C、D），这五个等级都做了清楚的定义。最好的是A，怎么能够得A，很多企业的做法是分数排名前10%的就是A，这会带来很多问题，导致大家不追求高目标，而只关注相对排名，降低了A的含金量。华为对A是有绝对的定义的，A是杰出贡献者，就是明显超出组织期望，在各方面均超越所在岗位层级的职责和绩效期望取得了杰出的成果，绩效明显高于他人，是部门的绩效标杆，所以不是排名前10%的就是A，而是还要符合A的定义。B+是优秀贡献者，要达到并经常超出组织期望。B是扎实贡献者，它能够达到组织甚至部分超出组织期望。C是基本合格，即基本完成组织分配的任务目标。D是不可接受，即大部分的任务目标没有完成。

五个绩效等级中，B是一个分水岭。B以上的人起码是能达到期望的，甚至还能够超出期望。越往上走，要求要超出的越多。B以下的人，是达不到组织期望的。期望是什么，不是领导说好好干，而是个人绩效承诺书中形成的客观数据和KPI指标。

华为绩效考核的流程主要为：

第一步，目标设置。在个人绩效承诺书中，第一个目标是组织目标，列示组织或部门目标，看部门的领导有什么任务目标。个人绩效目标要与部门目标对齐，个人首先要围绕部门目标的完成来制定自己的绩效目标，其次才是个人目标，个人目标又分成三部分内容。第一是个人的业务目标承诺（KPI），做什么业务就有什么样的业务目标去承诺，如市场部门的销售目标、山头项目的高层客户关系管理等。第二是个人重点关注的项目，如重点交付项目，可能价值几亿美元，全年就干这一件事情，这个项目的完成情况可能就是全部的KPI。第三是管理类的任务，包括组织建设与管理改进目标，如财务流程的梳理、交付流程的改进等。第三个目标是个人能力提升目标，把个人需要成长的东西列出来，如提升国际化能力，每个人就要提升英语，要考托福，验收标准为听力和阅读各300分以上，即总分要超过600分才及格。如果是管理者，还有第四个目标，就是人员管理目标，据管理者各自负责组织的挑战去设定目标，有人才培养、人才引入、知识共享、知识建设等。

第二步，绩效辅导。绩效辅导很重要。要动态管理过程，定期每周、每月进行绩效回顾。不能到年度考核了，说任务完不成。定期和不定期地进行审视，发现完成绩效目标的风险，根据风险制定应对措施。如果发现员工达成绩效有困难，管理者需要进行能力上的辅导、资源上的支持，确保员工达成绩效目标，这就是绩效的过程辅导。

绩效调整，即根据内外部环境的变化，有效绩效指标需要调整。但这种调整不是说两个人一商量就调整的，一样要回到目标分解得有依据，有独立的部门审核，这样员工的绩效指标才可以进行调整，不是随意就可以调整的。完不成了就赶紧把指标给调低，到了年底集中在第四季度调指标，这是不对的。应该在过程中进行刷新。这是过程的管理，到了绩效评价这个环节，个人自评、主管评价，还要集体评议，所以这也不是说你填个分、领导给你打个分就完了的，还要集体评议。

结果反馈，很多企业做绩效管理缺失这个环节，一定要反馈。就像上学的时候要考试一样，考完了都急切地想知道成绩，绩效也是这样。要特别重视绩效结果反馈，这个环节的反馈要面谈，做得不好的员工要纳入绩效改进计划。最后，考核要可以申诉。员工感觉不公平，要有投诉的渠道，这是整个个人管理绩效的过程。个人绩效结果的运用如表5-4、表5-5所示。

表5-4　个人绩效结果的运用

考核等级	工资调整、易岗易薪	奖　金	饱和配股	福　利
A	有机会，但必须同员工综合考核结果、任职技能状况挂钩，并纳入工资标准范围内管理	有机会，但必须同员工年度综合考核结果挂钩	有机会	与考核结果暂不建立对应关系
B+			根据公司当年配股总量和综合考核排名情况确定	
B				
C	不涨薪 / 降薪	很少或无	无	
D		无		

表5-5　个人绩效结果的运用

考核等级	干部任命晋升	人岗匹配晋升	任职资格晋级	不胜任淘汰/干部清理	内部调动	原华为员工再入职
A	有机会，纳入继任通道	有机会，可进入成长快通道	无	无	有机会	有机会
B+	有机会					
B						
C	没有机会或考虑降职		没有机会	进入个人绩效提升计划，监督绩效表现	没有机会
D	没有机会或降职/劝退			调整不合格干部	

€ 如何合理分配价值

　　我们清楚了谁在创造价值，也知道了如何大致正确地评价价值，价值分配就有依据了。我们现在的很多价值分配的思想，还是工业经济时代的产物，与我们当下正处于知识经济时代有些格格不入。在工业社会早期，市场供不应求，企业发展的关键是如何进行大规模标准化生产，通过大量利用机器，建设流水线的厂房，不断降低成本，迅速抢占市场。工业化阶段的劳动大军，主要是机器的替代，不是关键的生产要素。工业化时代的关键生产要素是资本，所以资本是剩余价值的主导者，资本决定企业的所有权、经营权、分配权。美国福特汽车公司是工业时代的巅峰之作。但随着供求关系的逆转，大规模标准化生产不符合人们对产品多样性的需求。工业经济越发达，产能越过剩。企业外部竞争环境开始恶化，竞争的焦点就逐渐从产品为中心的生产领域转移到顾客端，从分销活动领域转移到交换活动领域，最终进入消费活动领域。竞争的内涵不断深化，竞争的手段不断升级，企业的价值创造系统也逐渐扩展，向技术和市场两端延伸，从生产活动领域，延伸到研发活动领域，或者延伸到商务活动领域。企业需要将核心能力与客户需求进行有效匹配，需要不断跟踪、研究、分析客户需求的变化（营销活动），并利用技术进行产品与服务的创新（研发活动），以此获取客户。产业社会悄悄从工业经济转入知识经济时代，知识劳动者在价值创造流程中的地位不断提高，作用不断增大。资本本位的时代行将结束，知识本位的时代随之而来。资本主义的生产方式一定会被人本主义的生产方式取代，与此相联系的企业利益分配关系也必将发生根本变化。

劳资双方如何分配利益

在工业经济时代，资本雇佣劳动，支付劳动基本报酬（工资），资本享有企业的剩余价值。在知识经济时代，知识将雇佣资本，支付资本基本收益（分红），知识将享有企业的剩余价值。企业应该根据知识经济时代价值创造的特征来设计利益分配的机制，要让核心价值创造者像资本方一样分享企业的剩余价值。这些核心的价值创造者包括知识性劳动者和企业核心管理层等。

在实践中，每个企业所在的行业不同，发展阶段不同，企业核心价值创造环节也不同，每个企业要根据自己企业的特点来设计劳动所得与资本所得的分配机制。总体而言，如果企业的持续经营越是依赖知识性劳动者，利益分配就越要向知识性劳动者倾斜。反之，企业越是依赖资本驱动，利益分配也就越要向资本倾斜。甚至某些企业，同时有新老业务，新的业务更加依赖知识性劳动者，老的业务更加依赖资本，这就需要企业根据新老业务特点设计差异化的剩余价值分配机制。例如，海尔公司针对很多创新业务，在内部推行创客平台，让员工成为合伙人分享更多的价值。在华为，员工的劳动所得与资本所得的比例是3∶1。劳动所得包括工资、奖金、福利补贴等收益，资本所得就是华为员工投资入股所获得的股权收益，包括分红和增值收益。华为坚持知本所得优先于资本所得，并严格限制资本的贪婪。知识劳动者的利益得到优先保证，有效激发了知识劳动者的价值创造热情。

华为的实践可以说是管理学上的一个重大的突破，基本解决知识经济时代知识劳动者的利益分配问题。在工业化时代，员工都叫劳动力，是机器的补

充。进入知识经济时代之后，劳动力可以作为资本存在，它解决了知识型劳动者如何分享企业的剩余价值的问题。华为是一家高科技公司，需要的不是简单的劳动力，而是创造力。在华为，资本只是一种投资行为。华为将它也定义为一般的价值创造要素，而不是一种独特的资源，要求其获得合理的财务回报即可。

价值分配的内容

大多数企业对于价值分配的内容还停留在浅层次的认知上、局限在经济利益的分配上，这样就导致了企业激励的资源和手段有限，尤其是企业经营情况不好的时候，激励措施就会变得更加捉襟见肘。而且，过于强调金钱本身的激励，也会导致激励的边际效应下降，不能起到持续精准的激励效果。所以企业有必要升级认知，厘清价值分配的内容。

价值分配的内容可以简单分为经济利益和非经济利益，经济利益是可以度量的物质利益，包括工资、奖金、分红、补助、津贴、福利保障、退休金、保险等，非经济利益包括成长机会、学习发展、职权、荣誉、工作环境等。很多企业不重视非经济利益，忽视员工精神上的需求，一味强调物质利益上的激励，不但增加了企业薪酬成本，而且容易导向员工斤斤计较，一切向"钱"看。企业应该重视员工的非物质利益需求，主动设计相应的激励措施，与员工的底层的动机进行有效的链接，激发员工潜能，可以多做些荣誉激励，多设计一些破格提拔机制，增加对员工的授权等。这些激励措施往往比物质激励效果更大，时间更持久。

华为明确规定，华为可分配的价值主要为组织权力和经济利益，其分配的形式为机会、职权、工资、奖金、安全退休金、医疗保障、股权、红利，以及其他人事待遇等。华为对价值分配内容的界定值得借鉴，它把价值分配的内容从经济利益延展到非经济利益，这些非经济利益包括成长和学习的机会、职权、任职资格、荣誉等人事待遇。

价值分配的依据

价值分配的内容的表现形式分为经济利益和非经济利益，而经济利益的表现形式又可分为工资、业务提成、绩效奖金、年终奖金、中长期奖金、安全退休金、医疗保障、股权、红利、经济福利等。非经济利益更加广泛，包括但不限于成长机会、学习机会、职权、荣誉、任职资格、退休安排、弹性工作机制、福利假期等人事待遇。价值分配表现形式多样性源于价值创造形式的多样性。

但是这么多不同形式的利益如何分配到个人呢？分配的依据是什么？要做好分配，首先需要对分配的内容做结构化设计，例如，薪酬可以区分为工资、业务提成、绩效奖金、年终奖金等，然后将这些要素匹配到不同的岗位和不同的业务场景。通过价值分配要素设计牵引员工更大的价值创造。

如海底捞，就是将员工的价值分配做了非常详细的结构化设计，每个分配要素分别牵引员工什么行为定义得非常清晰。海底捞的价值分配如表5-6所示。

总收入=基本工资+级别工资+奖金+工龄工资+分红+加班工资+其他

表5-6　海底捞的价值分配

考核人员	基本工资	加班工资	奖金	话费补贴	员工住宿	假期	级别工资	工龄工资	分红	荣誉奖金	员工股票	父母补贴
新员工	√	√	√	√ +20元		√ +12天						
二级员工	√	√	√	√ +50元		√ +12天	√ +40元	√ +40元				
一级员工	√	√	√	√ +50元		√ +12天	√ +60元	√ +40元	√			
劳模员工	√	√	√	√ +50元		√ +12天	√ +60元	√ +40元	√	√		
大堂经理	√	√	√	√ +500元		√ +12天	√ +60元	√ +40元				
店经理				√								

续表

考核人员	基本工资	加班工资	奖金	话费补贴	员工住宿	假期	级别工资	工龄工资	分红	荣誉奖金	员工股票	父母补贴
店长						√						√ +800
区域经理						√						√ +800

奖金：先进员工 +80 元；标兵员工 +80 元；劳模员工 +280 元；功勋员工 +500 元

分红：一级以上员工共同分红所在分店纯利润的 3.5%

基本工资——鼓励员工全勤。

级别工资——鼓励员工做更多或更高难度的工作。

奖金——鼓励员工完成更高的绩效结果。

工龄工资——鼓励员工持续留在企业工作。

分红——公司整体业绩和员工个人收入挂钩。

加班工资——鼓励员工多做事。

父母补贴——让员工的父母鼓励自己子女好好工作。

话费——鼓励员工多和客户沟通。

关于价值分配的依据，华为明确规定："效率优先，兼顾公平，可持续发展，是我们价值分配的基本原则。按劳分配的依据是：能力、责任、贡献和工作态度。按劳分配要充分拉开差距，分配曲线要保持连续和不出现拐点。股权分配的依据是：可持续性贡献、突出才能、品德和所承担的风险。股权分配要向核心层和中坚层倾斜，股权结构要保持动态合理性。按劳分配与按资分配的比例要适当，分配数量和分配比例的增减应以公司的可持续发展为原则"。针对具体的分配内容，华为规定："我们在报酬与待遇上，坚定不移向优秀员工倾斜。工资分配实行基于能力主义的职能工资制；奖金的分配与部门和个人的绩效改进挂钩；安全退休金等福利的分配，依据工作态度的考评结果；医疗保险按贡献大小，对高级管理和资深专业人员与一般员工实行差别待遇，高级管理和资深专业人员除享受医疗保险外，还享受医疗保健等健康待遇。"

价值分配的方式

多种要素参与企业的价值创造，如何确定各个要素的分配比例，分配的比例确定的方式是什么？企业价值分配的方式有两种，一种是获取分享制，一种是评价分配制，下面分别介绍两种分配方式。

1．获取分享制

获取分享制是企业组织中基于不同要素的价值贡献来确定收益分享比例的分配方式。获取分享制强调的是价值分配来自为客户创造价值，各级组织基于为客户提供产品和服务带来的收益，以及在价值创造过程中所做出的直接或间接贡献，从中分享收益。企业有收益有分享，没有收益就没有分享。

当获取分享制的理念在企业得到认同后，在各个层级和各个业务板块都可以推行获取分享制，每个业务单元都要承担起多打粮食的责任，根据打粮食的多少来决定本业务单元可分配的利益，并主动规划和管理本业务单元的薪酬水平。正是因为采取获取分享制，各个业务单元都会同心协力减少本部门的人员编制，提高工作效率，从而提高本业务单元的人均收入水平，这样就形成了良性循环。

获取分享制的内涵表现为企业与员工是利益共同体，其外延的表现形式非常丰富。在企业层面可以表现为人力资本与货币资本的分配比例关系；也可以表现为企业总体薪酬成本与收入、利润的比例关系；也可以表现为前中后台部门的分配比例关系等。在企业内部各个业务单元，可以表现为业务单元的薪酬总包的管理机制、奖金包的形成机制、股权包的分配机制等。在华为，获取分享制的最高表现形式就是员工持股计划。

2．评价分配制

评价分配制是企业基于员工价值创造过程中表现出来的态度、能力、责任和阶段性结果，自上而下进行评价和利益分配的方式。非经济利益的分配，如轮岗机会、学习机会、干部晋升、任职资格、荣誉等人事待遇，就很难采取获取分享制，甚至一部分经济利益，如岗位工资、培育期的业务团队的奖金等，也无法通

过获取分享制进行分配。无法通过获取分享制分配的利益，往往比较复杂，影响分配的变量较多，并有比较多的不确定性，需要设定一系列标准进行评价，根据评价的结果来确定利益的分配。根据员工能力和岗位承担的责任来确定员工的工资；根据对员工劳动态度的评价，决定轮岗的机会和学习的机会；根据对员工的绩效、能力、核心价值观以及品德的综合评价来决定干部的晋升；根据任职资格标准来决定员工的专业等级；根据对员工工作过程中表现出来的优秀品德和高绩效结果来授予员工荣誉。以上列举的利益分配方式就是评价分配制常见的表现形式。

评价分配制与获取分享制并不是彼此对立不相容的，实践中，往往是你中有我，我中有你。要根据不同的业务场景，不同的岗位特点，来灵活地运用两种分配方式。在获取分享为主的情况下，也会针对部分的岗位和业务，采用评价分配制；在评价分配为主的情况下，也可以针对部分的岗位和业务，采用获取分享制，两种分配方式要因地制宜。

如何合理分配价值在实践中确实非常困难，是因为价值分配不但受制于价值评价，还受制于特定行业的发展状况、特定企业的管理现状、特定的业务场景和岗位等。价值分配的方法不是静态而是动态的，需要随着企业内外生存环境的变化不断进行调试，没有最好，只有更优。

价值分配的核心要求是做到精准激励和持续有效激励。精准激励需要价值分配按照业务场景和岗位进行差异化、定制化的方案设计，切忌一刀切，机械地执行。持续有效激励需要价值分配不断根据内外环境的变化，根据不同人群之间，以及生命不同阶段，基于人性，洞察员工的工作动机，通过多元化的激励措施与员工多样化的动机进行有效衔接，实现持续有效激励。

€ 参考案例：海底捞的分钱方法

四川海底捞餐饮股份有限公司（简称海底捞）成立于1994年3月20日，是一家以经营川味火锅为主，融汇各地火锅特色于一体的大型直营连锁企业，以服务好到

"爆炸"著称。2018年9月26日，海底捞在香港交易所主板上市，开盘8分钟市值突破千亿元。海底捞的成功也是海底捞背后管理机制的成功，海底捞倡导双手改变命运的价值观，为员工创建公平公正的工作环境，实施人性化和亲情化的管理模式，提升员工价值。海底捞把服务做到了极致，企业的建设从来都是因机设制，任何一条机制或制度都是为解决一个问题而诞生的。我们一起来看看海底捞是怎么分钱的！

海底捞文化的逻辑链：价值创造、价值评价、价值分配的闭环

　　企业的增长一定是来自为客户创造更多价值。海底捞深刻理解为客户创造可以感知的价值，是海底捞各种"变态式"服务的底层逻辑。海底捞区别于一般企业的厉害之处在于，不做表面工作，如喊口号、搞营销包装、推行各种严格管理制度等。海底捞从文化层、制度层、表现层构建海底捞的文化逻辑链。这个逻辑链基本遵循了价值创造、价值评价和价值分配的闭环管理。海底捞通过如图5-6所示的方式全面激励员工，赋能员工，对员工好，让员工快乐，从而让员工对客户好，让客户快乐。

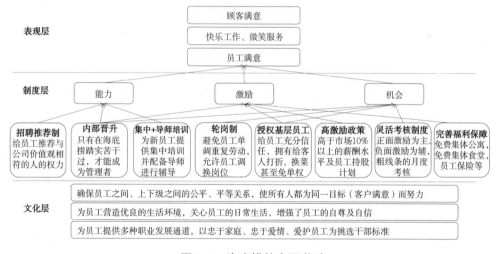

图5-6　海底捞的全面激励

　　为客户创造可以感知的价值，形成如表5-7所示的对客户服务的体验地图，对每一个关键客户触点和体验点进行精心设计。

表5-7 海底捞客户服务地图

让等待充满快乐	当你在海底捞等待区等待的时候，热心的服务人员会立即为你送上西瓜、橙子、苹果、花生、炸虾片等各式小吃，还有豆浆、柠檬水、薄荷水等饮料（都是无限量免费提供）。此外，你还可以在此打牌、下棋和免费上网冲浪。更令人惊喜的是，女士可以享受免费修剪指甲，男士可以免费享受擦皮鞋等。排队等位也成了海底捞的特色和招牌之一
每个环节洋溢着服务的光芒	从停车泊位、等位、点菜、中途上洗手间、结账走人等全流程的各个环节，海底捞都处处体现了对服务的重视和对服务人员培训的投入
节约周到的点菜服务	如果客人点的量已经超过了可食用量，服务员会及时提醒客人，这样善意的提醒会在我们的内心形成一股暖流；此外，服务员还会主动提醒食客，各式食材都可以点半份
及时到位的席间服务	服务员在席间会主动为客人更换热毛巾，次数绝对在两次以上；会给长头发的女士提供橡皮筋箍头、提供小发夹夹刘海；给带手机的朋友提供小塑料袋子装手机以防水，戴眼镜的朋友如果需要的话还可以免费送擦镜布；给每位进餐者提供围裙更形成了一道靓丽的风景线
暂时充当孩子保姆	海底捞一是创建了儿童天地，让孩子们可以在这里尽情玩耍，暂时让父母全身心投入品尝美味；二是服务员可以免费带孩子玩一会儿，还可以帮助给小孩子喂饭，让父母安心吃饭
星级般的 WC 服务	海底捞的卫生间不仅环境不错、卫生干净，而且还配备了一名专职人员为顾客洗手后递上纸巾，以便顾客能够擦干湿漉漉的手
不时给些小恩惠	在海底捞，如果你给服务员提出再给一个果盘的要求，他们都会面带笑容地说没问题，随后立即从冰柜里拿出果盘奉送给你

一、基于价值创造的价值评价

评价不是由价值的提供者评价，而是由价值的接受者评价，也就是顾客才是价值最终评价者。海底捞的价值评价把顾客满意度放在第一位，而非收入、利润等财务指标。如果过于追求业绩指标的考核，就会出现以次充好，偷工减料等损害客户的行为。所以海底捞对店长的考核不追求经济指标，而是从以下三个方面进行考核，除了顾客满意度外，其余指标的考核对准的方向都是顾客满意度。

1. 顾客满意度

海底捞让店长的直接上级——小区经理经常非定期地在店中巡查，小区经理和他们的助理不断同店长沟通：顾客哪些方面的满意度比过去好，哪些比过去差，这个月熟客多了还是少了。海底捞的小区经理大都是服务员出身，所以他们对客人的满意情况都是行内人的判断。

2. 员工积极性

海底捞通过观察员工的仪容仪表和员工工作的状态判断员工的积极性。

3. 干部培养

海底捞提升和降职主要由上级来决定，并以抽查和神秘访客等方式对各店的考核进行复查。因为上级同自己的直接下级在一起的时间最长，工作交往最多，也最了解下级的工作状态和为人。此外，海底捞还设立了越级投诉机制，当下级发现上级不公平，特别是人品方面的问题时，下级随时可以向上级的上级，直至大区经理和总部投诉。

二、海底捞的以奋斗者为本的价值分配

1. 物质利益分配

（1）薪酬。

①海底捞员工收入结构（分利）。

总收入=基本工资+级别工资+奖金+工龄工资+分红+加班工资+其他-员工基金

级别工资：一级员工+60元，二级员工+40元，普通员工不变。

奖金：先进员工、标兵员工奖励80元/月，劳模员工280元/月，功勋员工500元/月。

工龄工资：每年40元，逐年递加。

分红：一级员工以上才可以分红，分红金额为当月分店利润的3.5%。

其他：包括父母补贴（200元、400元或600元，帮助寄至父母处）、话费（10~500元/月）。

员工基金：在每月工资中扣除20元，扣满一年为止。

海底捞一名员工的月收入结构居然被切分成至少八部分，是海底捞喜欢复杂的收入架构吗？当然不是！这八部分都是海底捞拉动员工做事的精心设计。

②利益共同体的师徒制。

师徒制并不是海底捞的首创，古已有之，所以还流传一句话，"教会徒弟饿死师傅"，所以师傅常常留一手，或者没有足够的动力去倾囊相授。但在海底捞却改变了这一格局。

海底捞店长的薪酬与其餐厅的盈利能力挂钩，更重要的是，与其徒弟的餐厅挂钩，以鼓励他们培养更多有才能的店长。与这样的目标一致，店长的薪酬主要包括餐厅某个百分比的利润及基本薪金。为鼓励培养徒弟，店长可从他们徒弟的餐厅获得比他们自身餐厅更高的利润百分比。总部可能会不时调整百分比。例如，店长可以获得下列两种选项中的较高者。

选项A：其管理餐厅利润的2.8%。

选项B：其管理餐厅利润的0.4%；

　　　　其徒弟管理餐厅利润的3.1%；

　　　　其徒孙管理餐厅利润的1.5%。

这样的师徒制绑定了店长与海底捞之间的利益。店长不仅可以对本店享有业绩提成，还能在其徒弟、徒孙管理的门店中获得更高比例业绩提成。在此薪酬体系下，店长的个人收入与其徒弟、徒孙是否获得成功直接相关。因此，店长不仅具有充分的动力管理好其门店，还坚持公平公正的原则，尽可能多地培养出能力、品行都合格的徒弟店长，并带领、指导他们开拓新门店。因此，师徒制是海底捞自下而上发展战略的核心，从而实现裂变式增长。海底捞在上市前有320名现任店长及逾200名后备店长，员工可在约四年晋升为店长。

（2）福利制度（分利）。

①员工家庭。给每个店长的父母发工资，每月200元、400元、600元、800元不等，子女做得越好他们父母拿的工资会越多。优秀员工的一部分奖金，由公司直接寄给父母。此外，在海底捞工作满一年的员工，若一年累计三次或连续三次被评为先进个人，该员工的父母就可探亲一次，往返车票公司全部报销，其子女还有3天的陪同假，父母享受在店就餐一次。

②员工住宿。宿舍与门店距离步行不超过20分钟，宿舍都是正式小区或公

寓中的两、三居室。宿舍内配备电视机、洗衣机、空调、电脑、网络，并安排专门的保洁打扫房间，工作服、被罩的洗涤外包给干洗店。如若夫妻二人共同在海底捞工作，门店会提供单独房间。

③员工假期。所有店员享有每年12天的带薪年假，公司提供回家往返的火车票。工作一年以上的员工可以享受婚假及待遇；工作满3个月的员工可以享受父母丧假及补助；工作3年以上的员工可享受产假及补助。

搬家、房租、安全、路远等和员工住宿相关的后顾之忧，海底捞都解决了。长时间工作，对工作的厌烦情绪，通过假期制度也解决了。很多员工离职有个很重要的原因，就是长时间得不到休息，他们需要的不是调整思想，继续奋斗，而是简短的休整。

2. 非物质激励：机会、荣誉

（1）机会激励。为奋斗者提供成长机会，让员工职业发展通道（如图5-7）有盼头有希望，海底捞门店甚至细化到73个岗位和级别，升店长要轮岗69个岗位。初级员工有封顶工资，以保持其"饥饿感"，保持其升级打怪的成就感。

海底捞有公开透明的店长晋升机制，如图5-8所示，海底捞员工平均可在约4年时间内晋升为店长。

授予员工做主机会，能够自主决策。为了保证顾客正当、合理的要求得到及时的满足，质量事故得到及时解决，消除顾客的一切抱怨，保证顾客的满意度，海底捞对一线员工、店长、区域主管等授予了较大的权力。例如，一线员工可以享有打折、换菜甚至免单权（有员工签字的名片即可兑现），只要事后口头说明即可。在每个月召开一次的总经理办公会中，副总的审批权为200万元，大区总管为100万元，店长为30万元。上述讲到的是员工拥有的权力，海底捞授权的尺度也是很多企业无法操作的，但实际上，如果有人操作成功了，就代表这种方式是行得通的，并且非常高效，这也是海底捞能把别的餐饮公司甩在后面的原因。碰到了问题，你的员工要请示汇报，领导酌情办理，而海底捞的员工早就把事解决了。

图5-7 海底捞晋升途径

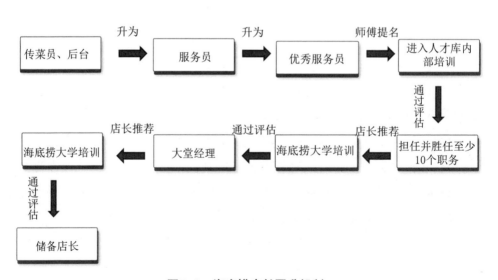

图5-8 海底捞店长晋升机制

（2）荣誉激励。创新是体现一个团队凝聚力高低的重要标志，海底捞为了与同行拉开差距，并让员工在工作中能够展现出创新意识，使各项工作得以持续迭代优化，由此设立了创新激励制度。海底捞的创新分为业务创新、技术创新、管理创新三大类别，员工的一个创新可以得到30元到30万元的奖励，并以创新员工名字命名（如包丹袋、恩碧架、带客选手等），设立月度红黄蓝榜机制。

除了创新荣誉激励，海底捞还设定了金豆豆、银豆豆、金元宝、点赞贴、二级勋章、一级勋章、紫荆勋章等各种荣誉激励。

去过海底捞的人都会为海底捞细致的服务所折服，是什么在驱动着他们由内而外地散发服务热情呢？是什么让海底捞的组织充满活力？海底捞公司的员工超出常规的服务细节的背后，是超出常规的利益分配机制。

第六章

分钱的策略：坚持均衡发展策略，基于场景，差异化管理

> *私欲之中，天理所寓。*
>
> ——王夫之

企业在制定利益分配机制时，需要根据企业发展的不同阶段、所处的行业特点，以及企业对人才的依赖程度，决定企业的利益分配的基本策略。这些基本的分钱策略主要包括：

（1）如何对标外部企业薪酬水平，提升企业吸引和保有人才的能力？

（2）如何平衡资本方和劳动方的利益？

（3）利益分配的刚性薪酬与弹性薪酬如何设计？

（4）如何平衡企业的增量与存量利益分配？

€ 内外利益差的平衡策略

利益分配的首要策略是构筑企业外部的利益差，让企业的利益分配水平相对于市场上其他企业有竞争能力，提升企业人才吸引和保有的能力。构筑企业外部利益差，就是使企业利益分配机制相对于外部企业或同类竞争的企业有更大的吸引力。

根据企业薪酬水平与当地市场或同类企业薪酬的高低情况，可以将企业薪酬策略分为领先、跟随、成本、混合四种策略。

领先策略，就是企业薪酬水平要高于当地市场或同类企业的薪酬水平，反映了企业在吸引和保有人才方面的决心。大部分行业龙头企业会采取领先策略，以此保证企业的人才优势。领先策略又可以根据领先程度再细分为绝对领先策略和相对领先策略。绝对领先策略，就是企业的整体薪酬水平绝对领先同行业企业薪酬水平，要高出30%~50%。相对领先策略，就是企业的整体薪酬水平相对同行业企业薪酬水平，要高出10%~30%。

跟随策略，就是企业的整体薪酬水平与同行业企业的平均水平相当。企业采取跟随策略时，需要根据当地或行业的薪酬水平的调整而相应调整。在具体操作中，可以选择跟随的企业或者某个薪酬指数。例如，企业可以选择同行企业的薪酬水平的70%进行对标，确定本企业的薪酬水平。另外，企业也可以对标到与薪酬水平有直接关联的相关指数，例如，企业每年的薪酬涨幅为当地的GDP涨幅和物价指数的综合，保证员工收入的购买力不下降。

成本策略，就是企业的整体薪酬水平主要从企业支付能力角度考虑，尽可能节约薪酬成本，往往低于外部企业的薪酬水平。对于衰退性业务，一般采用成本策略，低成本地维持业务运行。

混合策略，就是企业的整体薪酬水平会根据业务发展阶段不同、关键岗位需求程度不同，灵活采取多种薪酬对标的策略。混合策略要结合企业实际的业务需求，以及竞争对手的薪酬策略进行有效设计。例如，一家生产A产品且连续5年在国内市场占有率排名第一的企业，试图进入与之业务相关联的B产品行业市场。于是，在B产品研发技术人员的薪酬水平上，采用领先型策略，旨在高薪"挖角"行业内高端技术人才，同时保留自己技术人才避免被挖。又因为A产品与B产品的营销渠道可以通用，因此，该企业在营销人才的薪酬水平上继续采用跟随型策略。另外，基于企业薪酬支付能力的限制，某些处于创业阶段的企业，在起步阶段，对关键岗位采取领先策略，其他岗位采取跟随策略；发展到一定阶段后，随着企业的发展，盈利能力的提升，开始对某些关键部门采取领先策略，对某些

关键岗位采取绝对领先策略等。尤其是创业和发展期的企业，企业本身的激励资源比较有限，不一定追求每个部门都绝对领先，这就需要企业采取混合策略，精准地构筑内外利益差，提升企业吸引和保有人才的能力。

首先，企业在构建外部利益差时，要把时间维度考虑进来，不同层级的利益差在引入时间变量的情景下，敏感程度不一样。要让中基层的短中期利益分配具有吸引力和竞争力，否则会出现中基层员工的不稳定，影响企业日常的经营。要让高层员工的长期利益分配有足够吸引力和竞争力，如中长期的奖金计划，或者股权激励计划等。这样做的好处是，一方面可以减轻企业当下的薪酬支付压力，另一方面可以让高层与企业形成中长期的利益共同体，引导高管层为企业持续发展做贡献，避免短视和投机性经营行为。

在考虑薪酬竞争水平时，需要明确与外部对标的要素。当应聘者告诉你他原公司的总薪酬是多少钱时，你知道他所说的总薪酬包括哪些薪酬要素吗？华为会把薪酬要素结构化，根据不同岗位类别、不同区域、不同业务、不同阶段选择不同的外部对标策略。图6-1是华为薪酬的对标结构，薪酬对标基线（comp，compensation的缩写），分为comp1、comp2、comp3、comp4和comp5。

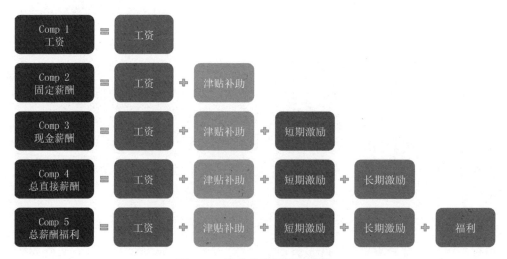

图6-1 华为薪酬的对标结构

其次，是企业内部的利益差，即企业内部利益分配机制在企业内部不同部门和岗位之间的利益分配的差距。利益平均分配或者大锅饭，会导致"劣币驱逐良币"，优秀员工离开，组织缺乏活力。只要员工的收入相对确定和固定，没有奖勤罚懒的机制，从人性的角度，员工想要获得最大收益，一定会减少自己的付出和努力，让收益最大化。

$$员工收益=员工收入-员工付出$$

由上面的等式可以看出，当员工收入相对固定的时候，员工要想获得最大的收益，只有减少付出。

因此需要构筑内部的利益差，形成组织势能，让每个员工产生动力。企业内部的利益差，要根据企业持续发展的关键驱动因素，以及企业内部价值创造流程中核心价值创造部门和岗位来确定。只有拉开差距，给火车头加满油，才能让火车跑得更快、更稳。如果企业是高科技企业，主要靠技术和产品优势来取胜，企业在利益分配时，就应该更多地向研发技术部门倾斜。如果企业更依赖营销和销售部门，那就应该更多地向营销和销售部门倾斜。如果企业的业务更依赖团队作战，需要团队协作，那就应该更加强调利益优先向团队倾斜，团队利益分配优先于个人，在团队与团队之间形成比较大的利益差，在团队内部之间要适当缩小利益差。如果企业的业务特征或者某个业务板块更依赖个人奋斗，那就更应该在个人之间拉开利益分配的差距。

企业在构筑内部利益分配差距时，首先要识别谁是企业的核心价值创造者，谁是未来的潜在核心价值创造者，谁是辅助的价值创造者。企业要将现在的利益优先分配给现在的核心价值创造者，要将未来的利益，如股权、学习机会、成长机会等，优先分配给未来的潜在价值创造者。

基于薪酬结构和岗位层级的利益差的设计，是利益分配机制设计的关键，企业要从企业支付能力、外部市场薪酬水平、竞争性企业的薪酬水平以及企业战略目标和组织能力等角度来综合考虑设计，并动态调整。

€ 劳动方与资本方的平衡策略

企业组织中价值创造的要素很多，但最核心的两大要素就是人和资本，如图 6-2所示。劳动方与资本方的利益分配，取决于企业发展对人才和资本依赖的程度，对资本的依赖程度越高，对资本的分配比例就越高，反之亦然。在企业发展的不同阶段，还需要对两者的比例进行动态调整，使其与时俱进。例如，华为早期劳动方与资本方的分配比例为2∶1，后来调整为3∶1，未来随着对人才的依赖程度越来越高，将会调整到4∶1。高科技企业要随着业务的发展，约束货币资本所得，利益分配更多地向人才进行倾斜。

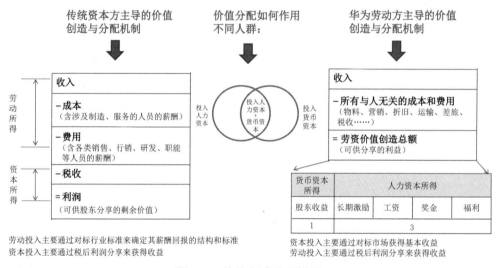

图6-2　价值创造分配模型

€ 刚性与弹性的平衡策略

薪酬的结构设置既要有激励性，又要降低企业薪酬刚性支出的风险。薪酬结构一般包含刚性部分和弹性部分。刚性部分就是企业在一定期间内定期必须支付的薪酬成本，与部门或者个人业绩无关。弹性部分则是企业根据业绩达成情况支付的薪酬成本，业绩达成就支付，业绩没有达成就不支付或者部分支付。

薪酬的刚性管理，在于定岗定级、以级定薪、人岗匹配、易岗易薪。通常情况下，每个企业都需要对组织内部员工的岗位职责与能力进行价值评估，并以此建立自己的岗位等级标准，不同岗位级别对应的岗位薪酬、福利都有所不同。

薪酬的弹性管理，在于公司、部门、个人业绩达成情况。通常情况下，体现为与业绩挂钩的奖金等。对弹性薪酬的管理要透明并可以计算，有较强的针对性和及时性，这需要确定激励导向，策划有效的弹性薪酬分配方案，重点包括分配条件和分配周期。

刚性薪酬给员工带来安全感和稳定的预期，而弹性则更多的是强调灵活、有针对性的激励。薪酬管理要刚柔相济、长短期兼顾。通常情况下，岗位薪酬是刚性薪酬，需要较长时间才能调整，如年终对业绩优秀的员工进行岗位晋升或职位等级提升；奖金是短期激励，要有足够的弹性才能确保其向高绩效者倾斜。当企业有涨薪的空间时，要优先调整弹性薪酬，避免企业刚性薪酬风险，要坚持刚性薪酬增长慢于弹性薪酬增长。

华为整体的刚性薪酬比例保持在销售收入的一定比例，如10%~12%，弹性薪酬比例为6%~8%。如果有了这个基线，华为总薪酬包（包括工资性薪酬和奖金包）的预算控制基线就为销售收入的18%。华为每年根据业务计划、预算和执行情况，来管控刚性薪酬和弹性薪酬，并以此为边界做人力资源规划与预算、调薪计划和招聘计划。

企业效益好的时候，要优先涨弹性工资，因为每月固定的工资一旦涨了就很难降下来，增加企业的刚性成本和风险，也会导致员工没有危机意识。

€ 增量与存量的平衡策略

薪酬的设置要导向业绩改进，基于存量计算薪酬总包，基于增量计算奖金包，这是增量与存量平衡的基本策略。如果没有增量，就没有新增的奖金包。激励机制要导向企业业务的持续增长。

例如，某企业的薪酬总包为销售收入的18%，该公司的薪酬总包的计算公式如下：

薪酬包=销售收入×18%

薪酬包=工资性薪酬包+奖金包

通过上面的计算公式可以看到，只有业绩增长了，薪酬包才会增长；经营业绩不增长，薪酬包就不增长。但由于GDP和物价指数增长，以及员工对收入的预期，企业工资性薪酬包总体会处于增长趋势。当薪酬包不增长，工资性薪酬包增长的时候，就只能将浮动的奖金转化为工资性薪酬包，相应的员工的奖金就会减少。假设占比销售收入18%的薪酬总额中，10%是固定工资，每个月必须定期发放，8%作为浮动部分的奖金进行动态调节发放。根据业绩完成情况，就可以看到奖金的变动情况，当业务不增长的时候，薪酬包中的刚性工资部分很难调减，这样就会导致奖金包变少，甚至没有，详见表6-1。

表6-1　薪酬包与业绩的关系

科目名称	金额或占比	说　明
预算销售收入（亿元）	30	
工资薪酬包基线比例	10%	
年度工资包（亿元）	3	30×10%
一、销售目标实现		
如实际完成100%	30	
实际工资薪酬包占比	10%	
奖金包基线占比	8%	
奖金包（亿元）	2.4	30×8%
二、销售目标超额实现		
如实际完成销售110%	33	
实际工资薪酬包占比	9.09%	3/33
奖金包基线占比	8.91%	18%－9.09%
奖金包（亿元）	2.94	33×8.91%

续表

科目名称	金额或占比	说　明
三、销售目标未实现		
如实际完成销售90%	27	
实际工资薪酬包占比	11.11%	3/27
奖金包基线占比	6.89%	18%-11.11%
奖金包（亿元）	1.86	27×6.89%

　　企业的薪酬机制要导向增量绩效，尤其是奖金的发放要与业绩的改进挂钩，与增量关联，华为的奖金包生成机制如下：

奖金包=上年度奖金包 ×（1+业绩增长率）

　　其中，业绩增长率=收入增长率×权重1＋贡献利润增长率×权重2，其中权重1为60%，权重2为40%。企业还可以根据不同业务单元的发展阶段分别设置权重，实现企业的管理诉求。如果是新的业务单元，可以对收入设置更高的权重，牵引业务快速增长。

第七章

分钱的总额管理：自我管理，自我激励，自我约束

大河无水小河干，大河有水小河满。

——佚名

分钱并不只是员工工资的微观设计，更是一个企业利益分配层面的宏观考虑。员工可以只关注薪酬收入，企业必须关注投入产出，站在企业的角度算大账。如果没有建立分配总额的管理机制，员工希望企业每年都能涨工资，企业希望员工努力付出产生业绩，员工就会与企业进行动态博弈，最后导致两败俱伤。薪酬总额的管理机制，主要解决如下问题：

（1）企业究竟应该拿出多少钱来分才科学？

（2）如何形成薪酬自主管理、自我激励，避免内部博弈？

（3）薪酬总额如何与企业经营业绩动态关联？

（4）薪酬总额确定的方法是什么？

（5）薪酬总额动态管理机制如何设定？

（6）企业薪酬支付能力有限的情况下，如何激发员工积极性？

€ 薪酬总额的内容

　　薪酬总额是指由企业在一个会计年度内直接支付给与本企业建立劳动关系的全部职工的劳动报酬总额，具体包括工资、奖金、加班费、津贴补贴、社会保障、商业保障、离职补偿、工资附加等。

　　薪酬总额从发放的方式上又可以区分为工资性薪酬包和奖金包。工资性薪酬包主要包括工资、加班费、津贴补贴、社会保障、商业保障、离职补偿、工资附加等。奖金包主要包括业绩提成、绩效奖金、专项奖金、年终奖金等。工资薪酬包相对刚性，基于定岗、定编、定员每月为员工支付薪酬成本，是员工的保障性薪酬。工资性薪酬包核心解决配多少人、干多少活、发多少工资的问题。奖金包是基于业绩、目标、项目等是否达成授予员工的浮动的薪酬收入，具有一定的弹性。没有达成业绩，可能没有奖金。奖金包核心解决多创造、多分享的问题。

　　薪酬总额从来源上又可以分为经营性薪酬包和战略性薪酬包。经营性薪酬包是从业务持续经营的角度，基于规模和效益生成的薪酬包。经营薪酬包核心解决经营效率的持续提升，牵引人均薪酬和人均效益的提升。战略薪酬包是从公司战略角度，基于战略任务事项确定的薪酬包。战略薪酬包核心解决战略事项有人干、特殊业务有扶持机制的问题。薪酬包结构设计如图7-1所示。

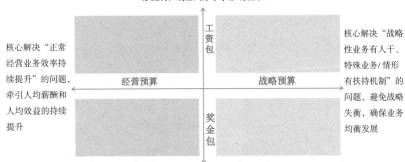

图7-1　薪酬包结构设计

€ 薪酬总额的规划

站在企业角度，究竟应该拿出多少钱来分？员工薪酬总成本究竟如何管控？很多企业都没有认真思考和规划薪酬总额，最后只能是拍脑袋，导致股东、经营管理层、员工在内部互相博弈。站在股东角度，要尽可能做大利润，才能有更多投资回报，因此股东倾向于尽可能减少薪酬总成本。站在管理层角度，既要能够为股东创造合理的投资回报，又要能留住优秀人才，提升企业盈利能力和竞争能力。站在员工角度，员工希望每年都能涨工资，希望薪酬收入越多越好。如果处理不好利益的分配关系，就会内部博弈，产生冲突。

薪酬总额究竟从哪里来？是股东的投资资本金吗？很显然，资本金支付薪酬成本长期来看不可持续，股东投入的资本金是希望有回报的。这就是为什么很多创业公司总想着靠融资来维持企业经营，最终必然走向灭亡，没有盈利能力的企业是无法持续支付薪酬成本的。因此，薪酬总额必须要来自为客户创造价值，只有从这个角度出发规划薪酬总额，才能平衡股东、管理层、员工的利益。只有形成有创造才有分享这样的共识，才能将股东、管理层、员工利益的内部博弈，转向到与外部市场博弈；从关注短期利益为主，转向到关注企业发展的长期价值追求。

基于为客户创造价值为起点来规划薪酬总额，其逻辑表达方程式如下：

薪酬总额=毛利×（1-非人工成本费率）

其中，非人工成本费率=非人工成本÷毛利。

从这个逻辑方程式可以看出，薪酬总额与毛利率正相关，与非人工成本负相关。经济上的解释就是，毛利率越大，代表为客户创造的价值越大，如果毛利率超过行业平均水平，代表客户愿意支付高于市场平均的价格来买你的产品。另外，非人工成本费用越低，代表企业经营的效率越高，费用控制得较好。这个逻辑方程式也可以指导企业经营决策，决定哪些市场可以进，哪些产品可以做。如果毛利率太低，无法支撑薪酬成本，这种产品就应该迭代优化或者淘汰。所以薪酬总额的规划本质是经营的规划，是成本结构的规划。图7-2举例说明某企业的薪酬总额规划。

该企业将薪酬总额转化为薪酬总包基线，薪酬总包基线是薪酬总额除以1.5，将账面成本转化为员工界面可见的薪酬收入。简单讲，就是企业发给员工100万元薪酬，因为税费和五险一金等费用的存在，企业的实际成本是150万元。税费及五险一金在每个地方会略有不同，该系数可以根据企业历史数据进行核定。然后再将薪酬总包分为固定薪酬和浮动薪酬，固定薪酬占总薪酬包的60%，浮动薪酬占比40%，这个比例只是总额上的占比，并不代表每个部门或人都是6∶4的固定和浮动比例，某些部门浮动比例可能达到70%。但薪酬规划的时候总体按照6∶4的固定和浮动进行规划。从图7-2最下面开始看，企业有了销售收入，扣除产品成本，形成公司毛利，毛利率规划为50%。在细分市场选择和产品开发时，产品的目标毛利率要达到50%，如果达不到就不能推向市场；老的产品如果有低于50%的毛利率，也要进行迭代更新，或者选择逐步退出市场，以此维持企业整体竞争能力和薪酬支付能力。毛利的15%规划为企业的利润，满足股东的基本回报率。每个企业股东期望的回报率不一样，这个比例系数也会不一样。除了股东回报的净利润外，就是非人工费用和人工费用，人工成本占毛利的60%，非人工成本即业务费用占25%。企业经营过程中要努力提高毛利率，提升企业整体的薪酬水平和竞争能力，吸引更加优秀的人才，从而创造更大的价值。企业每年会要求降低业务费用占毛利的比率，即降低非人工成本费用，将降低的费用转移到人工成本费用上去，增加人工成本的比率。通过这样的良性循环，企业薪酬总包基线可以越来越大，不像大部分企业都是努力地将薪酬总包基线做小，以此节省人力成本，这样就陷入恶性循环，企业人才流失，竞争能力变差，最后走向灭亡。

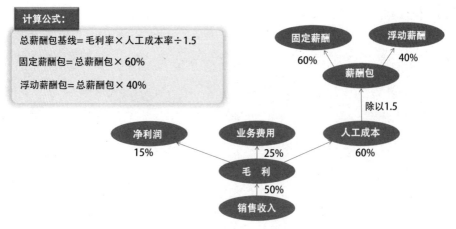

计算公式：

总薪酬包基线＝毛利率×人工成本率÷1.5

固定薪酬包＝总薪酬包×60%

浮动薪酬包＝总薪酬包×40%

图7-2　某企业的薪酬总额规划

€ 薪酬总额的基本算法

薪酬总额管理周期一般为一年，行业周期性明显、业绩年度波动大的可考虑以三年为一个周期。年初根据计算规则进行预算，月度执行和滚动预测，年底核算。薪酬总额的生成有两种基本的算法。一种是基于定岗定编的定额卷积法，另一种是基于经营业绩指标的弹性率定法。

一、定额卷积法

定额卷积法是通过定编、定岗、定员，从下往上进行每个岗位、每个员工的薪酬汇总而形成的总额，一般来讲，初创企业、职能部门或者项目性团队适用定额卷积法。例如，某公司要开发一个新产品，计划投入10个人，10个人里面有不同级别的工程师，每个级别的工程师对应不同的工资，年终奖金为每个人3个月的工资，项目持续的时间为一年，那么该项目团队的薪酬包就为15个月的10个员工的工资总额。

二、弹性率定法

弹性率定法是设定薪酬总额与关键业务指标的联动比率，生成薪酬总包，例如，薪酬总额为销售收入的18%，这个联动比率就是18%。一般来讲，市场化经营的企业/业务部门/事业部等经营单元可以相对独立地核算出收入、利润等，适用弹性率定法。在弹性率定法的薪酬总额生成机制中，年初授予薪酬总额不是一个具体的数值，而是一个生成的机制，在年底核算的时候，根据最后的结果进行最终的核算。将薪酬总额与关键经营指标建立联动关系，该联动关系可简化为多元一次方程：

$$Y=aX+b$$

Y：薪酬总额，直接受毛利影响，同时取决于分配力度、关键指标完成情况。

a：分配力度，即多元一次方程的斜率。a越大则分配力度越强，a也可以根据薪酬规划、业界对标以及参考历史基线来设定。a的设定可以基于业务量分段进行设置，通过激励牵引管理目标的实现。设置的方式可以有匀速、减速、加速以及以上三种方式的组合。基于目标值的薪酬分段设置如图7-3所示。

x：关键经营指标。出于管理诉求，根据企业发展的阶段，可以是一个指标和多个指标；指标选取可以是销售收入、产值等规模指标，也可以是毛利、利润等。

b：调节系数。带入其他管理导向，适度调节薪酬总额大小，b可以是单个和多个因子叠加，也可以是一个乘数，调节薪酬总包。可以是战略补贴包，也可以是难度系数等。

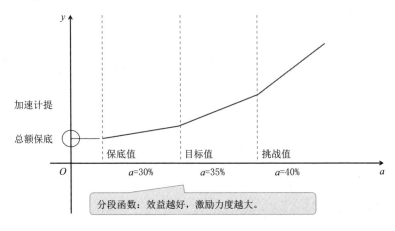

图7-3　基于目标值的薪酬分段设置

　　华为将各个业务单元的薪酬总额生成与收入和利润关联，设计薪酬总额的弹性生成机制，如图7-4所示。其核心就是根据收入指标和利润指标来浮动，收入越大，薪酬包也越大。同样地，利润越高，薪酬包也越大，这样就能牵引组织努力多打粮食，打的粮食越多，分享的薪酬包就越大。

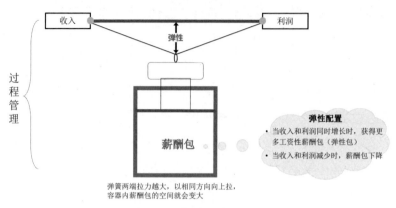

图7-4　薪酬包弹性管控

　　薪酬包=收入×收入系数×收入权重＋利润×利润系数×利润权重

收入系数=（上第1年度薪酬包/上第1年度收入）×60%+（上第2年度薪酬包/上第2年度收入）×40%

利润系数=（上第1年度薪酬包/上第1年度利润）×60%+（上第2年度薪酬包/上第2年度利润）×40%

　　收入权重和利润权重可以根据业务管理需求，针对不同业务单元可以设置不同的权重。例如，针对新发展的区域或业务，主要牵引销售规模的增长，抓住机会，而不是追求利润，这种情况下，就可以将收入权重设置为70%，利润权重设置为30%。反之，越成熟的业务单元，市场增长空间受限，就应该追求利润，而不是收入规模，此时，就可以将收入权重设置为40%，利润权重设置为60%。

€　薪酬总额的设计方法

　　薪酬总额设计要考虑企业发展阶段，要与企业发展阶段和业务场景进行匹配，不能一刀切，具体如图7-5所示。

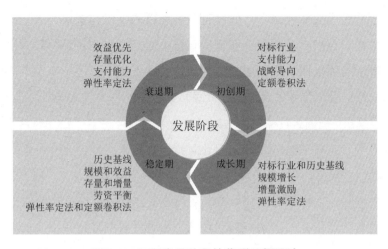

图7-5　不同发展阶段的薪酬总额设计

初创期的企业，企业的业务还处于验证期，薪酬的主要策略要与市场对标，并考虑支付能力，基于战略对项目性团队进行专项激励，采用定额卷积法形成薪酬总额。

处于成长期的企业，追求规模增长，在对标行业薪酬水平的同时，参照历史薪酬基线，采用业务增量驱动薪酬包的增长，以弹性率定法为主，业务增长越快，薪酬包增长也越快，扩大编制，抓住市场机会。

处于业务稳定期的企业主要参照薪酬的历史基线，基于历史的延长线来决定薪酬包的水平，薪酬包的生成与规模（如销售收入）和效益（如利润）指标进行关联，牵引企业均衡发展。薪酬总包既源于存量业务，也源于增量业务；既考虑股东利益，也考虑对人才的依赖，确定相对稳定的劳资分配比例关系。如华为，劳资分配比例从之前的2∶1的分配比例，增加到3∶1，未来还会增加到4∶1的分配比例。处于成熟期的企业，业务稳定，人员编制也比较稳定，可以结合使用弹性率定法和定额卷积法。

当企业处于衰退期时，主要追求企业盈利，考虑企业支付能力，主要基于存量业务运用弹性率定法生成薪酬总包。

薪酬总额的设定主要有如下关键环节。

科学分钱

一、确定薪酬总额的算法

创业期或者企业形成之初一般没有薪酬总额的概念，都是一事一议，一人一议，随着管理规模扩大，薪酬总额管理不得不提上日程。薪酬总额的生成需要根据企业发展的阶段采取不同的生成方式。定额卷积法主要适用初创企业，大多数企业的算法都可以用弹性率定法进行计算，其计算的基本公式可以总结为：

薪酬总额＝规模×规模系数×规模权重＋效益×效益系数×效益权重

规模系数和效益系数可以根据市场对标、历史基线和企业支付能力来确定。规模权重和效益权重之和为100%。

根据规模和效益指标生成薪酬包，针对不同场景需要对基本算法进行调整。例如，新业务可能没有产生销售额和利润，或者销售额和利润很少，不足以支撑组织的薪酬成本。这种情况下，就需要在基本的算法上再叠加战略补贴包。战略补贴包就是考虑业务投入和产出存在时间上的错配，需要先补贴，等业务进入盈亏平衡点后，再进行"回填"。这就需要对战略补贴包的使用进行规划，如只能补贴三年，三年后，需要对战略补贴包进行扣回。如果到规划的时间节点，业务还不能盈亏平衡，公司就需要考虑是否终止业务或者换人。通过叠加战略补贴包的机制，确保公司新的业务能够成长起来，但也不至于让新业务长期在温室里面长不大。

此外，在不同时间阶段，业务开展的难易程度不一样，因此还可以设置难易系数；或者每个国家的生活水平不一样，通货膨胀不一样，因此还可以根据企业所在的国家设置国家系数等。总之，根据管理诉求，可以对基本的算法进行灵活的调节，可以设置包含难易程度、不同区域、不同产品等的差异系数，来针对某个具体场景设计薪酬包的生成机制，达到管理牵引的目的。所以，相对通用的薪酬包的算法可以表示为：

薪酬总额=（规模×规模系数×规模权重＋效益×效益系数×效益权重）×差异系数+战略补贴包

二、选取关键经营指标

选取业绩指标就是建立薪酬总额与关键经营指标的联动关系。一般规模指标可以是订货额、发货额、销售收入、产值、资产规模等。效益可以是毛利、劳资价值（收入扣除非人工成本费用）、净利润、现金流、营运资产效益等。具体指标值的选择要根据企业所在的行业特点、企业经营管理牵引的方向来选择。如果想牵引一线多签订销售合同，就用订货额；如果想牵引毛利提升，就用毛利来做效益指标；如果想牵引提升应收账款、存货的周转效率，就用运营资产的效益指标。关联经营指标的选取要注意：

（1）数据的真实性。如果选取订货额，数据容易造假，销售人员与客户串谋，做大合同额，但实际并没有最终形成销售收入。

（2）数据的及时性。如果选取销售收入，由于可能存在发货安装等环节，可能账面反映的销售收入会滞后，导致激励不及时。

（3）数据的关联性。生成薪酬包的关键指标要与人员规模正相关。例如，销售收入增加，薪酬总额会增加，但如果销售收入增加是由于产品价格大幅上涨，实际的销售量并没有增加，有可能客户数还减少了，销售量实际是下滑的，这个时候因为价格上涨，而增加总的薪酬包，就可能与薪酬包机制设计的初衷背离了。

（4）数据的激励性。薪酬总额生成机制的关键是要能激励组织多打粮食，而不是导向内部博弈。选取数据的时候，一定要具有激励性。例如，某些企业的固定资产投入较大，企业在业务发展期，由于折旧摊销费用较大，企业基本处于亏损状态，如果考核利润，可能三五年都不一定利润能为正。如果从激励的角度出发，可以调整利润的核算口径，先不计提折旧摊销，或者少计提，构建薪酬总额与利润指标的关联关系即可，这样能激励团队，团队也有努力空间。

（5）数据的稳定性。选取的关键经营指标数据要有一定的稳定性。波动性太大，容易导致薪酬包的大幅波动，然而人员编制是无法及时调整的，会导致薪酬包忽大忽小，不能有效激励组织。如果存在波动性，要对波动进行削峰填谷的数据处理；如果超过预期值太大，可以引入薪酬递延机制，将明显多余的薪酬包递延到明年或者后年发放；如果明显低于预期值，导致薪酬包不够用，可以引入薪

酬预发机制，到明后年再归还。

除了选择规模指标和效益指标，还可以补充选择一些指标对薪酬包进行调节，可以考核回款指标、存货指标、应收账款指标以及费用指标等。薪酬总额关联的主要经营指标如表7-1所示。

表7-1　薪酬总额关联的关键指标

	规　模	效　益	现金流	成本费用	战　略	风险合规
关键经营指标	订货额 销售收入 产值 产能	毛利 净利润 劳资价值	回款率 应收账款周转率 存货周转率 应付账款周转率	采购成本 费用率	客户满意度 新市场突破 新产品突破 竞争对手压制	当地法律合规 财务内控合规 流程内控合规 安全事件

三、确定基线系数

基线系数的确定规则不明确，容易导致内部博弈。为了避免内部博弈，比较好的方式是基于历史基线为主，结合管理诉求，对标行业薪酬水平进行适当的修正。例如，规模系数和效益系数可以基于过去三年的数据，用算术平均或者加权平均的算法，来避免数据的波动性。基于历史延长线来确定基线，容易达成共识。下面用加权平均算法举例说明，规模指标为收入，效益指标为利润，时间越近的历史数据，越有参考意义，因此上一年的权重为50%，依次递减如下：

收入系数=（上第1年度薪酬包/上第1年度收入）×50%+（上第2年度薪酬包/上第2年度收入）×30%+（上第3年度薪酬包/上第3年度收入）×20%

利润系数=（上第1年度薪酬包/上第1年度利润）×50%+（上第2年度薪酬包/上第2年度利润）×30%+（上第3年度薪酬包/上第3年度利润）×20%

利用历史的延长线来确定基线的前提假设是业务基本稳定，此处一般坚持不降低原则，也就是当业绩与过去保持不变时，薪酬总额也不变，默认历史薪酬水平是基本合理的。如果没有历史数据，就需要建立初始基线，或者历史数据不合理就需要根据薪酬策略与规划，并对标行业薪酬水平，剔除历史数据中的极端值

（特殊情况下高发、低发），进行一定的修正。薪酬本质上是一种资源配置，更是一种投入而非仅仅是费用，根据业务发展策略，重点扶持的业务可实行"给火车头加满油"，采取宽口径，取大数；对于平稳期的业务，可取平均数；对于衰退期的，采取窄口径，取小数即可。

确定了规模系数和效益系数后，需要确定相应的权重，规模权重和效益权重的和为100%。权重的设定根据管理诉求，如果企业处于成长期，重点是追求规模增长，规模权重可以大于效益权重，如规模权重为60%，效益权重为40%；如果企业处于稳定期，更加强调效益，可以将效益权重调整为60%，规模权重调整为40%。

四、确定调节系数

通过规模和效益指标，基于历史延长线，并不一定能满足管理诉求，企业业务发展阶段可能是多种业务叠加的状态，有成熟业务，也有创新的业务，也有衰退的业务。企业在设计薪酬总额生成机制的时候，需要确定主要的算法，然后再叠加其他要素进行调节。例如，企业正在大力开展新业务，要投入比较多的人力资源去开发产品和市场，如果不单列进行考虑，就有可能挤占成熟业务的薪酬包。这种情况下，就需要设计针对新业务的薪酬总包，这就是一种战略投入，可以叫战略补贴包，这就需要设计战略补贴包的算法，具体如表7-2所示。

另外，某些企业在不同阶段可能遇到市场环境的变化，导致业务发展遇到阻力，这种情况下可以引入难度系数作为乘数，适当调增薪酬总额；或者需要牵引组织节约成本费用，加强存货管理、回款管理等工作，就可以再做专项激励，叠加到薪酬总额上。总之，薪酬总额的生成并不只是用来算账的，根据目标设置理论与期望理论，薪酬规划对于员工是一种激励因素。要根据管理诉求，设计能够激励员工完成经营目标的薪酬生成规则。

表7-2　战略补贴包使用场景及算法

使用场景	场景描述	战略补贴包规则
场景一：储备销售人员	公司业务扩张，需要大量招收销售人员，但销售人员储备和培养周期超过半年以上，培养周期内创造的效益有限，可以做销售人员战略补贴包	培养期内销售人员"工资包＋绩效奖金"。此战略补贴包不计算到第二年的薪酬包基线。保证人效不降低
场景二：储备服务人员	公司新开楼盘，前期需要筹备服务人员，储备期半年以上，总部可以做客服人员战略补贴包	培养期内服务人员"工资包＋绩效奖金"，奖金包由子公司承担。此战略补贴包不计算到第二年的薪酬包基线。保证人效不降低
场景三：新区域开拓	公司有新区域开拓要求，公司新区域开拓难度大，需要2~3年的开拓周期，可以做新开拓人员战略补贴包	新区域开拓期内人员"工资包＋绩效奖金"，奖金包（按开拓周期逐年匀速递减）。此战略补贴包不计算到第二年的薪酬包基线。保证人效不降低
场景四：新产品研发	公司战略需要产品研发投入，按研发项目预算人员做战略投入	项目预算研发人员的工资包和奖金包，工资包和奖金包按项目研发周期逐年匀速递减。此战略补贴包不计算到第二年的薪酬包基线。保证人效不降低
场景五：战略性领军人才引进	公司引进战略性领军人才，对公司未来可能有重大贡献，短期引进成本特别高，可以用战略补贴包	战略领军人才一定比例费用，具体比例一事一议

某企业的薪酬总额的计算公式如下，该公司对于战略补贴包的产生做了详细说明。

薪酬总额＝（规模×规模系数×规模权重＋效益×效益系数×效益权重）×难度系数＋战略补贴包

€ 薪酬总额管理机制

薪酬总额生成机制是动态的，只有到了一个经营周期结束的时候，相关的经营指标数据才完全确定。例如，到年底的时候，企业的销售收入和利润数据才能最终核算出来，基于这些数据就能计算出薪酬总额。但员工的薪酬是每个月要发放的，为了确保激励的及时性，浮动部分的奖金也会在其间发放一部分。这就需要对薪酬总额进行过程管理，既不能对员工激励不够，也不能超过公司的薪酬总额限制，否则薪酬总额管理就失控了。薪酬总额过程管理主要包括以下几个方面。

（1）确定薪酬总额预发管理机制。薪酬总额的预发一般基于销售额来管理，因为销售额的数据能够及时获取，不需要复杂的核算过程。基于销售额的预发可以根据公司薪酬总额的固定和浮动比例设定一个预发管控基线，例如，销售额的12%可以作为预发的管控基线。设置预发基线的时候确保预发总额不会超出最终的薪酬总额，预留一部分弹性空间到年底的时候进行最终核算。

（2）确定薪酬总额增减触发机制。当业绩特别好的时候，会有比较大的薪酬总额产生，过程中可以启动加薪和发放奖金，对员工进行及时激励。反之，当业绩不好时候，要采取管理措施，对薪酬总额进行缩减，如停止招聘、停止涨薪等。这就需要对薪酬总额的增减设计触发机制，如当销售额超过预算的20%的时候，可以启动加薪和增加过程奖金；当销售额低于预算目标的20%的时候，停止加薪；当销售额低于预算的30%的时候，开始冻结招聘。有了薪酬包预算管理机制，基于业务目标的滚动预测，我们对薪酬包是否有空间就能做到心中有数了。在有空间和无空间的情况下，分别该如何管理呢？华为的工资性薪酬包基于预算滚动预测进行过程管理。

在薪酬包有空间的情况下，华为优先给优秀员工涨薪，再考虑人员净增。在薪酬包无空间的情况下，华为首先减少人员净增数量，其次考虑调整拟新进人员的层级结构和放缓进入节奏，再次减少离职补充，或推迟或停止调薪，最坏的情况才考虑裁员，具体如图7-6所示。

（3）确定薪酬总额结构转换机制。如果薪酬总额随着业绩的增加，有比较富余的空间给员工涨，究竟是先涨浮动奖金还是固定工资呢？这就需要在涨薪的结构上明确，避免刚性的工资性薪酬增长太快，导致企业刚性薪酬包袱太重，所以要明确，企业薪酬总额有富余空间的时候应该优先涨浮动薪酬。另外，如果业绩没有增长，薪酬总额基本与去年持平，但是人员编制比去年减少了，节省的薪

酬成本是否可以全部或者部分转化为现有人员的薪酬，鼓励员工提升人均效率，实现"5个人的活，3个人干，发4个人的薪酬"？这也是薪酬结构转换机制需要明确的。还有，如果战略项目中途没有推进，相关人员没有投入，那么之前申请战略补贴包就有结余，这部分薪酬结余是否可以转化为薪酬包，也需要明确。一般战略补贴包的节省不能转化为薪酬包，但经营性的人员编制节省可以转化为薪酬包。以上就是薪酬总额结构转化相关的机制。

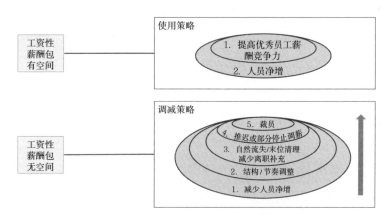

图7-6 工资性薪酬包管理

（4）确定薪酬总额削峰填谷机制。出于某些特殊情况，薪酬总额可能会出现大幅波动，如经济危机、灾难、公共事件、安全事件、业务兼并分拆等，对公司业绩可能造成正向或负向的波动，也会导致薪酬总额的大幅波动，这就需要建立削峰填谷的机制。例如，规定当薪酬总包超过预测值的150%的时候，对超额部分进行递延，当年不发放；当薪酬总包低于预测值50%的时候，对于差额部分进行预发，未来业务恢复正常后进行回填。

（5）确定薪酬总额核算决算机制。薪酬总额最终核算的时候可能对于某些数据要做考核调整，而不是简单用财务报表的数据进行计算。薪酬总额还可以设定一些约束条件，满足相关利益方的诉求。例如，股东对于薪酬的增幅可能会比较关注，会设置一些限定条件。另外，针对某些特殊事项也可以对薪酬总额进行二次调节，这些调节可以是调增也可以是调减。这些二次调节因素如下。

1）核增因素包括以下几项。

①外部：GDP、CPI、所处行业平均工资。

②特殊贡献、重大任务、前瞻性战略性产业、重大科技创新项目。

③兼并重组、新设企业或者机构。

2）核减因素包括以下几项。

①薪酬总额增幅不高于效益增幅、劳动生产率增幅。例如，某企业的薪酬总额增幅的约束条件如图7-7所示。

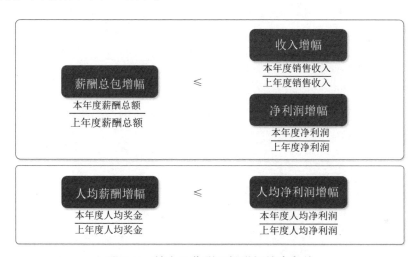

图7-7 某企业薪酬总额增幅约束条件

②净资产收益要达到一定比率。例如，某企业的薪酬总包中奖金包的发放条件如下：

$$奖金发放后的利润-净资产\times15\%\geqslant0$$

这个约束条件的经济解释就是，奖金发放的前提是要满足企业的基准的盈利水平，这个基准的盈利水平就是企业股东要求的最低回报率。例如，上面这个等式就要求净资产最低的回报率要达到15%。

€ 参考案例：华为代表处粮食包生成机制

为牵引代表处自主经营、挑战目标，面向未来改变业务运营模式，实现作战

指挥权前移，充分释放代表处活力，更好地支撑代表处未来业务发展，代表处试行如下薪酬管理方案。

一、代表处薪酬管理总则

（1）**目的**：授予代表处合理的粮食包（包含工资性薪酬包和奖金包），代表处在边界范围内，自主管理、自我约束，充分释放代表处活力。

（2）**总体原则**：

1）粮食包按照一个总包授予代表处，代表处按照一定的规则将粮食包分为工资性薪酬包、经营性奖金包和战略/土地肥力奖金包。

2）减员增效产生的工资性薪酬包节省可转换为经营性奖金。

3）经营性奖金包不能转化为工资性薪酬包。

4）粮食包扣除工资性薪酬包后的30%用作战略/土地肥力奖金，牵引代表处的中长期投入。

二、代表处粮食包方案

（1）**粮食包生成要素。**

1）历史延长线：基于代表处最近三年的收入系数延长线和利润系数延长线，叠加权重测算当年粮食包。

2）国家难度系数：根据国家的经营情况，通过难度系数进行调节。

3）通胀系数：参考公司整体通胀情况。

4）资源结算：粮食包中包括资源人员（含大区和机关支持人员）的粮食。

4）机关BG战略穿透的粮食包。

（2）**粮食包方案逻辑**：基于历史延长线和本年度的收入、利润、国家难度系数及通胀系数等计算粮食包（见图7-8）。

$$粮食包=（收入×收入系数×权重1+利润×利润系数×权重2）×国家难度系数×通胀系数+战略穿透粮食包$$

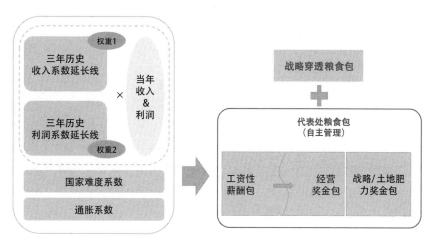

图7-8　代表处粮食包方案

$$收入系数=50\%\times\left(\frac{上第1年度薪酬总包}{上第1年度收入}\right)+30\%\times\left(\frac{上第2年度薪酬总包}{上第2年度收入}\right)+20\%\times$$

$$\left(\frac{上第3年度薪酬总包}{上第3年度收入}\right)$$

$$利润系数=50\%\times\left(\frac{上第1年度薪酬总包}{上第1年度利润}\right)+30\%\times\left(\frac{上第2年度薪酬总包}{上第2年度利润}\right)+20\%\times$$

$$\left(\frac{上第3年度薪酬总包}{上第3年度利润}\right)$$

注：薪酬总包包含奖金和工资性薪酬包、离家补助、艰苦补助等。

1）收入系数和利润系数的逻辑：考虑到过去三年对本年度的影响度差异，同时规避历史波动，经数据测算后把过去三年的权重由近及远取值为50%、30%和20%，基于过去三年的薪酬总包、收入和贡献利润之间的比值确定收入系数和利润系数。

2）为保证代表处平稳经营，适当牵引利润同时避免业绩波动对工资性薪酬包的影响，收入权重（权重1）取值40%，利润权重（权重2）取值60%。

国家难度系数由业务管理小组确定，通胀系数由公司薪酬管理部确定。

3）粮食包预算生成：在年初按照预算的收入和利润生成粮食包预算，过程中由代表处按照滚动预测管控，年末根据收入和利润实际完成情况进行核算。

第八章

分钱的结构：利益牵引，指哪打哪

> 人们奋斗所争取的一切，都同他们的利益有关。
>
> ——卡尔·马克思

为什么很多企业的薪酬支付水平相比同行业并不低，组织却没有活力？企业的各项经营管理计划得不到有效执行，出工不出活，组织效率低下，员工没有积极性，推诿、扯皮现象严重。究其原因，很可能是利益分配机制的问题。要激发组织活力，让个人有动力，就需要对利益分配进行结构化设计，针对不同业务场景、不同岗位、不同人群设计差异化的利益分配机制，把公司战略、经营目标、管理诉求与分配要素进行有效链接，达到"指哪儿打哪儿"的效果。这些分配要素就体现为基本工资、岗位工资、绩效工资、业务提成、绩效奖金、年终奖金、专项奖、补助、津贴、分红等。利益分配结构化设计的目的是对员工进行精准激励，本章探讨的利益分配主要指经济利益，不含晋升、机会、荣誉等非物质分配要素。利益分配的结构化设计主要解决以下问题：

（1）经济利益的分配结构如何规划？

（2）如何通过薪酬结构设计兼顾当期经营目标和未来战略目标？

（3）如何从时间上规划短、中、长期激励？

（4）如何从不同业务场景、不同岗位规划收入结构？

（5）如何设计工资性收入的结构？

（6）如何设计奖金收入的结构？

€ 经济利益分配结构

员工的经济利益主要指分配给员工可以用货币计量的利益，主要体现为提供劳务的薪酬收入（工资、奖金等）和权益性收入（分红等）。前者是基于劳动法形成雇佣关系，员工获得的薪酬收入；后者是基于公司法形成合伙关系，员工获得的权益性收入。随着知识经济的发展，企业发展对人才的依赖越来越大，建立在雇佣关系上的薪酬分配机制不利于吸引优秀人才。企业越来越注重合伙关系，员工开始参与企业剩余价值分配，优秀人才的知识开始演变为一种资本即人力资本，与货币资本共同分享企业的剩余价值。企业对人才依赖的程度越高，人力资本分享的比例就越高。这就是为什么在很多高科技企业，资本方投入大部分资金，却只占少部分的股权，人力资本占有主要股份，并实际控制和运营公司。表8-1列举了典型行业、企业的人力资本（劳方）与货币资本（资方）大致的分配比例关系。

表8-1　典型行业、企业的劳方与资方分配比例

对资本依赖程度	劳方与资方比例	典型行业、企业
高依赖	20%：80%	重资产行业、基金公司
较依赖	50%：50%	产供销一体化企业
一般依赖	75%：25%	高科技，如华为公司

€ 员工收入的结构设计

站在员工的角度，员工的收入结构应该如何设计？员工收入结构设计既要从员工总收入构成的角度（空间上），体现不同人才贡献的差异性；也要从时

间上设计，牵引员工为企业长期发展做贡献，牵引员工持续奋斗，与员工维系长期的利益关系，长期保有优秀人才。员工收入结构示例如图8-1所示。

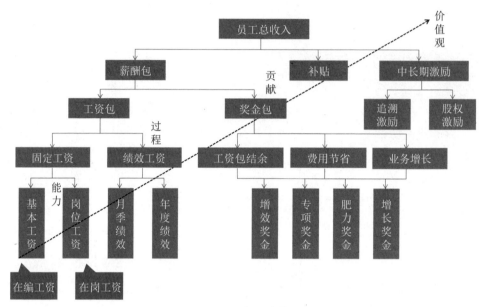

图8-1 员工收入结构示例

从图8-1中可以看出，员工总收入主要包括以下三个方面。

一、薪酬包

薪酬包再往下分解为工资包和奖金包，工资包可以再分为固定工资和绩效工资，固定工资再往下可分为基本工资和岗位工资，基本工资为在编工资。员工与企业只要签订劳动合同，就存在雇佣关系，基本工资就不低于当地的最低工资标准。不管是否安排合适岗位，不管是否有实际分配的工作，只要存在劳动雇佣关系，企业就必须支付基本工资，这是企业法律上的义务，也是员工法律上的权利。员工受雇于企业，基于员工的能力，被安排在合适的岗位上，基于岗位的价值大小，企业给员工支付岗位工资。基本工资和岗位工资是刚性的，一般每个月支付。绩效工资是基于员工的工作表现，过程中授予的工资。为什么不叫绩效奖金，而叫绩效工资？因为绩效工资有工资的属性，在固定的时间发放相对固定的金额，而奖金发放的时间和金额有较大的不确定性。华为对研发员工15~18级，为了增加月收入的弹性，实行效益工资，实质上是月度绩效激励，源于部门奖金包，与个人考勤挂钩，不作为社保、加班费、离职补偿等计算基数。15级5 000元每月，16级6 000元每月，17级8 000元每月，18级1万元每月。如绩效为c或者d，从绩效结果发布后，上半年从4月开始，下半年从10月开始，在为期6个月时间内效益工资为0。

员工奖金收入根据业绩贡献进行浮动，业绩不好奖金就少，甚至可能为0。员工的奖金源于业务增长，业务增长会推动薪酬包的增加。当工资不变的时候，奖金就增加了。另外，奖金也可以源于增效，例如，成本费用节省也可以产生奖金，让员工有努力的空间。还有就是一些重点专项工作，也会得到奖励，以及围绕战略落地增加土壤肥力的工作会有土壤肥力方面的奖金。

二、补贴

补贴主要指各种补助和津贴。补助是根据工作环境的变化对员工发放的现金补偿，致力于鼓励员工异地工作，如出差补助、外派补助等。津贴主要指根据岗位性质不同对员工发放的现金补偿，致力于鼓励员工积极承担岗位责任。岗位津贴类型分为四大类：责任岗位津贴、机要岗位津贴、兼职岗位津贴和特殊工作环境岗位津贴。表8-2是华为津贴的分类应用场景。

表8-2　华为津贴的分类应用场景

类　别	适用岗位	典型场景	设计指导
责任岗位津贴	交付质量对组织业绩影响范围广、程度深	重大经营责任岗位、基建、内审	根据岗位独特价值，体现岗位责任差异性
机要岗位津贴	涉及机要信息和数据，保密要求高	信息安全、薪酬管理、IT机要岗	结合涉密级别和涉密范围
兼职岗位津贴	本职工作之外承担非连续性工作职责	消防安全、监印员	参考兼职职责付出的时间价值
特殊工作环境岗位津贴	专业机构评估符合发放条件和当地法律要求	高温补贴、电磁辐射补贴	结合工作环境影响和当地同类津贴水平确定，与社会上同行的可比性，保证遵从

三、中长期激励

中长期激励可以分为追溯激励和股权激励。追溯激励是基于历史贡献进行重新认定后进行追认激励。股权激励主要指企业授予员工的股权激励或者虚拟股权激励，基于价值观的认可，时间跨度超过一年以上。

大部分企业在利益分配层面，局限在短期利益分配，不能导向员工为公司中长期发展做贡献。经营环境的不确定性，让员工的贡献在当期很难体现出来，也许三年后，企业才发现某个产品、某项技术、某个业务、某个管理改进给公司带来巨大利益，但这个员工可能已发生工作调动，或者不再负责该项业务，甚至已经离开公司，而且过去并没有给予合理的激励，甚至由于过去没有体现出业绩，业绩评估为差。如果公司不能对做过重大贡献、当时没有得到认可的员工进行追溯激励，员工就不会为公司中长期发展做贡献。

为什么很多企业遇到短期的困难，容易演变成一场生死浩劫的危机，企业最终作鸟兽散，走向灭亡。如果这个时候，对着员工讲愿景使命，讲企业宗旨，讲事业共同体，多少有些临时抱佛脚，光靠讲美丽的故事是不可能从危机中挽救企业的。企业应该建立中长期激励机制，先与员工形成利益共同体，才有可能在遇到危机时候，与员工结成事业共同体，从而打造命运共同体。只有与员工建立长期的利益关系，才能提升企业吸引和保有优秀人才的能力，激发员工的主人翁意识，使其愿意为公司的中长期发展做贡献。华为从成立之初就推行ESOP，员工需要缴纳资金购买股票，持有期间享有分红权和增值收益权，并逐步覆盖到基层员工，成为华为独具特色的股权激励机制。2013年，华为又推出TUP，员工不需要缴纳资金购买，授予期间，可以享受与ESOP一样的分红权和增值收益权，重点针对新员工和海外员工。TUP进一步激发了基层员工的积极性，为华为进一步发展注入了强大的动力。

站在员工的角度，收入结构如何规划才能有效牵引员工的工作行为？工资性收入、奖金收入、补贴以及中长期收入的占比分别是多少才合适？这要根据不同级别的员工进行差异化的设计。在员工主要的收入构成中，基层员工应该是工资性收入占主要比例；中层员工，工资收入、奖金、分红的比例要基本相当；高层员工的分红和奖金占主要比例。图8-2是华为员工收入结构及占比。

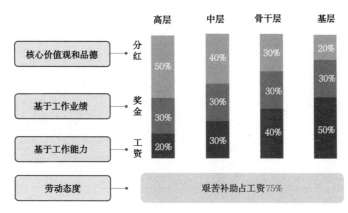

图8-2 华为员工收入结构及占比

€ 薪酬要素的结构设计

薪酬收入是指由企业在一个会计年度内直接支付给与本企业建立劳动关系的全部职工的劳动报酬，具体包括工资、奖金、加班费、津贴补贴、社会保障、商业保障、离职补偿、工资附加等。在实际操作中，企业将每个月固定发放的薪酬统称为工资性薪酬，包括工资、补助、津贴、社会保障、商业保障、工资附加、离职补偿等；将根据业绩浮动发放的部分统称为奖金。站在企业的角度，工资性薪酬和奖金之和称为薪酬总包，因此薪酬总包就分为工资薪酬包和奖金包。企业需要整体规划工资薪酬包与奖金包的结构比例。工资薪酬包是刚性支出，是员工的基本保障，短期来讲，工资薪酬包与经营业绩的好坏关联程度弱；奖金包是弹性薪酬，与经营业绩强关联，牵引员工多劳多得。企业要根据行业惯例、企业发展阶段、业绩驱动特点等设置工资薪酬包与奖金包的比例关系。这个比例关系只是总包层面的平均比例关系，具体到部门和岗位可以有差异，例如，某企业的工资薪酬总包与奖金包的比例关系是60%：40%，但是销售部门的工资和奖金的比例关系可能是30%：70%。表8-3列举了工资薪酬包与奖金包的经验性比例关系，以及适用的场景与行业，以供参考。

表8-3　工资薪酬包与奖金包比例

工资薪酬包与奖金包的比例	适用场景	典型行业、企业
30%：70%	贸易行业，依赖销售人才	贸易公司、保险经纪公司、销售部门等
40%：60%	服务性行业	教育行业
50%：50%	产供销一体化行业	制造行业
60%：40%	高科技行业，依赖技术人才	互联网公司
70%：30%	重资产行业、资源性行业	化工、矿产等

工资薪酬包

工资薪酬包又可分为经营性工资包和战略性工资包，对于经营性工资包实行弹性管控，注重人效提升，体现分灶吃饭；对于战略性工资包实行定额管控，定编管控，进行专项管理，使用一事一议方法。图8-3是工资薪酬包的结构。

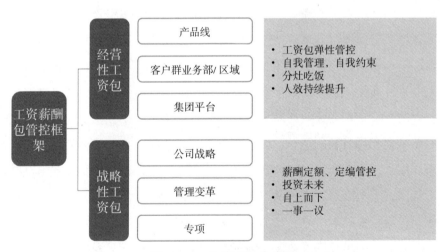

图8-3　工资薪酬包的结构

在总薪酬包中，由于工资薪酬包存在刚性，所以管理起来是非常难的，不仅预算难，滚动预测也难。为什么这么说呢？大家都知道，对于一个组织来说，假设上一年年末有1 000人，第二年即使一个人也不进，一个人也不出，一个人也不调薪，薪酬包跟上一年也肯定是不同的。因为上一年的1 000人不是每个人都是1

月就入职的，所以不是每个人都发放了12个月的薪酬，而次年的这1 000人，在前面的几个假设下，会发放全年的薪酬，所以薪酬总包是一定会增加的。当然，对于存量人员通常会有调薪，除了调薪比例，调薪的时间也直接影响薪酬包的大小；对于增量人员，人员的数量、层级、进人的节奏也直接影响薪酬包的预测。还有，对于离职人员的数量、离职时间、离职补偿都需要纳入薪酬包测算的范畴。所以，薪酬包预算是一件非常复杂的事情。

华为建立了如图8-4所示的薪酬总包预算模型。为了使预算更为准确，为公司经营管理提供支撑，通过多年的经验数据积累，华为从存量、涨薪、增量、离职四个方面进行预算和预测，为宏观管控提供了微观的支撑，使管理更加高效。

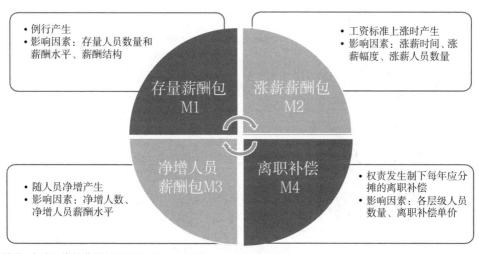

- 例行产生
- 影响因素：存量人员数量和薪酬水平、薪酬结构

存量薪酬包 M1

涨薪薪酬包 M2

- 工资标准上涨时产生
- 影响因素：涨薪时间、涨薪幅度、涨薪人员数量

净增人员薪酬包M3

离职补偿 M4

- 随人员净增产生
- 影响因素：净增人数、净增人员薪酬水平

- 权责发生制下每年应分摊的离职补偿
- 影响因素：各层级人员数量、离职补偿单价

说明：年度工资性薪酬包M0=M1+M2+M3+M4。
M1：在岗员工的存量工资薪酬包，不考虑涨薪，不含离职补偿。
M2：在岗员工的涨薪工资薪酬包，不含离职补偿。
M3：人力增量部分的工资薪酬包（调入＋新招−调出−离职），不含离职补偿。
M4：离职补偿，为各层级离职补偿预算单价×各层级人数求和。

图8-4　薪酬总包预算模型

奖金包

奖金包的生成要体现获取分享制，牵引有效增长。奖金管理机制应达到激活组织、激活员工、及时激励的目的。奖金的生成及管理机制应以作战单元为基础，不应承载过多的其他管理要求。非绩效因素的管理要求。应由其他激励要素

予以合理解决。奖金包的确定，须以企业达到基准盈利水平为前提，并通过适当的激励力度来促进企业的有效增长和经营改善。不同企业，考虑其发展阶段、业务特点等因素，应该制定适合本企业的奖金包生成机制。奖金分配要打破平衡，向高绩效者倾斜，从而发挥奖金的激励和牵引作用。奖金分配过程应及时、简单和高效，分配应向一线作战部门倾斜，以加强企业的价值创造和价值管理能力。

奖金包的生成可分为经营性奖金包和战略性奖金包。经营性奖金是针对成熟性的业务，与当年的短期业绩挂钩，多劳多得；战略性奖金主要针对一些战略项目、管理改进和重大项目，基于战略，自上而下地授予。奖金包结构如图8-5所示。

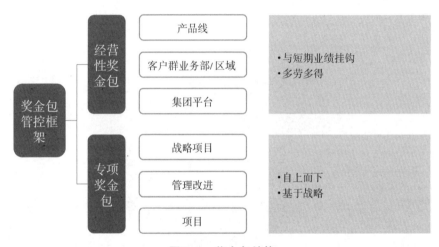

图8-5　奖金包结构

€ 岗位薪酬结构设计

基于业务场景、岗位特点做差异化薪酬结构设计，才能够有效激励员工。例如，在传统的生产制造领域，生产线上的工人用计件或计时制工资依然是行之有效的付酬方式。销售的岗位更加强调弹性薪酬，激励员工努力多打粮食。研发性的岗位更加强调基于能力的岗位工资，激励员工认真钻研技术。每个企业要根据业务特点，梳理岗位、部门价值创造的特点，并设计差异化的薪酬激励方式。表

8-4是某企业对收入构成要素给付的依据，以及激励的类型进行定义。表8-5是根据管理层级、岗位类别不同，分别设定薪酬结构的示例。

表8-4　某企业收入构成元素

序号	收入构成元素	依据	作用	属性
1	基本工资	当地最低工资标准	保健作用	固定部分
2	岗位工资	岗位价值、个人能力以及外部薪酬水平	激励作用	固定部分
3	绩效工资	组织绩效、个人绩效及个人努力程度	激励作用	浮动部分
4	业务提成/奖金	业务完成情况、个人绩效	激励作用	浮动部分
5	年终奖金	公司年度经营情况、岗位价值及个人绩效	激励作用	浮动部分
6	专项奖	员工对公司做出的特殊贡献，如创新研发、服务改善、安全维护、市场开拓	激励作用	浮动部分
7	福利补贴	国家法定福利、补助津贴、其他福利	保健作用	固定部分
8	中长期激励	与员工持续奋斗、公司中长期利益相关	激励作用	浮动部分

表8-5　某企业各岗位层级的薪酬结构

对象/结构	基本工资	岗位工资	绩效工资	业务提成/奖金	专项奖	年终奖	中长期激励	福利补助
管理族：高管层/首席	√	√				√	√	√
管理族：中层管理/专家	√	√			√	√	√	√
专业族	√	√			√	√		√
技术族	√	√	√		√	√		√
营销族	√	√		√		√		√
运营族	√	√	√	√		√		√

€ 激励期限结构设计

　　激励是否有效很重要的一点是激励要及时。激励越滞后,同样的激励强度激励效果会变差,这是因为需求的延迟满足会导致需求效用下降。在激励机制设计的过程中要特别注重激励的时效性,要在时间维度上对员工进行及时的持续的激励。尤其是对中基层员工,他们的内驱力还未形成,对自我价值的认知更多的是来自外部的认可,这就需要设计更加及时的激励机制,随时对他们的行为和结果进行认可,员工就会重复某种行为。这就是为什么人们很容易沉迷游戏,因为所有的游戏都是即时激励,你只要做到某个行为,它马上对你进行正向或负向的反馈——升级打怪获得勋章和盔甲的激励,吸引你继续玩下去。由于互联网技术的发展,信息和反馈越来越及时,面对需求的延迟满足,人们普遍缺乏耐性。激励机制的设计要在员工延迟满足导致效用下降和员工的价值贡献需要时间验证之间找到平衡,这就需要设计短、中、长期激励机制的组合,对员工进行持续有效的激励。图8-6为激励期限结构设计框架。

图8-6　激励期限结构设计框架

一、即时激励

即时激励就是对员工的行为或阶段性成果即时做出肯定的回应，重在即时，"激励不过夜"。即时激励是员工行为的塑造系统，要根据企业的文化和价值观，明确提倡什么，反对什么。更针对行为本身，与业绩结果关联度弱。即时激励应对准基层员工的关键事件和关键行为。即时激励更强调精神层面的激励，如发奖券、发小红花等，不关联大额的物质激励。即时激励的标准要适当宽松，由激励授予人根据原则自主判断，避免复杂的评价标准和流程。

华为的主管可以给员工发放荣誉券，荣誉券相当于一种内部货币，可以在华为内部超市购买商品。它的"面值"并不大，更多地代表着荣誉。荣誉券发放给哪些人，什么时候发放，由主管全权决定，所以能够形成对员工的即时激励。这是一套员工行为的塑造系统，任何值得鼓励的员工行为，都可以通过即时的荣誉券发放进行肯定和认可。

二、短期激励

短期激励机制主要对应的是工资管理机制，是每个月发放的固定薪酬部分，它主要解决员工基本报酬的问题。虽然每个月发放相对固定的金额，但动态来看，每个人发多少，什么人什么时候可以涨工资和降工资，而且这在工资是员工生活的基本保障的情况下，对员工更加敏感，因此工资机制是企业最基础的激励机制。

三、专项激励

企业应对员工取得业绩成果进行专项激励，改变奖金一年一次的评议方式，加强奖金评议和发放的及时性，强化过程激励、项目激励，提高激励效果，将激励提前，导向冲锋。专项激励的时间跨度是根据项目或者项目阶段性成果呈现的时间来定的，可能是几个月，也可能跨年度，但不会像月度工资或者年度奖金那样，有明确的时间点。专项激励是成果导向，而不是行为导向。专项激励强调物质激励，而不是荣誉激励。专项激励主要是针对战略贡献或者一些关键的任务项来设定的，解决战略和关键任务有效落地执行的问题。专项激励重点针对基层作

战团队，让员工感受到回报与贡献挂钩，从而导向冲锋。专项激励机制应保证及时兑现，根据项目里程碑或激励周期，将奖金及时沟通支付到员工个人，从而保证激励的及时性。

四、中期激励

中期激励机制指有相对明确的发放时间，并基于业绩结果的完成来发放奖金的激励机制，如季度绩效奖金、半年度奖金、年度奖金。在实际操作中，中期激励主要指年终奖，时间跨度为一年。企业根据年度的经营业绩，核算企业总的奖金包，然后再分解到部门，发到个人。中期激励主要适用企业管理层和骨干员工，他们的业绩用一年的时间来评价更合适，激励管理层聚焦年度目标的达成。

五、长期激励

长期激励主要指企业授予员工的股权激励或者虚拟股权激励，从而与员工形成长期的利益关系，鼓励员工为企业长期价值做贡献，长期吸引和保有优秀人才，提升企业竞争能力。长期激励适用于企业的核心价值创造者，尤其是主要经营管理层。

总之，分钱要有结构上的设计，多劳多得不应该停留在概念上，还要看企业让员工劳什么，得什么，设计好"劳"的内容和"得"的机制，才能看到激励机制的成效。多劳多得不应仅停留在工资和提成的结构设计上，需要更有针对性地进行结构化设计。每一条机制背后都是员工努力或不努力的心思，企业用对了激励机制，才能完全激发每个员工的潜力。

第九章

即时激励：激励不过夜

人们常说，激励的效果无法持久。其实，洗澡也是一样。这就是我们建议每天都要做的原因。

——吉格·金克拉

即时激励是员工行为塑造系统，要想鼓励某种员工行为，就应该即时表扬，员工在得到肯定和认可后，就会愿意重复某种行为。为了塑造员工高绩效行为，可以设计即时激励机制，让表扬通过某种载体进行呈现，让表扬通过仪式感进行强化。这种即时激励的载体可以是小红花、点赞贴、荣誉券、积分券等，仪式感可以是授予锦旗、颁发奖状、优秀事迹宣导等。即时激励一般适用于集中办公、年轻人比较多的企业。即时激励可以在企业层面统一设计，也可以在各个部门内部单独设计。下面用一个实际案例说明即时激励设计的方法和步骤。

案例背景，该企业为一家300人左右的时尚服装企业，员工基本在一个办公楼里集中办公，而且年轻人较多，职业化程度低，大部分有个性的员工在工作中比较任性。该服装企业的业务包括服装设计、打样、生产、销售等，业务流程比较长，内部管理相对粗放，部门之间经常出现推诿、扯皮、抱怨等现象。为了激发员工的工作热情，营造良好的协作氛围，提升组织活力，该企业设计了即时激励机制，其步骤如下。

€ 第一步：认识即时激励

推行即时激励的时候，非常有必要对员工宣讲什么是即时激励，为即时激励的推行营造良好的氛围。该企业通过一个小故事来引入即时激励，让普通员工更有亲切感，该故事如下。

美国一家名为福克斯波罗的公司，专门生产精密仪器设备等高技术产品。创业初期，在技术改造上碰到了若不及时解决就会影响企业生存的难题。一天晚上，正当公司总裁为此冥思苦想时，一位科学家闯进办公室阐述他的解决办法。总裁听罢，觉得其构思确实非同一般，便想立即给予嘉奖。他在抽屉中翻找了好一阵，最后拿出一件东西躬身递给技术专家说："这个给你！"这东西非金非银，而仅仅是一只香蕉。这是他当时所能找到的唯一奖品了，而科学家为此非常感动。因为这表示他所取得的成果已得到了领导人的承认。

即时激励，就是对员工的行为或阶段性成果即时做出肯定的回应。所以，即时激励重在即时、马上，"激励不过夜"。

€ 第二步：员工分组

将公司员工分成15个小组，通过分组来激发团队与团队之间的相互竞争的氛围。分组基本按照公司的组织结构来划分，对于某些小部门进行适当合并，大部门进行适当的拆分。每个小组设有一名小组长，一般由部门经理来做组长，主导本小组的"即时激励"工作，每月15日发放"荣誉券"给组长。除了组长，还发放一定数量的"荣誉券"给部门总监，总经理可以无限制地使用"荣誉券"。分组和荣誉券发放如表9-1所示。

表9-1　即时激励分组和荣誉券发放

组　别	部　门	组　长
第1组	A 设计部	张 XX
第2组	B 设计部	李 XX

续表

组　别	部　门	组　长
第 3 组	技术部	王 XX
第 4 组	A 营运部	XXX
第 5 组	B 营运部	XXX
第 6 组	市场部、企划部	XXX
第 7 组	超级卖手	XXX
第 8 组	成品仓	XXX
第 9 组	电子商务部	XXX
第 10 组	生产部	XXX
第 11 组	采购部	XXX
第 12 组	面辅料仓、跟单部	XXX
第 13 组	品控部	XXX
第 14 组	财务部	XXX
第 15 组	人力资源行政部	XXX

€ 第三步：分配荣誉券

设计精美的并有不同分值的荣誉券，便于针对员工不同的优秀行为，给予员工不同的荣誉券。荣誉券设计分为三种面值：1 000分、2 000分、5 000分，并分配不同数量的荣誉券给不同层级的发券人，具体如表9-2所示。

表9-2　各层级可发放荣誉券数量

类　别	荣誉券发放数量	备　注
小组长	10 个 1 000 分	每月必须发完，剩余券作废
总监组	10 个 1 000 分 5 个 2 000 分	每月必须发完，剩余券作废
总经理	无限制使用 1 000 分、2 000 分及 5 000 分	

荣誉券使用说明：

（1）每1 000分相当于20元现金券。

（2）该券可在公司小卖部购买商品或者购买公司产品。

（3）该券经过签发人签发生效。

（4）奖券可在公司内外自由流通，可赠送。

（5）奖券使用有效期为一年。

€ 第四步：发放荣誉券

为了鼓励部门之间相互协作，避免部门本位主义，同时还要鼓励部门之间相互竞争，形成争先恐后的组织氛围。对荣誉券的发放规则要求如表9-3所示。

表9-3　荣誉券发放规则

发券人	发放规则
小组长	40%的奖券可发放至本部门，不少于60%的奖券必须发放至其他部门
各总监	50%的奖券可发放至本部门，不少于50%的奖券必须发放至其他部门
总经理	无限制

一件事情仅限奖励一次。原则上，即时激励应"主动给予"而非"被动索取"。如有索要奖券的情况，可匿名投诉至人力资源行政部（投诉电话，XXXXXXXX；投诉邮件，xxx@163.com），一经核实，取消该奖励，退还奖券至人力资源部

如果发券人（管理层）觉得某项行为值得表扬，或某项工作完成情况优秀，需要给予即时激励，则可马上给予员工荣誉券，给予荣誉券时可以视情况给予不同分值的券。给予荣誉券时，需要按照如图9-1所示的要求填写相应的信息。

人力资源行政部收到副券后，当日编写得分情况的通知，通过企业QQ通知给全公司员工。通过公开发送优秀事迹表彰荣誉券，进一步提升员工的荣誉感。

第五步：汇总及排名

在企业办公室的主要入口处或主要的墙面设置如图9-2所示的即时激励龙虎榜，对各个团队获得的荣誉券的累积得分进行排名公示，激发员工的集体荣誉感。

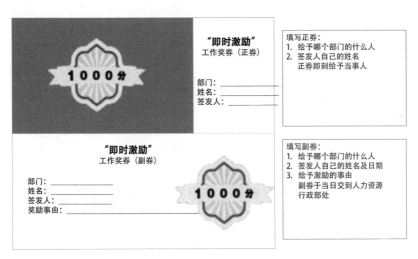

图9-1 荣誉券填写示例

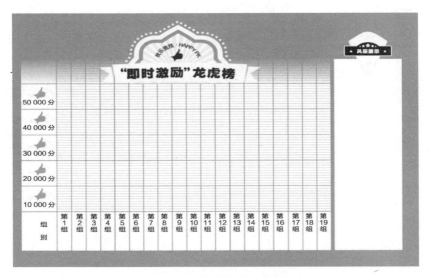

图9-2 "即时激励"龙虎榜

€ 第六步：奖励

（1）每个月的个人积分冠军，由总经理单独颁奖（书、电影票等）。

（2）每个月的团队积分冠军奖授予流动红旗。

（3）每年的个人积分冠军，奖励iPhone手机一部。

（4）每年团队积分冠军奖励一万元现金。

该企业通过实施即时激励，员工的工作热情明显上升，部门之间的协同氛围明显增强，主动配合、相互支持明显增多，员工推诿、扯皮、抱怨的现象明显减少，企业充满了正能量。而且员工获得即时激励荣誉券之后还可以二次流通，员工与员工之间还可以用自己获得的荣誉券进行相互之间的激励。企业用在即时激励的总成本也比较低，平时发放荣誉券的现金兑换和小奖品共花费5万元，年底团队和个人冠军花费1.4万，全年费用为6.4万元。

第十章

工资：以岗定级、以级定薪、人岗匹配、易岗易薪

管理的第一目标是使较高工资与较低的劳动成本结合起来。

——泰罗

在企业里面，工资是最热门的话题，也是企业最基本的利益分配机制。工资的概念虽然人人都不陌生，但经常存在不同的理解，总体而言，工资有广义和狭义两种解释。广义上，工资是雇主或者法定用人单位依据法律规定、行业规定或与员工之间的约定，以货币形式对员工的劳动所支付的报酬。广义上的工资包含了所有支付给劳动者的货币报酬，包括基本工资、职务工资、岗位工资、绩效工资、工龄工资、提成工资、津贴工资、奖金等。而狭义上的工资主要指定期发放的固定工资，不包含浮动工资，如绩效奖金、业务提成、工龄工资、津贴工资、奖金等。本章讨论的工资主要指每月定期发放给员工的固定工资。

工资是一家企业最基本的薪酬机制，它主要解决员工基本报酬的问题，是员工生活的基本保障。企业在设计工资的薪酬机制时，除了考虑员工的基本生活保障，更多的是要考虑工资如何吸引和激励员工。一般来讲，工资机制的设计要考虑如下因素：

（1）基本的安全保障。在员工与企业的关系中，员工相对处于弱势，是风险

较大的一方，员工有不安全感，所以员工希望企业能与其签订合同，能为其买保险、及时发放工资，这都是源于安全的保障性需求。作为企业管理者必须重视这种需求，这也是企业的社会责任。一般来讲，企业会将企业所在地政府部门规定的最低薪酬标准作为企业的最低工资，这就是为了满足员工最基本的安全保障。

（2）吸引人才的保障。在薪酬体系设计时要遵循：对外具备竞争力，对内具备公平性，对个体具备激励性。企业发放给员工的固定工资，是员工预期最具有确定性的收入，也是员工选择是否加入企业的关键考量因素，也是最容易进行内外比较的薪酬收入。因此，固定工资就直接决定了企业对员工的吸引力。

（3）激励员工的保障。企业在设计工资薪酬机制时，会设计差异化的等级工资制，这样做的目的是激励员工通过持续提升自己的能力或者承担更大的责任，为企业做出更大贡献，从而获得更高的工资待遇，体现按劳分配的基本原则。

正因为工资设计要考虑上述三个方面的诉求，让工资管理变得复杂起来，企业经常遇到问题如下：

（1）工资给付的依据是什么？

（2）工资的级差如何设定？

（3）每个岗位的价值如何评估？

（4）每个人的能力如何评估？

（5）薪酬档级表与岗位价值的映射关系如何设定？

（6）工资的动态调整机制如何制定？

€ 基于责任能力的职能工资制

职能工资就是按照责任和能力大小支付薪酬的工资管理机制。职能工资制的核心是基于能力为员工支付报酬。员工能力是组织能力的基础，只有高能力的员工构成的组织在市场中才具有竞争力，并且以组织整体方式呈现出来的竞争力，是其他企业难以模仿和获得的。为了达到增强自身竞争力的目的，企业必须鼓励员工不断提高自己的能力，并根据员工的能力差异作为向其支付报酬的基础。职能工资的确定，首先要区分能力差异，这就需要建立一套对能力进行分类、分级的体系，这个体系就是任职资格体系，即员工在工作中所需的知识、技能、经验和行为标准等。职能工资制的重点在于职业化任职资格标准和能力评价体系的建立。员工根据任职资格标准，通过自我能力的提升，并经过认证，就可以晋升，并获取加薪的机会。

很多企业采取的是职务工资，根据员工担任的职务进行工资的核定与发放。职务工资制基于职务，发放的对象是职务。这就导致了员工的"官本位思想"，只有当官才能涨薪。另外，企业也不可能有太多的职务提供给员工。在以职位为基础的薪酬体系中，每个员工都牢牢固定在各个职位上，很少有晋升的机会，这样就很难激励员工不断学习新的知识和技能。而职能工资制基于员工能力，发放的对象是员工能力，职能工资制相比职务工资制要科学、合理得多，因为它把员工的成长与公司的发展统一起来考虑，而不是把员工当机器。

职能工资制的优点是强调工作能力是个人工资多少的衡量标准，鼓励员工提升工作能力，从而承担更大的责任。员工的能力是决定工资的最主要因素，所以即使不担任某一职务，但其能力经考核评定被认定有资格从事某个职务，则就可以支付与这一职务相对应的工资。这就排除了因职务有限而使员工失去发展动力的情况。

职能工资制的缺点是员工本身的工作能力很难精准测量。职能工资制是一种基于能力的薪酬体系，如果对能力定义不准确、标准不清晰，必将导致整个薪酬体系的不合理。所以，在设计职能工资体系以前，企业首先需要制定出符合自身特点的能力体系，也就是任职资格体系。任职资格体系描述的不是抽象的能力概念，而是在对所有职位根据性质分类的基础上，对每一类职位建立其各自的能力级别和标准。这项工作需要企业投入比较大的精力，因为这是整个职能工资体系，乃至整个基于能力的人力资源管理体系的基础。

在职能工资制中，由于员工的薪酬待遇与个人晋升及职业发展有了较好的结合，员工具有不断学习新的知识、技能的动力，那么企业一方面要建立配套的学

习与发展体系，对员工的能力提升进行牵引与评价。同时，还通过绩效管理牵引员工运用知识和技能来提高工作绩效，并把绩效结果作为任职资格评价的必要条件，以验证员工运用知识、技能产生成果的能力。只有产生绩效的能力才是真正的能力，而不是脱离绩效贡献为了学习而学习。基于职能工作制，通过企业任职资格体系，有助于企业成为学习型组织。

€ 基于岗位价值的职务工资制

职务工资制是依据任职者在组织中的岗位确定工资等级和工资标准的一种工资制度。

职务工资制基于这样一个假设：岗位任职要求刚好与任职者能力素质相匹配，如果员工能力超过岗位要求，意味着人才的浪费；如果员工能力不能完全胜任岗位要求，则意味着任职者不能胜任岗位工作，无法及时、保质保量地完成岗位工作。

职务工资制的基本理念是：不同的岗位创造不同的价值，因此不同的岗位给予不同的工资报酬；同时，企业应该将合适的人放在合适的岗位上，使人的能力素质与岗位要求相匹配，对于超过岗位任职要求的能力不给予额外报酬；职务工资制鼓励员工通过岗位晋升来获得更多的报酬。

目前，职务工资制在各类型企业中都有广泛应用，其优点是：

（1）薪酬分配相对公平。职务工资制是建立在规范的工作分析基础之上的，通过岗位评价确定各岗位价值，确保薪酬分配的内部公平；通过对关键岗位进行针对性的市场调查，从而可以实现薪酬分配的外部公平。

（2）简明易懂，可操作性强。职务工资制明确了各岗位的工资数额，使员工易于理解并接受，能够增加薪酬的透明度；职务工资制操作简便，易于维护。

（3）易于考核。因为岗位职责明确、责权匹配，因而对员工的绩效考核易于推进和取得成效。

（4）成本可控并且较低。因为岗位工资标准明确，岗位编制确定，因此测算岗位工资比较准确、容易。另外，由于没有对超过岗位要求的能力给予报酬，因此工资成本相对较低。

职务工资制的实行需要企业具备一定的管理基础：第一，能将公司岗位划分为合适的序列和层级，能明晰各岗位的责权匹配，同时对各岗位的任职资格有明确的认定；第二，可以识别员工的能力素质，并将合适的人放在合适的岗位上，尽量减少"人才浪费"以及"拔苗助长"的现象。

职务工资制也有以下不足之处：

（1）职务工资制要求责权匹配，在某个特定岗位的员工，往往只关注自己岗位的工作，对自己职责范围之外的工作通常漠不关心，这对团队氛围的养成是不利的。

（2）缺乏灵活性。由于职务工资制对各岗位的工资数额都有明确规定，因此在操作上不够灵活。

（3）使用范围有一定限制。职务工资制适用于大部分岗位工作，但对某些知识密集型岗位以及需要丰富经验的岗位（诸如咨询师、顾问、互联网企业不确定性极强的岗位等），使用职务工资制便存在一些问题。对于这类性质的工作，虽然岗位相同，但不同任职者创造的价值可能差别非常大，实行职务工资制对薪酬的公平目标提出了挑战。

（4）不确定时代的挑战。在目前不确定的环境下，企业未来的发展方向，能力储备等受到快速迭代的挑战，岗位的职责本身就具备很高的不确定性，也就从根本上动摇了职务工资制。

€ 基于市场价值的协议工资制

协议工资制又称谈判薪酬制，主要是企业与受聘员工按照相关规定以及人力资源市场的平均价格，依据工作的复杂程度就受聘员工的薪酬水平当面进行协商并确定，并且以签订合同的形式达成协议。在这种情况下，受聘员工的薪酬主要取决于劳动力市场的供求状况以及企业实际的经营状况。协议薪酬制度是以企业方与受聘员工方就薪酬方面达成一致意见，并通过合同制度的保护后才生效、使用的。在这种情况下，一般需要企业与受聘员工对协议的内容进行保密。

协议工资制的实行有利于维护企业与受聘人员的合法权益，使双方在聘用关系上更为和谐、稳定、安全。实行协议工资制，也可以使员工之间的学历、资历的限制变得微乎其微，使员工能够感受到企业是以能力决定薪酬的，不仅能够让技术、管理等要素参与到薪酬分配当中，也能够使员工之间的攀比现象减少，员工之间的矛盾以及恶性竞争随之减少，企业也因此变得更加稳定，形成较为和谐的人力资源管理关系和较为团结的企业文化氛围。同时，由于协议薪酬是企业与员工双方共同协商的结果，因此工资水平在双方都能够接受的范围内，这样就避免了一些不必要的纠纷以及矛盾，且能够较好地调动员工的工作积极性。

协议工资制因为其灵活性，对于企业获取市场高端人才、特殊人才具备较高优势。同时，协议工资制在实行的过程中也存在一定的缺点。由于协议工资制是与企业和员工之间的谈判能力、人际关系相关的，因此弹性比较大，有时候并不一定完全符合人力资源市场的相关规律，很容易出现同工不同酬的状况。因为协议工资制是在相对保密的环境下形成的，有些时候由于体制、仲裁以及监督机构的不健全，很有可能会出现以权谋私、营私舞弊等现象，还会造成薪酬不合理的状况。

协议工资制还包括一种情况，就是集体协议工资制，也就是说薪酬决定于劳动力市场上劳动与资本之间的分配比例。集体协议工资主要是避免了员工与雇主之间的相对不公平或不合理的薪酬分配现象，但同时又带来了较高的管理难度。

故此，协议工资制，建议使用在特殊（部分）岗位上，体现其优势，亦需控制其风险。

€ 基于结果导向的复合工资制

人力投入与产出是一系列的因素联动引发的结果，单纯从某一因素或维度来进行薪酬的设计，本质上是不科学的。合理的薪酬体系应该导向"多劳多得"的朴素观念，以结果产出为最终的设计逻辑。

以结果为导向，又考虑员工能力的提升的工资制度为复合工资制，复合工资制的实现形式表现为宽带薪酬。宽带薪酬打破了传统的薪酬结构所维护和强化的职位等级观念，减少了员工之间的等级差别，有利于创造学习型的企业文化，有助于组织能力的提升，增强了组织结构调整的灵活性，使企业能更有效地适应外部环境的变化。传统的职位等级的薪酬结构，员工的薪酬增长往往取决于个人职务的提升而不是能力的提升，即使能力达到了较高的水平，如果企业中没有空缺的职位，员工仍然无法晋升到更高的职位并获得更高的薪酬。而宽带薪酬打破了原来只有职位晋升才能加薪的办法，给予员工较大的成长和加薪空间，有利于员工技能的不断提升。另外，宽带薪酬还有利于企业组织成员之间开展团队合作，减少了职位等级差别导致的官僚主义。宽带薪酬没有职位等级的约束，员工基于岗位和能力付酬，有利于员工进行跨部门的调动，增强了组织的灵活性。

宽带薪酬为实现复合结构工资制提供了基本实现前提，可以通过薪酬结构的设计与优化，将复杂的生产活动与贡献的关系体现在不同的薪酬结构中。

薪酬结构与岗位的薪酬对应关系，不同的企业有不同的做法。一岗一薪、一岗多薪等，可以跟随贡献特点，设定不同的薪酬结构。在坚持以岗定酬的同时，考虑个人能力、贡献等的差别因素，因此更加注重内部的公平性；选择什么样的薪酬结构策略，取决于企业的企业文化、行业特征、岗位特征等多种因素。一般情况下，应该给员工提供足够的晋升空间，尤其是专业技术岗位（知识工作者），有利于员工不断提升能力，打造学习型组织。复合结构工资制的常见思考模式如表10-1所示。

表10-1　复合结构工资制的常见思考模式

结构因子	激励因素	实现方式工具	备　注
基本工资	雇佣基础成本	职位评估	
岗位工资	岗位价值		
能力工资	个人能力水平	任职资格	
绩效类奖金	业绩成果	绩效奖金 业绩奖金等	
福利（特殊）	特殊岗位/人才福利	特殊福利政策	如艰苦地区补贴
福利（普通）	常规福利		

€ 复合结构工资制操作方法

为了保持竞争地位，组织应该根据劳动力市场的波动做出薪酬调整。首先，应该检查组织的薪酬结构。薪酬结构是几乎所有员工薪酬计划的基础，它代表了一个组织内的职位等级和工资区间。这些结构既反映了内部职位价值排序，又反映了与外部市场职位价值的相关性。

职位的相对价值（由工作内容和劳动力市场分析共同决定）越高，其薪酬等级和区间就越高。薪酬等级和区间是由可比较职位的市场工资率（外部竞争性）和工作内容的相对价值判断（内部公平性）共同决定的。

开发薪酬结构的流程包括以下几个步骤：

- 工作分析。
- 职位描述（职位说明书）。
- 职位评估。
- 收集和分析劳动力市场数据。
- 工资与奖金的比例设计。

一、工作分析

工作分析是获得有关岗位职责重要相关信息的系统流程，这些信息构成了工作内容。出于薪酬的原因，这项工作必须阐明工作的性质，包括任务和责任，以及目前工作的层级。如果可能，还应该包括胜任职位要求的各项职责所需要的技能或知识水平。工作分析的第一步就是决定需要收集什么信息。这些信息应该包括开展工作所需要的知识、技能、脑力和体力消耗，以及工作职责。

工作分析的功能：

- 基于培训的目的，记录工作方法和流程。
- 为基于职位相关标准的绩效评估提供相关的基础信息。
- 确定职位族、职业生涯通道和继任计划。
- 为了职位任命、招聘和甄选的目的，确认完成工作所需要的任职资格。

- 决定一个职位是否还应该以目前的形式存在。
- 开发职位价值序列。
- 确认组织设计元素，保证规划过程的成功。
- 解释市场中某个职位比另一个职位价值高的原因。

二、职位描述

职位描述是关于工作的性质和该职位层级的具体描述，通常也被叫作《职位说明书》，一般包括具体的职责、责任以及工作所需要的任职资格条件。职位说明书应该描述并且聚焦于工作本身，而不是任何从事该工作的人。

从市场定价的角度来看，职位描述在评估工作内容与市场上其他职位的联系时很有必要。职位描述在以下人力资源管理工作中也是必要的：

- 确保将员工指派到合适的职位中。
- 支撑工作内容评估。
- 支撑薪酬数据调查（如果职位能够匹配的话）。
- 必要的时候，向员工进行解释或者辩护特定的薪酬计划决策。
- 辅助人才吸引和甄选的措施。
- 建立绩效标准。
- 支撑组织设计。
- 帮助员工建立职业通道。

我们在上文中论述过，《职位说明书》在实际人力资源管理工作中，由于外部环境快速变化，岗位职责也在快速变化，其作用在逐步减弱，但是并不意味着岗位描述这项工作被工作流程所淘汰，而是工作方式与流程发生了变化。简易记录，快速迭代成为《职位说明书》的管理核心。

三、职位评估

职位评估是正式、系统地决定一个公司职位相对价值的流程。通常公司会使用职位评估来确保公司薪酬系统的内部公平性，职位评估是对职位而不是对员工

进行的评估和估价。

在开发职位价值排序时主要有两种基本的方法论。一种方法论是强调从市场数据开始，另一种则是强调从工作内容开始。在这两种情况下，工作内容都是重要的，只是起始点不同。每一个雇主都需要决定什么样的方法能够满足组织的需求。在很大程度上，采用何种方法取决于组织内可独立的职位数量，以及薪酬项目设计、套入和维护所需要的资源，劳动力市场的状况也同样至关重要。

1. 非定量方法

职位评估的两个主要目的是：开发组织内部比较的标准和衡量组织内职位相对价值的指标。对于大多数组织而言，工作的内部相对价值与外部竞争性同样非常重要。

职位评估主要是基于组织寻求使雇员感觉"与内、外部的同龄人相比，自己获得了公平的报酬"的薪酬理念或者薪酬战略。

排序法是最简单的职位评估方法。一般来说，组织会使用整体比较的方法，并且按照价值从高到低的顺序对职位进行排序。值得注意的是，排序只是让组织明确每个职位在组织职位价值序列中的位置，并不能说明不同职位之间的工作关系远近。

典型的组织职位价值排序需要按照以下三个步骤进行：

①分析工作内容并形成职位描述文档。

②识别选中的职位群体（也叫职位集）。

③在职位集中对职位进行排序。

配对比较法是另一种非量化方法。当需要对大量职位进行职位价值评估时，这种方法比简单排序法更加高效。配对比较法需要将每个职位单独与组织内其他职位进行比较，在比较的过程中，记录价值相对较高的职位。根据职位在配对比较过程中"胜出"的次数，建立职位的价值排序。在配对比较法中，不同职位"胜出"次数相同是非常有可能的，如果需要对这些职位进行进一步的区分排序，就可以使用整体排序法。

一般而言，典型的配对比较法将遵循以下四个步骤：

①确定需要比较配对的数量。

②对每一对职位进行比较，并且选择价值更高的那个职位。

③确定每个职位"胜出"的次数。

④对职位进行排序。

在职位评估中，排序法和配对比较法各有其优劣。在大多数情形中，排序法和配对比较法都比较容易管理和执行，成本也较低，参与评估的人也只需要进行简单的培训。但是，由于职位以整体的方式进行评估，因此，会出现一些显而易见的问题。其中最明显的缺点是，评估者之间对职位价值的判断存在潜在的不一致性。职位描述文档也许无法详细记录职位之间的差异，因此不同的评估者对职位做出基准一致的评价是十分困难的。此外，如果职位比较相似，在职位评估过程中可能会忽略职位的某些重要维度，因为职位细节被忽略了。企业职位较少，工作交流密切时，可使用类似方法。

2. 定量方法

在职位评估过程中，相对于非量化评价方法，量化法可以进行更加精确的定义和评估，其中，数据变动的空间非常小。当进行量化工作评估时，要确保所选定的评估职位价值的因素不会歧视某类特殊的群体和员工。此外，为了满足组织的需求，平衡量化法的复杂性和灵活性是非常重要的。

点因素法在内部职位评估中是种最为常见的方法。这种方法可以评估职位的各个具体方面和付酬要素，为职位的各要素赋予权重并划分层次。这是一种给每个付酬因素赋值的方法，也是使用最为广泛的职位评估方法。目前最常使用的工具为海氏（Hay Group）评价系统和美世（Mercer）职位评估体系两类。

已经识别、分析、描述和评估了组织中需要被市场定价的职位，接下来就要收集选择出来的标杆职位的市场数据。收集这些数据的流程是市场定价的一部分。

四、收集和分析劳动力市场数据

很多雇主基于外部市场数据来建立他们自身的职位价值序列。例如，雇主给

雇员支付的薪酬水平是根据其他雇主给类似职位支付的薪酬而确定的。为了正确使用市场数据建立职位价值序列，雇主应该确定相关的市场，并且能够收集到超过本组织50%的职位的外部市场数据，其他的职位随后会被合适地"套入"薪酬结构。

收集市场数据的总目标是就组织薪酬计划做出信息准确的决策，这些决策包括职位定价、分析薪酬趋势、识别薪酬水平和建立职位价值序列。有许多信息收集方法和因素可以帮助我们决定应该使用什么方法。

注意：在收集和分析薪酬调查数据时，应该确定调查中的职位描述与组织中的职位是否有可比性。如果有，使用调查数据是有效的。如果职位描述是不正确的、不完全或者过时的，可能会导致无效的比较和决策。

通常采用的数据获取方式为：

- 购买公开发布的调查数据。
- 与第三方合作进行薪酬调查。
- 使用免费的数据来源。

在确定员工工资的时候，可以选择典型人群直接根据当地的生活成本来确定典型人群的工资，其他人员参照典型人群和典型岗位的工资进行适当浮动，形成宽带薪酬档级表。工资是员工生活的基本保障，用量化的方法表达就是工资收入要大于等于生活成本（衣食住行）的80%，其余20%用于安全储蓄等，下面举例说明。

在深圳，一个25岁的本科毕业生，他的基本保障的工资应该多少呢？

第一，租赁或者按揭费用：3 000元。

第二，基本生活开支：1 000元。

第三，购物休闲生活及交通费用：2 000元。

第四，节假日费用：1 000元。

第五，不可预测的费用支持：1 000元。

25岁的本科毕业生，个人工资收入应该在8 000~9 000元，税前工资应该在9 000~11 000元。

25~30岁，由于结婚、购房等需求，工资收入应该为每月10 000~12 000元，税前工资应该在15 000元左右。

30~36岁，考虑到孩子教育和赡养父母，工资收入应该为每月15 000~18 000元，税前工资应该在20 000元左右。

五、工资与奖金的比例设计

尽管职位的固定现金报酬对任职者非常重要，但是工资/奖金组合至少拥有同等的重要性，因为它直接影响员工扣税后的实得工资和现金流。工资/奖金组合一般以比率的方式表现（如50/50或70/30），其中第一个数字表示目标报酬中的基本工资比率，第二个数字表示目标工资中为激励达到期望绩效或者目标绩效的风险报酬，因为工资/奖金组合体现了风险报酬的比例，那么拥有较激进组合（现金报酬中50%及以上的部分是奖金）的职位的工资现金流就比较难预测，而拥有较为保守组合（现金报酬中25%及以下的部分是奖金）的职位的工资现金流则非常容易预测。

那么，确定岗位的固定与浮动比例时，应该充分考虑岗位特性与企业当期目标导向，整体来说：薪酬越高，级别越高的人员，离市场越近的人员，主观能动性对业绩影响越大的人员，浮动比例越高。薪酬组合参考因素如表10-2所示。

表10-2 薪酬组合参考因素

销售流程
- 交易性的（更高的浮动薪酬）
- 顾问性的（较低的浮动薪酬）
- 以产品为中心（更高的浮动薪酬）
- 以关系为中心（较低的浮动薪酬）
- 大量、频繁的销售（更高的浮动薪酬）
- 较少大规模的销售（较低的浮动薪酬）
- 较长的销售周期（较低的浮动薪酬）

续表

在过程中承担的角色
- 团队成员（较低的浮动薪酬）
- 影响购买行为的关键角色（更高的浮动薪酬）
- 仅提供引导、接触或者合同履行的工作（较低的浮动薪酬）
- 提供关于产品、客户或者市场区域的关键专业能力（较低的浮动薪酬）
- 销售成功所必需的知识（更高的浮动薪酬）

产品或服务的类型
- 商品（更高的浮动薪酬）
- 特殊或者传统（较低的浮动薪酬）
- 按价格销售（更高的浮动薪酬）
- 按价值销售（较低的浮动薪酬）

€ 参考案例：华为工资管理的方法

华为员工工资的确定是基于职位责任、实际贡献和实现持续贡献的任职能力。对于每一个级别、每一个岗位工资的确定，既要考虑对外的竞争性，也要考虑内部的激励性和公平性。员工的学历、工龄、社会职称等不作为其工资确定的要素。

工资管理要使华为的工资具有市场竞争力，对外部优秀人才具有足够的吸引力，激励和保留优秀员工。为了确保基本工资的吸引力，华为将主要业务竞争企业或主要人才竞争市场作为公司员工工资的市场对标对象。为了满足公司在不同发展阶段的激励需求，工资的市场定位会参照当地市场工资水平和当地的人力竞争情况，以保持工资水平，使其具备一定的市场竞争力。由于市场工资水平不同，因此不同的国家和地区可以有不同的工资标准对照表，按属地化原则管理。人力资源部门应每年定期审视工资的市场变动情况，根据激励需求提出工资标准对照表的刷新方案，以保证各地工资水平的市场竞争力。

从员工层面来看，华为有两种基本的付酬方式，一种是普薪制，一种是年薪制。普薪制就是完全按照华为的工资框架来进行员工管理，每个员工基于岗位责任、任职资格和绩效来确定工资水平，其薪酬收入按照公司普通的薪酬制度来管理。年薪制是一种以年薪包为基础的薪酬承诺制度，一般用于职级比较高的员工。工资水平超出了公司普通薪酬制度的起薪框架的特殊价值人员，以年薪制聘用，不参加公司饱和配股计划。对于年薪制员工的工资部分的设计要在考虑候选人期望值的同时，突出公司业绩导向的激励特点，加大绩效浮动奖金部分的比例。绩效浮动奖金要与个人的绩效紧密联系，将其本人业绩与部门、公司业绩密切结合。年薪制员工在经过1~2年的考察期后，对于认同公司文化，愿意与公司共同发展，并能长期帮助公司进行体系能力建设和管理能力提升，可以委任重要岗位和职责的年薪制人员，经双方协商后可将年薪制转为普薪制。

80%以上的华为员工是适用普薪制的，华为普薪制管理的关键是工资框架管理。工资框架管理就是对华为员工的工资进行管理。公司的工资是指公司基于人才市场的竞争需求和员工所承担的岗位职责和工作绩效，定期支付给员工的一种薪酬形式，一般按月支付。工资标准对照表是基于岗位和级别的宽带薪酬。

华为的工资管理遵循"以岗定级、以级定薪、人岗匹配、易岗易薪"的管理原则，员工个体工资调整的影响因素包括个人职级（含任职胜任度）、个人绩效以及工资市场竞争力，同时要结合公司的财务支付能力予以综合考虑。个人职级（含任职胜任度）对应的工资标准对照表是工资调整的主要参照。个人绩效对工资调整结构的影响主要通过绩效调薪的方式体现，绩效越好调幅越大。在艰苦区域工作的员工在实际承担岗位职责后，可以在其所承担岗位职级和个人职级的相对高值所对应的工资区段进行调薪。对于竞争性岗位，应通过提升职位职级以体现价值差异，从而提升薪酬竞争力和激励效果。

为了让工资有更好的激励作用，体现岗位能力和责任的差异性，华为的工资是结构化的。结构化工资要素包括工资类要素和津贴补助类要素。工资类要素包括基本工资、岗位工资、效益工资和工龄工资，其中基本工资作为社保缴纳、离职补偿的计算基数，其他要素不进入该计算基数。重大经营责任岗位津贴、特殊价值岗位津贴归入岗位工资，体现岗位价值与责任贡献。

效益工资是在保持工资结构不变的基础上，将员工月收入结构从标准工资转化为"标准工资+效益工资"，以增加月收入的弹性。效益工资实质上是月度效益

奖，源于部门奖金包，需要基于公司效益定期审视调整，与个人考勤挂钩，不作为社保、加班费、离职补偿等计算基数，在不增加薪酬刚性成本的基础上，提升员工月收入竞争力。华为主要针对中基层员工设定效益工资，牵引员工为高绩效持续努力。不同部门或者不同层级的效益工资发放标准可以不一样，由人力资源部门分别制订方案，增加员工工资的弹性，增强员工激励的及时性。

工龄工资主要适用于职员/作业类人群薪酬管理。职员类人群对公司的贡献主要体现在责任心和经验积累，原则上不要求流动，无硬性不合格清理要求，没有年龄限制，强调干一行爱一行。职员/作业类人群每年考核一到两次（低端两次），每次会从技能、绩效和态度（核心价值观）等方面评价。一次考核，结果多维度应用，如升级和加薪。除了看绩效结果，还要看能力和态度，态度可以理解为行为价值观，即是不是履行了追求高质量、追求卓越的责任。操作类员工以单通道为主，蓝领是极少转换为白领的，蓝领升到一定级别就会有天花板。每一级别的晋升都有明确的要求，如技能等级考核、经验积累、该级别工作年限及达到绩效标准等。低职级的升得快一点，高职级的会升得慢一点。职员/作业类员工的职级封顶后可以采用工龄工资，鼓励职员/作业类岗位的工匠精神。

华为的工资总体上是基于能力主义的职能工资制，表现形式是宽带薪酬制。每一个岗位都有它的职级，每一个职级都有对应的薪酬区间，同一职级的岗位不论属于哪个部门，对公司的贡献与回报大致一致；员工在同一岗位上持续地工作，只要工作绩效持续改进，任职能力持续提升，就可以在这个岗位上逐渐地加工资，直至达到薪酬区间的上限。

以岗定级，建立岗位和职级的对应关系

以岗定级，就是通过梳理、评估企业的岗位，对岗位进行"称重"，确定岗位的价值，然后根据岗位的价值确定一个对应的职级。这个职级就是这个岗位对企业贡献的价值评估。以岗定级需要企业基于流程来设定岗位，并基于以客户为中心的端到端流程来评估其价值大小。

对岗位价值进行评估，评估的重点在于：岗位需要的能力是什么？应负的责

任是什么？控制的资源是什么？产出是什么？这个岗位面对的内外部环境的复杂性程度是怎样的？衡量的结果用一个职级的数字来进行描述，例如，根据岗位价值，从1级一直排序到25级，这样就建立了如表10-3所示的岗位与职级的对应关系。

表10-3　岗位与职级对应关系（部分）

任职资格	岗　位	职　级
和任职资格脱钩	领域专家	20及以上
六级	主任工程师 A	19
五级	主任工程师 B	18
四级	高级工程师 A	17
三级	高级工程师 B	16
二级	工程师 A	15
一级	工程师 B	14
	助理工程师	13

以级定薪，建立职级与薪酬的对应关系

以级定薪，就是建立职级与薪酬的映射关系。华为设计了如表10-4所示的宽带化的薪酬档级表。每个职级对应一个薪级，每个薪级再分档，划定一个薪酬区间。每一个部门的管理者可以根据任职资格在这个带宽里面对自己员工的工资进行调整。在同一级别里，依据员工的专业能力或绩效表现，在公司定期的薪酬审视中，为员工进行薪酬调整。由于各级别的薪酬分档，因此员工即使不升级，但只要有持续绩效改进、任职能力有持续提升，其工资就有提升空间。这样有利于引导员工在一个岗位上做实、做深、做久，有助于岗位的稳定性。所以以级定薪，就是对每一个级别在公司能拿多少工资进行一个界定。企业根据以岗定级来确定岗位的职级，然后对应在薪酬档级表上，确定员工的工资范围。

表10-4　职级与工资对应关系示例（部分）

单位：元

职　级	工资最小值	工资中位值	工资最大值
25	97 700	104 000	115 400
24	83 600	89 000	98 700
23	69 600	76 500	84 900
22	57 800	65 000	72 100
21	47 900	54 500	60 400
20	39 600	45 000	50 400
19	31 000	36 500	41 900
18	24 600	29 000	33 300
17	18 000	22 500	27 000
16	13 600	17 000	20 400
15	8 700	12 500	16 200
14	6 300	9 000	11 700
13	4 500	6 500	8 400

　　华为通过构建如图10-1所示的薪酬与职级的对应关系形成公司的工资框架。工资框架中的中位值是华为工资水平进行外部市场对标的政策线，也是员工根据岗位责任、能力和绩效进行薪酬调整的参照线。中位值主要根据市场薪酬报告以及和竞争企业对标（考虑人才从哪里来、人才流失到哪里去）来确定。幅宽主要根据薪酬策略和公司薪酬支付能力来确定。职级越低，工资级别差之间最大值与最小值的重叠度越大；职级越高，重叠度越小。低职级的人群基数大，晋升相对频繁，而幅宽本身并不大，导致重叠度相对较大。华为每年审视其工资框架，但并不会每年都修改。工资框架的调整主要考虑外部竞争力和宏观经济的变化，同时综合离职率进行分析。例如，宏观经济状况不好，公司的工资哪怕不涨，离职率也很低，说明目前的工资框架对外仍是有竞争力的。这时可以选择给部分绩优

员工升级调薪，但不需要对整体工资框架进行调整，也不需要对全员薪酬进行调整。

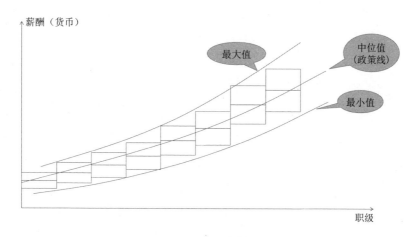

图10-1　工资框架

在实际操作中，若某员工的工资处于薪酬中位值表明该员工具有丰富经验，其个人任职能力达到胜任水平。若某员工的工资处于薪酬最大值，表明该员工是同等岗位中最优秀和资深的员工，或其任职能力超出职位要求、短期综合考察即可考虑晋升。若某员工的工资是薪酬最小值，表明该员工资历较浅、刚刚升级，或者其个人任职能力和综合绩效仍需进一步考察。华为针对不同地区、不同人群、不同行业设计了差异化的工资框架，在统一管理的基础上，增加薪酬管理的灵活性，按照"一国一策"的原则进行设计。例如，中国地区员工使用一套通用的框架，不区分研发、市场、平台等岗位。中方员工在不同岗位之间的换岗很常见，如果调整岗位就换一套框架，会提高管理成本，同时也阻碍了员工在不同岗位之间的流动。除非某类特殊人才，如芯片类人才，按照现有工资框架从市场上招聘有难度时，才会设计特殊的工资框架。

华为在员工工资调整过程中，引入了工资水平比率（Compensation Rate，CR）方法。CR是一种表示岗位任职者的实际工资水平与公司的目标工资水平之间关系的系数，是日常工资管理的重要参数，也是工资审视和调薪的重要工具。

$$工资水平比率（CR）= \frac{员工实际工资水平}{员工所在级别的工资框架中位值}$$

图10-2是通过运用CR值来调薪的一个示例。假设某员工其工资到位率为80%，近半年工作表现突出，绩效评价为A，其调薪的方式如图10-2所示。

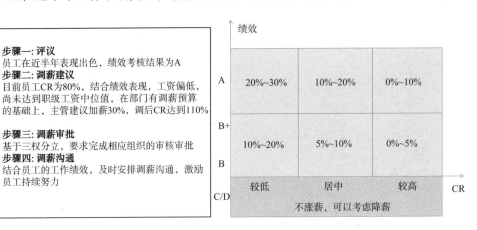

图10-2 调薪矩阵的运用

人岗匹配，人与岗位能力责任的匹配评估

所谓人岗匹配，指员工与岗位所要求的能力、责任之间的匹配，以确定员工的个人职级及符合度。华为人岗匹配最核心的是，看员工的能力是否达到岗位的要求，绩效贡献是否符合岗位职责的要求。另外，它还包括一些基本条件，如知识、技能、素质、经验等。华为定义了通用的任职标准，以确保跨部门岗位能力的一致性。如，研发、营销、生产岗位的五级专家，对应的岗位能力要求的内涵应该基本一致，以确保全公司在岗位"称重"的标准上用的是一架天平，如此才能建立统一的工资框架。各个部门可以根据企业通用的任职标准，细化建立本部门具体的任职资格标准。华为对任职能力标准进行分类分级管理，主要的任职标准分为营销族、研发族、供应链族、财经族、人力资源族等。每类任职标准还会再分子类，如研发部门有研发的任职标准，研发下面再分软件工程师任职标准、硬件工程师任职标准等。岗位在分类的基础上，再分级制定详细的任职标准。各个部门根据本部门的任职标准对员工进行任职资格评价，根据任职资格评价结果确定员工的职级区间。表10-5为任职资格等级与薪级对照表示例。

表10-5　任职资格等级与薪级对照表（部分）

资格等级	任职资格与要求	薪级对应
七级专家	主导公司级业务发展方向与规划，能跨大类提出集成业务战略的解决方案，牵引业务获取重大突破与显著绩效，在公司内外具备一定影响力	24~25 级
六级专家	主导规划专业领域发展，跨专业提供集成解决方案，指导业务抓住发展机遇、获取重大突破，在公司内部树立专业权威，筹划本领域专业能力发展	22~23 级
五级专家	规划本子类业务发展方向，运用跨子类专长，为领域级重大问题提出解决方案，做出正确的专业性决策，并主导本子类专家梯队建设	20~21 级
四级专家	承担本子类综合、复杂业务的系统化解决方案的制订，支撑业务正确决策、方案有效落地，并建设与提升本子类专业能力	18~19 级
三级专家	负责本模块业务规划，结合子类跨模块专业知识制订综合解决方案，组织团队落实工作，并对本模块业务流程优化积极贡献	16~17 级
二级专家	承担单一模块业务／中小项目执行落实，能指导他人开展工作，对本模块业务工作输出和质量负责	14~15 级
一级专家	指导下开展例行专业性工作，对个人工作成果负责	13 级

华为的人岗匹配会进行定期审视。人岗匹配无预设的晋升比例，发起人岗匹配的主体是员工的直接主管，而非HR。直接主管通过定期进行审视，确保人岗匹配合理有序。人岗匹配在动态管理的过程中，要对岗位晋升的幅度、节奏、空间、时间、比例、条件及公司薪酬支付能力等进行综合管理，而且还会对不同岗位进行差异化的管理，以增强核心岗位对人才的吸引和保有能力。

华为人岗匹配的导向是看贡献、看能力。看贡献是看员工能力能否转化为生产力，看能力是看员工能否持续贡献。华为人岗匹配会向艰苦地区倾斜。愿意到艰苦地方工作的员工的职级比其他地方的员工的职级要高1~2级，主要是为了导向干部员工积极当责、奔赴艰苦地区与岗位。华为人岗匹配还开辟了破格升级通道。例如，得到公司嘉奖或者高管特别提名，可以对员工进行破格提拔。华为早期的破格提拔简单粗暴，后来逐步建立了相应的机制：第一要有贡献，第二要有

承担责任的能力，第三还要有牺牲精神，这是破格提拔的基础。员工近三次绩效得A，即三个半年连续考核得A，就能得到破格提拔的机会。2016年，华为破格提拔了4 000多人；2017年，破格提拔了5 000人；2018年，破格提拔了6 000人。这样做的目的在于让优秀人才在最佳时间、以最佳角色做出最佳贡献，并获得最佳回报。

如果员工通过了某个层级的任职资格认证，根据任职资格等级与职级的对应关系，就能确定员工的职级区间。当新任岗位职级超过个人职级时，需要先通过任职资格的认证，然后根据新的岗位的职级确定个人职级。当员工通过更高的任职资格认证，新的任职资格等级对应的职级超过员工现有的职级时，员工就获得了新的晋升空间。否则，即使公司有涨薪机会，但如果该员工的工资水平已经达到现有岗位的上限值，也是不可能获得加薪的。要想加薪，必须先通过更高级别的任职资格认证。通过任职资格等级驱动的职级调整，对不同的职级会有约束条件。如管理类18级以上的晋升，需要完成管理者高级研讨班的学习。而且晋升幅度对不同职级的员工也有约束，如15级以下一次晋升不得超过3等。有些岗位的任职资格对应的职级是有上限值的，如华为秘书岗位职级的最高等级不会超过18级。出现岗位变动，人岗匹配会按照新的岗位要求来做任职资格认证。认证往往在员工在新岗位工作6个月以后才进行，而不是调动之后立即进行。等到人岗匹配完成后，根据新岗位要求的适应情况，确定员工的任职资格的符合度，从而确定员工的薪酬职级。图10-3为人岗匹配操作示例。

易岗易薪，建立薪酬能升能降的动态调整机制

易岗易薪就是当员工的岗位发生变动，或者员工能力跟不上岗位的要求时，员工的薪酬也做相应的调整。如果员工能力提升，或者晋升到更高级别的岗位，员工的工资会相应增加。如果员工能力下降，或降级到低级别的岗位，员工的工资就相应地减少。

具体来讲，对员工的工资进行调整主要有以下四种典型的情况。

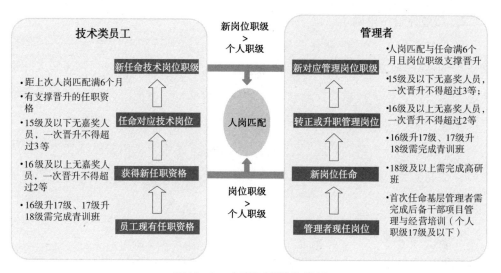

图10-3　人岗匹配操作示例

1. 人岗匹配结果变化

员工人岗匹配发生变化时，主管可参考相应人岗匹配结果对应的工资框架范围，结合员工现CR值和绩效表现进行调薪。当员工职位晋升时，例如，从经理晋升为总监，员工的工资会调增，这种调增不是任命后马上生效，而是一般要有3~6个月的考察期。考察期结束后，员工要进行答辩，主管根据考察期综合表现对其进行评价，评估其晋升后是否胜任新的岗位，并根据胜任情况（完全胜任、胜任、基本胜任）确定其晋升后的薪酬等级。反之，当员工职位降级时，工资就会相应地调减。当员工的专业等级晋升时，例如，从三级专家晋升到四级专家，员工的工资也会调增到相对应的等级。

华为每年会定期组织任职资格的评定，员工可以主动申请任职资格的评定，但首先需要满足基本的门槛条件，如近两年的绩效结果不能低于B等。评定前员工要比照拟申请的任职资格等级的标准进行学习，并通过某些科目的考试，还要输出专业案例、课程以及其他要求证明专业能力的材料，最后，还要通过专业委员会的综合答辩。答辩通过后，才能确定专业等级，并根据专业等级确定新的工资标准。反之，当员工的专业等级降级时，工资也会相应调减。

2. 绩效评价结果确定

员工最新绩效考核结果获批通过后，主管会对高绩效员工实施调薪。绩效越好，调幅越大。·当员工持续取得好绩效的时候，如连续得两个A的员工，其工资会调增。这么做的依据是，持续的好绩效证明员工完全能胜任现有岗位。员工可以在某个薪酬区间里向最大值方向调增10%~30%。这就是宽带薪酬的好处：给每个岗位确定一个薪酬区间，即使员工在同一个岗位上，只要员工表现出好的绩效，证明其完全胜任现有岗位，就有加薪的空间。反之，当员工绩效连续较差时，工资会相应调减。

3. 违纪或处罚降薪

违纪或处罚降薪，是公司内控合规管理的重要抓手，有助于增强员工遵纪守法的意识。但在实施降薪时首先要考虑外部法律法规的遵从，避免引起劳动方面的法律纠纷。

4. 工资框架调整

工资框架调整反映了市场工资水平的变化，主管综合考虑员工绩效、现CR值、外部市场对标等因素进行调薪审视，以保证员工实际工资水平具备相应的市场竞争力。当社会薪酬水平普遍上涨的时候，如物价指数上升，员工的工资会在公司进行薪酬普调的时候得到提升。普调的依据是：根据物价水平涨落情况，相应调整薪酬职级表与岗位职级的映射关系。例如，多年前，本科毕业生刚进华为，一般对应到13级的薪酬，但现在可能对应到14级的薪酬。一般，华为会每年评估是否需要进行工资框架的调整。反之，当物价水平下降的时候，可以整体调减，但现实中基本没有调减过，这反映出工资刚性的特点。

华为每月15日发放当月工资，在海外有些地区是当月发下个月工资。为什么大部分企业是当月发上个月工资？其中的奥妙值得企业学习。关于提前发工资的问题，任正非说了这么一句话："所有细胞都被激活，这个人就不会衰落。拿什么激活？血液就是薪酬制度……因为我们对未来有信心，所以我们敢于先给予，再让他去创造价值。只要我们的激励是导向冲锋，将来一定会越来越厉害。"

第十一章

奖金：打破平衡，拉开差距

我们要通过影响每个员工的切身利益传递市场压力，不断提高公司的整体响应能力。

——《华为基本法》

在企业的利益分配中，奖金的发放机制是最难制定的。奖金的发放不能简单沿用传统的提成机制或利润分享机制，尤其在企业外部市场环境发生变化、内部进行业务转型，传统业务和创新业务并存的时候。过去一刀切、简单粗暴的奖金机制，可能让企业转型因为利益的藩篱而搁浅。很多企业的奖金机制牵引分钱，而不是挣钱。奖金福利化，像吃大锅饭，没有拉开差距，无法激励员工为公司业务增长和成长持续奋斗。

一般来讲，我们经常会遇到如下奖金发放的问题：

公司的奖金总额如何确定？

如何制定导向业务增长的奖金机制？

如何平衡成熟业务和成长业务的奖金发放？

如何平衡团队贡献和个人贡献的奖金发放？

如何平衡短期贡献和长期贡献的奖金发放？

如何平衡战略贡献和经济贡献的奖金发放？

如何平衡亏损业务和盈利业务的奖金发放？

科学分钱

如何避免奖金发放刚性化和福利化？

€ 奖金分配与部门绩效和个人绩效改进挂钩

奖金不同于工资。工资是解决员工基本生活保障问题的报酬，而奖金是解决奖勤罚懒的问题的，是多劳多得的集中体现。因此奖金必须基于绩效结果，与绩效改进挂钩。否则，奖金就会退化为福利性薪酬收入。

首先，奖金应与组织绩效关联，以确保大家关心的是企业整体目标是否达成，企业整体是否盈利。因此，奖金分配要基于公司整体目标来生成，各个部门根据本部门的绩效改进情况，确定在公司总的奖金池中本部门的分享比例，生成本部门的奖金包。每个员工基于自己的绩效改进情况，确定在本奖金包中的分享比例，从而生成个人的奖金。很多企业的奖金分配采取提成制，或"包产到户"的利润分享制，将奖金分配计算到个人或小部门，导致员工利益与公司利益产生对立，使公司与员工之间的关系是交易关系，而不是共生关系。结果导致员工不关心公司目标是否达成，甚至员工与公司进行利益的博弈。员工站在个人利益最大化的角度，或者要求公司降价，或者弄虚作假，或者利益短视等，最后就出现"富了和尚穷了庙"。

其次，奖金应与绩效改进挂钩，而不是仅与绩效挂钩。与绩效改进挂钩，其本质是牵引组织和员工关注工作的改进，关注业务的增长和成长，而不是原地踏步，基于业务惯性旱涝保收地获取奖金。为什么很多企业发展到一定规模，增长便变得很困难？很重要的一点就是，企业没有基于绩效改进、增量绩效来发放奖金，而是基于存量。员工收入相对稳定，就没有动力做增量，结果导致业务发展停滞不前。绩效改进的内涵体现在两个方面：第一，业务要有增长或成长，简单来讲，就是销售额、毛利、净利润、人均毛利等要增长；第二，内部经营效益有提升，各种成本费用的占比要逐年下降，人均产出要持续提升。总而言之，奖金要源于开源节流的工作成果。

154

€ 奖金分配既要多打粮食又要增强土壤肥力

奖金是员工薪酬收入中的弹性部分，是最能调动员工积极性的薪酬激励因子，因此奖金的分配一定要牵引企业全体员工聚焦多打粮食。很多企业片面地激励多打粮食，却忽视了激励增强土壤肥力的努力，导致企业的持续增长出现问题。当期粮食打得越多的部门和个人，奖金分得越多，这个比较好理解。新市场的拓展、新产品的突破、竞争项目的卡位、营商环境的改善、品牌的推广、组织能力建设，以及内部管理改进等这些工作在当期并不会"产粮"，甚至会产生更多的成本和费用，但是它们对于公司未来的发展至关重要。这种面向未来企业持续发展所做的努力和绩效改进，不容易考核，往往是隐性的和被忽视的。这也是一般公司和卓越公司之间的差距所在：一般公司重点关注的是当下业绩的达成，卓越公司更关注未来的布局与卡位。

华为消费者BG奖金方案

2018年，华为为促进消费者BG进一步抓住业务发展机遇，实现"规模增长"和"效益提升"双赢式的高质快速增长，决定在现有运作机制基础上，继续探索与实施以"机关手放开、业务放开手""机关管住钱、业务用好权""钱要体现集团意志、权要听得到炮声"为特征的消费者BG相对自主经营、自主管理的业务运营模式。

消费者BG将在公司董事会确定的业务边界及业务目标内，在公司中央集权监管下，以"3年收入达到1 000亿美元、5年达到1 500亿美元、年度税前利润率不低于预定目标值"为经营目标；以内外合规为底线目标，有效管理库存风险，以中央集权监管穿透为管理底座；以约定的粮食包、资产管理规则、年度研发费用不低于年度收入的×%（节约不归己）为边界，放手追求更高的业务发展目标，并形成人力刚性成本的自我约束。

为简化管理、聚焦关键经营结果，消费者BG的组织绩效目标聚焦在多产粮食、增加土壤肥力和风险管理方面。消费者BG整体组织绩效目标的框架设计如

表11-1所示。

表11-1　消费者BG整体组织绩效目标的框架设计

维度	权重	考核项
多产粮食 （当期经营结果）	70%	增长：销售收入
		盈利：贡献利润率
		现金流
增加土壤肥力	30%	质量与用户体验
		消费者市场品牌
		组织能力
风险管理	扣分项	内控合规按成熟度和重大负向事件考核，外部合规按重大负向事件考核
		存货风险控制

为充分激发消费者BG追求更高发展目标的主观能动性、保障规模增长的经营质量，制订消费者BG激励方案如下：

授予消费者BG合理的粮食包（包含工资性薪酬包和奖金包）。消费者BG在边界范围内，自主管理、自我约束，充分释放其创造活力。

（1）年度粮食包按照一个总包授予消费者BG，包含工资性薪酬包和奖金包。

（2）奖金包按消费者BG的奖金前贡献利润的×%生成。奖金包内的10%~15%用作战略/土地肥力奖金，与考核中的土地肥力考核要求相挂钩，以牵引消费者BG自身对于中长期业务发展基础的投入。

（3）工资性薪酬包＝粮食包－奖金包。工资性薪酬包可分成日常运营薪酬包和战略薪酬包。战略薪酬包主要用于消费者BG对于未来业务竞争力的投入，采用节约不归己的模式。日常运营薪酬包可采用节约归己的机制，以牵引人均效率的持续提升。人均效率提升产生的日常运营薪酬包节约，可转换为其当年的经营性奖金。

（4）进一步建立现金流约束机制。设置年度消费者BG的利润兑现率目标，若低于目标，则扣减一定的经营奖金包；若高于目标，可进一步予以奖励。

（5）粮食包中的奖金包不能转化为工资性薪酬包。

€ 奖金分配既要给摘果子的人也要给栽树的人

奖金是根据打的粮食的多少按照获取分享制来生成的。粮食的多少，不仅与当下收割粮食的人的努力息息相关，也和之前拓荒、从0做到1的员工的贡献密不可分。早期工作往往因无法衡量其价值贡献，需要时间来检验其成效，所以当时并没有给予员工应有的奖励。如果后期被证明当时的工作是非常有价值的，为后期的多产粮食做了很好的铺垫，那么还要对当时的"挖井人"进行追溯奖励，这样就会让更多的员工愿意从公司长远发展的角度做贡献，而不计较短期利益的得失。

华为的奖金包分为三份，一份补发给"洗盐碱地"、构建格局的前人，一份发给当期贡献者，一份递延到项目全生命周期结束发放，以确定项目真实盈利。华为内部员工形象地形容这种奖金分配机制为"给栽树的人、养树的人、摘果子的人合理分配奖励"。

€ 奖金分配既要拉开差距也要兼顾公平

奖金是强激励薪酬因素，其分配一定要拉开差距，否则就成了吃大锅饭，无法激励组织导向冲锋、走向胜利。奖金分配要拉开差距，不能只简单理解其字面意思，也不能生搬硬套，否则会破坏组织协同作战的氛围。

在依赖团队作战的业务场景，例如，一些工程类项目或一些提供解决方案的作战单元，奖金分配的差距在作战单元内部就不宜太大。在这种场景下，奖金要拉开差距，体现在作战单元与作战单元之间要拉开差距，奖金要向高绩效团队倾斜，而在高绩效团队内部就不宜过大。否则，团队内部会因为利益分配的问题产生争斗，反而会削弱团队的战斗力。所以，这种场景下的奖金分配要在团队之间拉开差距，且在团队内部要兼顾公平。

在依赖个人作战的业务场景，例如，消费电子类产品的销售、标准产品的销售等，作战单元的内部协同较少，业绩的达成主要靠个人的努力和勤奋。在这种场景下，个人与个人之间的差距就要拉开，而在团队与团队之间要兼顾公平，不

宜拉开太大的差距。

在奖金分配上，华为力图打破平衡，向高绩效部门倾斜，在作战单元实行获取分享制，奖金的差距不做限制，鼓励拉开差距。打粮食多的，奖金也多。在靠团队协同的作战单元，奖金差距不会拉开太多，绩效优秀的员工和一般员工的奖金差距在2~3倍。但在绩效优秀的作战单元，或者靠个人作战的业务单元，绩效优秀的员工和一般员工的奖金差距会在4~6倍，并强制规定大部门要有5%的人员奖金为零，以锁住差距的原点，激活员工，牵引员工不断追求高绩效。

€ 奖金包分配到团队的计算方法

目前，企业常用的奖金包生成的计算方法有很多，每种算法都有其利弊。企业要根据自身的业务特点、发展阶段、企业文化等选择一种或几种方案来与具体的业务场景进行适配，并灵活设置参数，以达到管理牵引的作用。企业不能生搬硬套某种具体的计算方法。经过归纳总结后，基本的计算方法有以下几种。

一、固定比例法

固定比例法是指企业事先确定一个分享的百分比，用这个百分比与目标指标相乘确定奖金分享的金额，这个目标可以是销售额、毛利、考核利润、净利润等。例如，某企业将10%的奖金前利润作为分享的奖金。其计算公式为：

奖金=目标值×固定比例

固定比例法，操作简单，易于执行，不足之处是没有导向增长和高目标的追求。固定比例法适合成熟业务或衰退业务，追求业务稳定，追求内部效益的改进。

华为总薪酬包的预算管控基线为公司销售额的18%。其中，工资性薪酬包保持在销售收入的一定比例，如12%，那么奖金包薪酬比例就占6%。华为会根据这个预算管控基线来管理业务计划、预算和执行情况，并以此为边界做当年的人力资源规划与薪酬预算、调薪计划和招聘计划等。这个方法就是固定比例法的运用。

二、分段比例法

分段比例法是指将目标指标进行分级分段，每段分别设置奖金的分享比例。例如，企业可以决定，利润在800万美元以内，3%作为利润分享；利润超过800万美元，6%作为利润分享。其计算公式为：

$$奖金=\Sigma（目标值区间段×分段比例）$$

分段比例法的好处在于通过增加分享金额的办法，激励员工为超额利润目标而努力。不足之处是超额目标与分享比例的设定可能导致员工与企业进行利益博弈。员工为了获得更多的奖金，倾向于定低目标，抬高分享比例。分段比例法适用于成长型企业，此类企业的增长空间较大，通过设置分段目标和激励分享比例，有利于激发员工超目标完成业绩。

华为消费者BG的奖励方案中明确规定，为了建立现金流约束机制，设置了年度消费者BG的利润兑现率目标，若低于目标，则应扣减一定的经营奖金包；若高于目标，则可进一步予以奖励。这个方法就是分段比例法的运用。

三、增量比例法

增量比例法是指当年奖金与上年的奖金和目标指标增量挂钩。增量比例法激励员工努力创造增量贡献，而不是基于存量坐享其成。例如，某业务部门去年的奖金包为1 000万元，今年的目标指标相比上一年的增长率为20%，那么该业务部门今年的奖金包就为1 200万元。同时规定，如果今年没有增长，奖金包为零，或者适当扣减等。该目标指标可以为销售额、毛利、利润等。其计算公式为：

$$奖金包=上一年奖金包×（1+目标指标的增长率）$$

增量比例法的好处是牵引员工为业绩改进和增长而努力，并运用历史指标作为起点值，避免了目标制定过程中的拉锯战，也避免了确定分享比例的困难。其不足之处是当没有历史指标，或者历史指标为零，或者历史指标被认为不合理时，会影响下一年的奖金包。此外，当业务指标波动较大时，也会导致奖金包产生剧烈波动，从而导致团队不稳定。增量比例法适用于相对稳定但仍然有增长空间的业务，而且员工对于历史的奖金分配相对满意，以及对业务的增长有信心。

四、加权比例法

加权比例法是指将多个目标指标改进率进行加权平均，综合作用于奖金的生成机制。例如，企业决定，当年奖金包的计算基于上一年的奖金包和当年的销售额增长率与利润增长率的加权平均。假设，某企业上一年的奖金包为1 000万元，当年的销售额增长率为20%，利润增长率为30%，销售增长率的权重为60%，利润增长率的权重为40%，那么本年的奖金包=1 000×（1+20%×60%+30%×40%）=1 240（万元）。目标指标的选取也比较灵活，可以是订货额、销售额、毛利、管理利润、净利润、营运资产的组合等。其计算公式如下：

奖金包= 期望奖金 × （1+Σ目标指标改进率×权重）

其中，期望奖金可以是上一年的奖金包，也可以是根据固定比例或分段比例法计算的初始奖金包。

加权比例法的好处是综合考虑了多个目标指标来决定奖金的多少，牵引员工绩效的均衡改进，避免考核激励过于单一。此外，其权重可以根据不同的业务场景进行灵活的设置。如果某些业务单元需要牵引销售额的增长，就可以将销售额增长率的权重设置得大一些。如果某些业务单元需要牵引利润的增长，就将利润增长率的权重设置得大一些。加权比例法的不足之处是组合指标的选取和权重的确认会存在分歧，某些指标的核算口径不容易达成共识，如利润指标的核算方式、哪些费用要进行扣减等。加权比例法适用于多个业务板块或多个业务区域的组合管理。这些业务板块或业务区域的发展阶段不一样，管理重点也不一样。一些业务板块强调规模增长，而另一些业务板块则强调利润增长等，通过设置不同的权重可以有针对性地进行考核牵引，以实现业务的均衡发展。

五、动态比例法

动态比例法是指将奖金的生成机制与时间进行关联，上一年的指标值决定下一年的指标基线，让指标自动地进行动态的调整。动态比例法不需要对目标指标值以及分享比例每年进行调整，省去了与利益攸关方反复博弈和谈判的过程，牵引员工根据既定的规则，持续进行业务的改进，增加员工对于规则的确定性预期，并愿意为企业中长期的利益而努力。很多企业会根据业务量、组织调整、竞争状况每年调整奖金分配机制和参数，这样会让员工没有安全感，从而使员工只基于短期利益和目标开展工作。

现用华为代表处的粮食包（薪酬总包）生成机制来说明动态比例法的运用和计算公式：

粮食包=（收入×收入系数×权重1+利润×利润系数×权重2）×国家难度系数×通胀系数+战略穿透粮食包

- 收入系数=$50\% \times (\dfrac{\text{上第1年度薪酬总包}}{\text{上第1年度收入}}) + 30\% \times (\dfrac{\text{上第2年度薪酬总包}}{\text{上第2年度收入}}) + 20\% \times (\dfrac{\text{上第3年度薪酬总包}}{\text{上第3年度收入}})$

- 利润系数=$50\% \times (\dfrac{\text{上第1年度薪酬总包}}{\text{上第1年度利润}}) + 30\% \times (\dfrac{\text{上第2年度薪酬总包}}{\text{上第2年度利润}}) + 20\% \times (\dfrac{\text{上第3年度薪酬总包}}{\text{上第3年度利润}})$

注：薪酬总包包含奖金和工资性薪酬包、离家补助、艰苦补助等。

粮食包的方案逻辑是基于历史延长线和本年度的收入、利润、国家难度系数及通胀系数计算。收入系数和利润系数的逻辑是考虑到过去3年对本年度的影响度差异，同时规避历史波动，经数据测算后把过去3年的权重由近及远取值为50%、30%和20%，基于过去3年的薪酬总包、收入和贡献利润之间的比值确定收入系数和利润系数。为保证代表处平稳经营，适当牵引利润同时避免业绩波动对工资性薪酬包的影响，收入权重（权重1）取值为40%，利润权重（权重2）取值为60%。国家难度系数由华为销售部门确定，通胀系数由华为薪酬管理部确定，战略穿透粮食包由华为总部各个事业部根据战略目标来确定。

动态比例法的好处是让指标值和分享比例根据上一年度的指标完成情况自动进行迭代更新，不需要与利益攸关方进行博弈，并且规则的确定性有利于员工的稳定和为企业中长期利益而努力。不足之处是历史指标可能受到外部环境的干扰或内部业务的调整而缺乏稳定性和连续性。动态比例法适用于比较成熟的多业务

组合管理场景，而且各个业务板块的体量都比较大，需要充分授权。

六、获利界限法

获利界限法是指只有在利润超过事先定好的最低标准时才进行利润分享。公司建立最低标准是为了在把利润分给员工之前保证公司对股东的回报。获利界限法能够较好地平衡股东与管理层、员工之间的利益分配。其计算公式如下：

奖金包=（奖金前利润−投入资本的基本收益）×分享比例

其中，奖金前利润是当年未发奖金前的利润总额，投入资本的基本收益是指股东投入资本要求的最低回报。例如，股东要求的最低回报率为15%，按照企业净资产额为100亿元（股东权益）计算，则股东每年最低要求的基本收益为15亿元，只有在企业盈利超过15亿元之后员工才有奖金。分享比例根据企业对人才依赖的程度确定，依赖程度越高，分享的比例越高。

获利界限法的好处是在奖金分配时能够平衡股东、管理层、员工的利益，将各方利益统一起来。当保证资本的基本收益后，利润越多，各方分配就越多；当资本的基本收益没有达到时，就不分配奖金。获利界限法的不足之处是当资本要求更高的收益时，可能导致员工的奖金很少或没有。另外，初创企业或亏损企业因为没有利润，所以获利界限法无法适用。获利界限法适用于成熟稳定而且盈利的企业，并且这些企业对资本相对依赖，但不是纯粹的轻资产公司。

七、劳资比例法

劳资比例法的奖金生成受限于劳动方与资本方之间的分配比例。与获利限界法不同的是，劳资比例法更多地保障劳动方的利益，约束资本所得，能充分激发员工全力创造价值，并优先获得价值的分配。劳动和资本共同创造价值。在越来越依靠人才创新驱动的规则下，只有吸引和激发优秀人才奋力创造价值，企业才有持续的生命力。资本已经不是最重要的生产要素。人才雇用资本，而不是资本雇用人才，因此，作为核心价值创造者的人才应该优先获得奖金分配。企业要约束资本的利益分配。资本收益将越来越接近利息收入，资本也将成为类似于土地、厂房一样的生产要素，资本的收益也将类似于地租一样，较少或不参与剩余价值的分配。

奖金包=（工资性薪酬包+奖金前利润）× 劳资分享比例−工资性薪酬包

其中，工资性薪酬包加上奖金前利润为劳资共同创造的价值总额。

华为规定公司的劳资分配比例为3∶1。假设某年的奖金前利润为1 000亿元，当年的工资性薪酬包为800亿元，那么资本方获得的价值分配总额是450亿元，劳动方获得的价值分配总额为1 350亿元，最后奖金包为1 350−800=550亿元。从这里可以看出，奖金前利润从公司法、产权法的角度来看，应该属于资本所有，但资本不应获取全部剩余价值，应该让劳动方获得更多剩余价值，因此资本收益就被劳资分配比例限制住了。

劳资比例法的好处在于优先认可和激励创造核心价值的人才，有利于吸引和保有优秀人才。其不足之处是当企业处于初创期，没有盈利或盈利较低的时候，就可能不适用。其适用的场景为对人才依赖较大、靠创新驱动的企业。

八、总分比例法

总分比例法下的奖金是基于企业总目标和本部门业绩指标完成后加总形成的。企业的总目标是由各个部门共同努力完成的。整体目标完成了，就需要对各个部门进行激励。但是除了总的目标，每个部门的贡献大小不一样，也要鼓励每个部门单独做出更大的贡献，否则就容易掉入吃大锅饭的陷阱。例如，某个部门的奖金源于公司的利润分成和本部门创造的利润分成之和。假设公司利润为2亿元，分享比例为2%，而该部门贡献的利润为0.8亿元，分享比例为6%，则该部门的奖金为2×2% + 0.8×6%=0.088亿元。其计算公式如下：

奖金包=企业总目标值×分享比例1+某部门目标值×分享比例2

其中，目标值可以是销售额、毛利额、净利润、管理利润等。

华为产品线的奖金就是按照总分比例法进行计算的：

产品线奖金 = 产品线基础奖金 + 产品线贡献奖金

产品线基础奖金 = 公司营业净利润 × 分享系数B × 产品线平均人员比重 × 绩效系数

产品线贡献奖金 = 产品线贡献毛利 × 分享系数A

产品线贡献毛利 = 产品线销售收入 − 产品线制造成本 − 产品线期间成本 − 产品线直接服费用 − 产品线直接研发费用 − 产品线直接营销与行销费用 − 产品线管理费用 − 产品线非正常损失

产品线基础奖金与公司营业净利润挂钩，以牵引产品线关注公司的整体利益；产品线贡献奖金与产品线贡献毛利挂钩，以强化奖金对产品线贡献的激励，提高人均效益。产品线基础奖金与产品线领导的绩效指标承诺完成率挂钩，以强化产品线预算目标的达成对基础奖金的影响。各产品线贡献奖金与贡献毛利采用相同的挂钩系数，以体现"产品线的人均贡献毛利越高，则产品线的人均贡献奖金越高"的原则。产品线与贡献毛利挂钩的奖金不封顶，以鼓励产品线将贡献毛利做大。

总分比例法的好处是有利于牵引员工共同努力完成企业的总目标，同时又能激励某个单独的部门努力完成本部门的业绩指标。既激励协同作战，也能激发各个小团队冲锋陷阵。其不足之处是部门之间业绩体量差异较大时，贫富差距会较大，而且容易导致某些部门吃存量，而不努力追求业务的增长。总分比例法适用的场景是，资源需要统一协调，团队之间有协同，各个业务板块能相对独立地进行投入产出的核算。

九、积分兑换法

积分兑换法是指奖金的生成基于各个部门单独生成的奖金汇总与公司总奖金之间进行兑换，各个部门的奖金是名义奖金即奖金分。例如，某企业根据获利界限法计算出公司的总奖金包为10亿元，各个部门根据增量比例法单独计算奖金分，各个部门计算的奖金分加总后为8亿分。这样，公司计算的奖金包就大于各个部门计算的奖金加总后的金额。但公司总的奖金包必须发完，因此就引入了奖金兑换系数。各个部门的奖金同比例放大，兑换系数为10÷8=1.25。假设只有三个部门，部门A单独计算的奖金分为3亿分，部门B单独计算的奖金分为4亿分，部门C单独计算的奖金分为1亿元，共8亿分。奖金兑换系数为1.25，那么部门A的奖金包为3×1.25=3.75亿元。部门B的奖金为4×1.25=5亿元，部门C的奖金为1×1.25=1.25亿元。调整后三个部门的总奖金包为10亿元。如果各个部门计算的奖金包加总后总额为20亿元，而公司总的奖金包只有10亿元，那么就需要将各个部门的奖金包同比例缩小，奖金兑换系数变为 10÷20=0.5，保证发放的奖金包不超过公司能承受的奖金总额。其计算的公式为：

$$奖金包=部门奖金包×奖金兑换系数$$

其中，奖金兑换系数=公司奖金包÷∑（各部门奖金）

积分兑换法的好处是既鼓励每个业务单元撸起袖子使劲干，也鼓励它们互相协同，做大蛋糕，而且确保总的奖金包在公司可承受的范围内，避免出现"富了和尚穷了庙"的现象。积分兑换法的不足之处是，某些业务单元的业务做得特别好，可能会因为整体目标完成较差受到影响，从而削弱某些业务单元的积极性。积分兑换法主要适用的场景是，企业有多个业务单元，业务相对成熟，每个单元可以进行相对独立的运作管理，而且希望总体的奖金包可管控，不超过某个设定值。

十、联动比例法

联动比例法是指某部门奖金源于其支撑服务部门的奖金包的一定比例。通过将中后台部门（供应链、研发、人力资源、财务部门等）的奖金包设定为销售部门的奖金总额的一定比例，让中后台部门的奖金包与一线作战部门的奖金包联动起来，可以保证中后台部门全力以赴支撑一线部门获取更多的奖金，而不是对一线部门的多拿奖金"羡慕嫉妒恨"。很多企业的中后台的奖金相对固定，如年终奖金最多为1～2个月的工资，而销售部门的奖金弹性非常大，这样的利益分配容易导致销售业务量越大，中后台部门的工作量就越大但收入并没有增长，因此其抱怨就越大。这样就会出现前后台不配合、扯皮推诿的现象。例如，某企业规定供应链部门的奖金包为销售部门总奖金包的60%，当销售部门的奖金包总额为1 000万元时，那么供应链部门的奖金包就为1 000×60%=600万元。联动比例法的计算公式如下：

$$奖金包=某部门的奖金包×联动比例$$

其中，联动比例可以参考关联部门的人数、薪酬水平进行设定。

联动比例法的好处是可以将某些中后台部门与业务一线作战单元的奖金挂钩，促进前后台协同作战，避免因为利益分配的割裂导致工作协同效率下降。其不足之处是采用联动比例法的部门的奖金包，可能因为外部市场环境变化而出现大幅的波动，从而影响团队的稳定性，而且这些部门业绩本身的好坏，对奖金包的影响不够直接。其适用的场景是，中后台部门或管理部门，而且部门间需要前后、上下紧密协同。

上述总结的奖金生成的计算方法，在实际操作时要结合业务场景灵活运用，可以是多种方法的组合。企业要根据管理牵引的重点，有针对性地设计奖金生成规则。同时，企业还可以根据需要引入其他系数，如部门绩效系数、业务难度系数、人均效率系数等。这些系数都是为了通过利益分配来牵引业务单元对某些管理重点进行关注和改进。

€ 奖金包分配到个人的计算方法

企业整体和各个部门的奖金包生成后，如何将奖金包分配到个人，需要有相应的规则。各个企业分配的方法五花八门，归纳总结起来有如下。

一、提成系数法

提成系数法是指按照业务量的一定比例进行个人奖金的提取，业务量可以是订货额、销售额、毛利或净利润等。提成系数法操作简单，因此很多企业运用该方法来计算销售部门的个人奖金。例如，某企业规定，销售额的2%为销售人员的个人奖金，假如销售额为1 000万元，那么提成的奖金为20万元。其计算公式如下：

个人奖金=业务量×提成系数×场景系数×打折或加速系数

其中，提成系数可以是一个固定的比例，也可以根据业务量分段设计。例如，销售额在1 000万元以内，奖金的提成系数为2%，1 000万~2 000万元为3%，2 000万~3 000万元为4%等。

场景系数可以分为产品差异系数、行业或客户差异系数、价格差异系数。例如，产品A对应的系数为1.1，产品B对应的系数为1.3；行业客户类型为A的差异系数为1.5，行业客户类型为B的差异系数为1.2；价格差异系数可以设为目录价销售为1.2，授权价销售为1.1。当某个销售员的销售业绩为1 000万元，销售的产品为A，行业客户类型为A，按照目录价格销售，假设销售提成为销售额的3%，则该销售员的个人奖金计算公式为：

$$1\ 000 \times 3\% \times 1.1 \times 1.5 \times 1.2 = 59.4（万元）$$

设置打折或加速系数是因为当业务量在一定值以下时，提成比例要打折。例如，销售额达不到1 000万元，打折系数为80%；反之，销售额超过1 000万元，可以加速提成，加速系数为130%。企业以此设定目标值，调整激励的强度，可以牵引员工挑战高目标。

提成系数法的好处是简单直接，容易被员工接受。其不足是容易导致员工片面追求业务量的增长，而忽视质量的提升；员工只注重短期利益；客户资源私有化；"富了和尚穷了庙"等。提成系数法适用的场景为标准化业务、标准化产品、标准化定价、以及靠个人奋斗为主的业务。

二、薪酬系数法

酬薪系数法是指按员工的薪酬占比，将奖金包分配到个人。这种方法基本的前提假设是每个员工的薪酬反映了该员工的价值大小。工资高的员工产生的价值大，工资少的员工产生的价值小。例如，某个部门的分配总奖金包为100万元，该部门总共有4位员工，A员工的月工资是2万元，B员工的月工资为1.5万元，C员工的月工资是1万元，D员工的月工资为0.5万元，按照每个人的薪酬占比分配100万元的奖金，那么A员工的奖金为100×2÷（2+1.5+1+0.5）=40万元，同样的算法，B员工的奖金为100 ×1.5÷（2+1.5+1+0.5）=30万元，C员工的奖金为100 ×1÷（2+1.5+1+0.5）=20万元，D员工的奖金为100 ×0.5÷（2+1.5+1+0.5）=10万元。其计算公式如下：

个人奖金= 奖金包×员工薪酬÷Σ（员工薪酬）

其中，奖金包基于奖金包的生成机制计算。员工薪酬可以是月度固定工资，也可以是奖金周期内员工的总额工资。如果员工在奖金周期内没有调整工资，用

月度固定工资；如果在奖金周期内员工调整过工资，就用员工奖金周期内的总工资来计算薪酬系数。

三、贡献系数法

贡献系数法是指按照每个员工的贡献值来分配奖金包到个人。例如，某个部门分配的总奖金包为100万元，该部门共有五个员工，其中A员工的贡献值为40%，则其奖金为40万元；B员工的贡献值为30%，则其奖金为30万元；C员工的贡献值为15%，则C员工的奖金均为15万元；D员工的贡献值为10%，则D员工的奖金为10万元；E员工的贡献值为5%，则E员工的奖金为5万元。其计算公式如下：

个人奖金=奖金包×个人贡献系数

其中，个人贡献系数可以根据业务量、绩效、能力、岗位等因素综合评定。

贡献系数法的好处在于牵引员工关注绩效结果，并动态进行评价，有利于员工业绩的持续改进。其不足之处是每个员工的贡献系数不容易量化评价，需要企业设计较好的业绩评价标准。贡献系数法适用的场景是，员工的工作业绩需要从多个维度来进行综合评价，不能通过简单的业务量来反映贡献大小，而且业绩的完成有比较多的不确定性，如研发部门、产品部门等。

四、积分系数法

积分系数法是指根据公司或部门内部每个员工的业绩积分，将奖金分配到个人。企业需对员工的行为过程、行为结果等制定积分标准，并对每个员工定期进行打分，在奖金周期内，根据每个员工的积分占比进行奖金分配。例如，某企业的客户服务部门，根据服务客户数、行为规范、客户投诉、出勤等给每个客服人员打分，通过累积的分数，计算每个客服人员的积分占比，然后根据积分占比分配部门奖金包到每个人。其计算公式如下：

个人奖金=奖金包×积分系数

其中，积分系数=个人积分÷Σ（员工积分）。

积分系数法的好处是对员工的贡献管理进行多维度的细化和评价，并动态进行打分，以激发员工工作热情，牵引员工自我管理。其不足之处是需要细化评价标准，并需要动态优化评价标准，管理成本较高。适用的场景是，标准化的业务操作，不需要太多协同，岗位能力差距不大，如终端门店、客服人员、职能部门等。

五、级别系数法

级别系数法是指根据员工的级别，分别赋予系数，按照系数进行加权平均分配奖金。例如，某企业的管理层在分配奖金时，分别给予不同级别的管理者以级别系数，然后根据系数进行奖金分配。该企业有一个总经理，级别系数为3；一个副总经理，级别系数为2；两个总监，级别系数均为1。该企业给予管理层的奖金总额为700万元，那么总经理的奖金为700×3÷（3+2+2）=300（万元）；副总经理的奖金为700×2÷（3+2+2）=200（万元）；两个总监的奖金均为700×1÷（3+2+2）=100（万元）。其计算公式如下：

$$个人奖金=奖金包×级别系数$$

其中，级别系数=个人级别系数÷Σ（员工级别系数）。

级别系数法根据级别大小决定奖金分配，级别反映员工的贡献大小，操作简单，易于执行。其不足之处是级别大小并不能完全反映贡献大小，而且因为级别差异的存在，容易助长官僚主义。级别系数法适用的场景是，需要团队协同，而且每个人的贡献大小难以单独评价，如企业管理团队、研发项目团队等。

企业在设计奖金包分配到个人的算法时，需要与业务场景匹配。以上方法可以在企业内部组合运用，如级别系数法可以与薪酬系数法结合运用。在实际操作中，还可以根据管理需要设置一些个人系数，如绩效系数、难度系数、出勤系数等，以满足业务管理的需要。

奖金方案的设计还要与业务部门进行充分沟通，达成共识，并得到业务部门的支持，不能强推硬压。奖金涉及每个人的切身利益，操之过急，用之过猛，会破坏正常的组织氛围，严重的会引起群体性的员工动荡，因此要做好方案的沟通。企业在实施过程中要有灰度，过渡期要有温度。每个企业的管理基础不一样，以及存在历史的惯性，因此在具体实施时，要粗框架、松耦合，不

要追求完美、过于纠结细节。企业应先建立整体的框架，然后确定基本的方法和算法，并在过程中保留灵活调整空间，避免僵化地执行。企业要先验证，再优化，循序渐进地推行，并不断调适和细化。

€ 参考案例：华为的奖金机制

奖金是华为员工短期激励的主要方式。它体现了公司当期经营结果同员工短期回报的关系。奖金管理机制应有效激活公司各级组织和个人，促使员工不断努力工作，持续实现所在组织和个人的高绩效产出。员工所获得的奖金取决于公司的经营状况、员工所在部门的业绩以及其个人的绩效贡献。当公司的经营状况、组织业绩或员工个人绩效好时，个人奖金有可能增加。但当公司的经营状况、组织业绩或员工个人绩效不好时，其个人奖金会相应减少甚至为零。

华为的奖金管理机制应达到以下目的。

（1）激活组织：奖金管理机制应牵引公司健康持续发展，实现公司所确定的业务战略和管理导向，促使公司各级各类组织设立挑战目标，并持续取得高绩效产出。

（2）激活员工：奖金分配应通过拉开绩效优秀和绩效一般员工间奖金的分配差距，激活各级员工，牵引员工不断改进工作绩效。

（3）及时激励：奖金的发放应及时，对于公司关键、重大或战略性项目或任务，一旦取得阶段或最终成果，应对参与员工予以及时的激励。

华为奖金生成及管理的基本原则：

（1）公司奖金总包的确定须以公司达到基准盈利水平为前提，并根据实际经营结果最终获得。奖金的生成及管理机制主要用于激发员工的干劲儿并最终体现在员工所在组织和个人工作绩效的提升或改善上。奖金生成与管理机制不应承载过多的其他管理要求，非绩效因素的管理要求应由其他激励要素予以合理解决。

（2）奖金分配应打破横向平衡。打破横向平衡，就是要打破产业/产品线/区域之间的平衡，打破产品线/区域内部的平衡，打破人与人之间的平衡。奖金分配要向高绩效者倾斜，从而激发员工干劲儿，提升其绩效，发挥奖金的激励和牵引作用。

（3）奖金分配过程应及时、简单和高效。各部门可根据一定原则在一定额度范围内按照事先经一定程序批准的及时激励方案，通过如预支奖金或使用余留奖金等多种方式对所属各级组织或员工进行及时激励。

华为的奖金分配首先与组织绩效关联，以确保大家关心企业整体目标是否达成，企业整体是否盈利，而不是只关心自己的一亩三分地。

华为奖金分配的基本逻辑如图11-1所示。

华为公司层面会生成整体的奖金包，再分到各个体系，如销售体系、研发体系、供应链体系等。分到体系之后，再往下分到组织。例如，销售体系会分到每个地区、代表处；产品解决方案体系会分到每个产品线；供应链体系则会分到制造、采购等部门。在华为奖金分配的实际做法中，在公司层面和组织层面都是获取分享，上下两头算，分别根据奖金公式算出来，计算指标包含收入、利润、回款、现金流指标等。公司层面的奖金算出来后，生成总的奖金值。每个单元根据自身业绩生成奖金分，奖金分生成的基本算法如下：

$$奖金分=收入奖金分+利润奖金分+现金流奖金分$$

$$收入奖金分=收入奖金系数×考核收入×收入权重$$

$$收入奖金系数=历史奖金占销售收入比×历史权重$$

$$利润奖金分=利润奖金系数×考核利润×利润权重$$

$$利润奖金系数=历史奖金占贡献利润收入比×历史权重$$

$$现金流奖金分=现金流奖金系数×考核现金流×现金流权重$$

$$现金流奖金系数=历史奖金占现金流比×历史权重$$

各单元加总奖金分，生成奖金兑换比率：

$$奖金分值兑换率=奖金值/\sum奖金分$$

各单元的奖金包根据各单元的奖金分计算：

$$奖金包=奖金分×奖金兑换率$$

华为的奖金生成与分配机制如图11-2所示。

奖金包到了每个部门之后，每个部门再分给每个员工。而员工又有两个群

体，一个是部门主管，针对部门主管的叫"火车头"奖励方案；一个是部门员工，针对不同员工可以分别制订奖金方案。

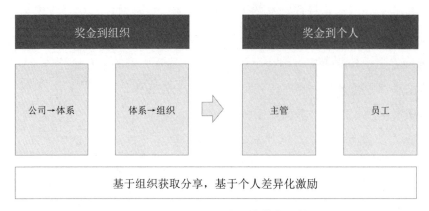

图11-1 华为奖金分配的基本逻辑

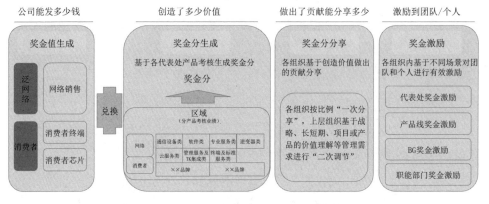

图11-2 华为的奖金生成与分配机制

华为将整个组织分为如图11-3及表11-2所示的作战单元、作战平台和管理平台，从而制定差异化的奖金生成机制。作战单元主要聚焦多打粮食，增加土壤肥力，因此作战单元的奖金根据收入、利润、现金流等指标直接生成。根据管辖的业务范围，作战平台既要多打粮食、增加土壤肥力，还要注重效益提升、成本费用的管控，因此其奖金包既源于业务的增长，也源于业务的增效。管理平台是服务于作战部门的，因此其奖金源于一线作战部门奖金一定比例的分享。一线作战部门对管理平台进行满意度评价，最后计算出管理平台的奖金包，以此促进管理平台高效服务好作战平台。

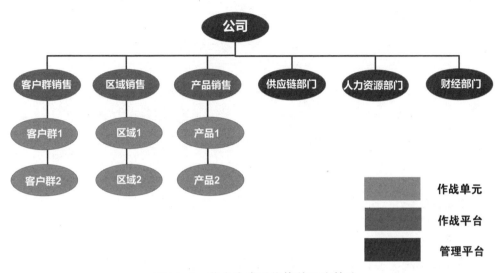

图11-3 奖金生成以作战单元为基础

表11-2 前中后台联动的奖金生成机制

部　门		奖金来源	组织 KPI
作战单元	成熟区域	贡献利润 + 收入	新产品 市场份额 / 竞争对手压制
	新区域	山头项目 + 收入	概算利润 重点产品 新区域 ……
	产品线	贡献利润 + 收入	项目中标率 概算利润 存货 应收账款 ……
作战平台	营销管理部	销售平均奖金 × 价值系数	新产品收入 产品竞争力 专利布局 ……
	技术研发	产品研发平均奖金 × 价值系数	技术规划里程碑达成率

续表

部　门		奖金来源	组织 KPI
管理平台	供应链	作战部门平均奖金 × 价值系数 + 降本增效奖	交付及时率 质量 安全 ……
	财务	作战部门平均奖金 × 价值系数 + 降本增效奖	费效比 融资成本
	人力	作战部门平均奖金 × 价值系数 + 降本增效奖	人均产出 关键岗位人才储备

奖金的类型

华为的获取分享的奖金生成机制，明确了奖金从哪里来。根据经营管理诉求，还需要解决奖金到哪里去的问题，即如何将奖金结构化，与不同的业务场景和岗位进行精准匹配，最终牵引组织行为和员工个人行为，实现经营管理目标。很多企业的奖金机制简单粗暴，从形式上看，只有业绩提成奖；从时间上看，只有年终奖。这样会导致激励滞后，激励形式单一，无法激发组织活力和个人动力。为了激发组织活力和个人动力，华为将奖金进行了如图11-4所示的结构化设计。

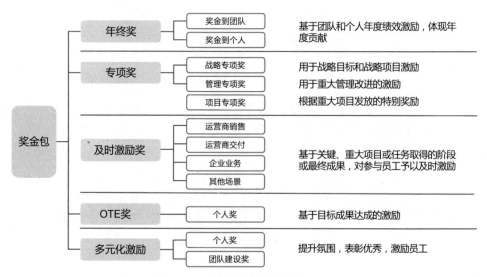

图11-4　华为奖金的结构化设计

年终奖激励机制，导向有创造就分享

每次华为发放年终奖，都会得到媒体的极大关注，因为华为的年终奖非常丰厚；年终奖是对员工过去一年努力的肯定，员工也非常期待。华为年终奖的发放是一个相对复杂的过程，因为奖金包的生成机制需要大量的数据统计和计算，还会涉及考核数据的调整。因此华为年终奖的发放时间都相对滞后，一般在第二年的5月左右。年终奖是总薪酬包扣除工资性薪酬包，然后再扣除过程激励的奖金，如及时激励、多元化激励、专项奖等之后最后形成的奖金，是薪酬要素中弹性最大的部分。但年终奖的弹性对不同的岗位层级是不同的，越是基层员工，弹性越小。例如，基层员工的年终奖一般为月收入的2~4倍，业务好坏对基层员工的影响不是特别大，影响基层员工的年终奖的主要是个人绩效结果。级别越高的员工，对经营成果的达成的影响也越大，其年终奖的弹性就越大，这样就形成了"有创造，就分享""风险共担，收益共享"的利益分配机制。

以前，华为的年终奖占浮动奖金总额的70%以上，过程激励相对较少，激励的形式也相对单一，导致激励滞后，激励效果差。后来，公司将年终奖占比逐步降了下来，强调及时激励，过程激励要占到50%左右。为了避免以年度为一个周期的激励会受到业绩波动的影响，华为还设计了奖金余留机制，每年将奖金包的10%进行余留，将奖金进行递延，从而强调激励的稳定性和持续性。

专项激励机制，导向战略实现

公司在成长过程中，必然需要突破一些瓶颈。这些工作往往需要跨部门协作，如果没有利益机制的牵引，靠开会、检查、惩罚很难奏效。华为专项激励机制就是通过利益分配来促协同，通过靶向激励来突破经营管理的短板。华为专项激励主要聚焦公司级、跨部门（跨奖金单元）、战略性的工作或事件等的激励。专项激励主要由战略目标奖金、管理改进奖金和项目专项奖金三部分构成。基于公司战略意图，自上而下确定，按目标奖励、明码标价。基于各项战略目标的总体战略意图及关键里程碑设定明确的奖励额度，完成承诺目标即获得奖金。提前完成，提前获取。专项激励重点奖励对长期战略有重大影响、未来收益大但短期收益小的项目。重点驱动以当期经营目标为主的部门，通过激励设置，牵引其关

注长期战略落地。

专项激励主要是针对战略贡献或一些关键的任务项来设定的，解决对经营性指标无法评价的重要贡献的激励。专项激励的内容主要包括重大项目、新领域、新技术、新市场的突破，竞争性项目压制，扭亏为盈的项目，以及重大的管理改进等。

想要什么就去激励什么，激励什么就会得到什么。每年年初，各级部门会根据战略目标和业务目标，预先设定一些奖项，以提升各级部门和员工管理改进、技术创新的积极性。它们每年都会做专项激励奖金的预算，一般来自总奖金包的一定比例，约为10%~30%。华为会根据不同的项目设置不同的奖励金额，其表现形式可以是团队的，也可以是个人的。它们可以是公司主动授予的，也可以来自团队或个人的申请。华为专项激励的奖项设置如图11-5所示。

专项激励的发放方式一般如下：

（1）30%奖励给管理团队（团队第一负责人占20%）。

（2）30%奖励给绩效排名前20%的员工。

（3）30%奖励绩效排名中间的70%的员工。

（4）10%奖励给上级团队或跨部门支持团队。

及时激励机制，导向冲锋

很多企业的激励机制基本是每个月发放固定薪酬，年底发放奖金。这样会导致激励滞后，员工的积极性调动不起来。华为会专门设计及时激励机制，改变奖金一年一次的评议方式，加强奖金评议和发放的及时性，强化过程激励、项目激励，提高激励效果，将激励提前，导向冲锋，强化发放及时性。及时激励重点针对基层作战团队，让员工可根据方案实时计算出自身可获取的及时激励奖金，可直接感受到回报与贡献挂钩，从而导向冲锋。及时激励方案要体现业务特点和组织导向，各个业务单元分别制定及时激励机制。华为及时激励的设置如图11-6所示。

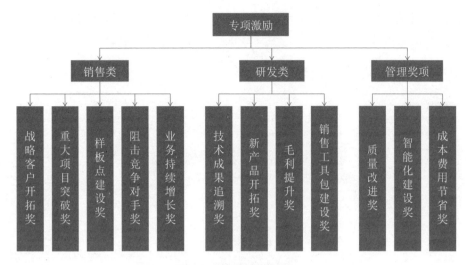

图11-5 华为专项奖

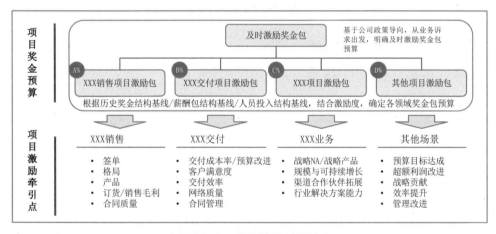

图11-6 华为的及时激励

OTE奖金机制，导向胜利

对于直接打粮食的部门和岗位，可以设定基于目标的奖金，这个目标可以是某个项目的完成、某个重大合同的签订、销售额的达成、竞争对手的压制等。目标奖金（On Target Earning，OTE）的发放与结果完全挂钩，只认功劳，不认苦劳，对目标结果进行强激励，对薪酬进行高浮动，把市场压力传递给员工，同时简化过程管理。一般参与OTE计划的员工，原则上不再参与其他奖金激励，如

年终奖、战略奖金、及时激励等。OTE目标激励部分的支付频率可设为季度或半年，其奖金受薪酬总包管控，工资部分纳入工资性薪酬包管理，奖金部分源于奖金包。华为针对销售人员的OTE奖金机制的设置如图11-7所示。

图11-7 华为销售人员OTE奖金机制

多元化激励机制，导向高绩效行为

多元化激励的奖项设置简洁清晰，体现公司和部门的绩效导向，引导团队和个人用正确的方法做正确的事。对达不到奖项标准的，其激励宁缺毋滥。多元化激励根据事件驱动或每月定期组织奖项评选，避免年底集中进行评定，以保证激励及时性与激励效果。企业可根据实际情况围绕业务目标设计多元化的激励方式，以满足多种激励需求。多元化激励源于年度奖金的余留，每层组织当年的经营奖金包余留额加上历史余留奖金为累积的余留多元化奖金额，但累积的上限为本层组织当年分享经营奖金包的10%。超额后不能再新增奖金余留，超额部门两年内用完，可用于年度奖金评议。可进行经营奖金预留的组织层级不能太低，各体系部门经营奖金余留层级为一级部门和大的二级部门。原则上个人奖比例大于80%，团队奖比例不超过20%。各部门多元化激励管理要遵从透明公开的管理原则。各部门在年初公布当年的多元化激励方案、预留的多元化激励金额等，并定期公示多元化激励中团队奖的使用情况，包括使用事由、使用人群、额度等。华为要求，各个部门要建立多元化激励使用事项的负向清单，并例行审视。激励的奖项设置如项目奖、总裁奖、产品线小额激励等，全部发放到个人，并依法纳税。

多元化激励重在及时，小步快跑，层层推选，从周星星、月度之星的50元、100元做起，充分激发员工的工作激情，解决基层主管的"激励权力"问题。多元化激励奖项的设置和发奖，解决基层主管的"激励资金"问题。

奖金到团队的算法

华为的奖金算法总导向是多打粮食和增加土壤肥力，说到底华为奖金算法的本质就是增量激励，有增长才能有更多的分享，这就是华为的复合增长率长期保持在30%以上的关键。很多企业的奖金激励是存量激励、简单的销售提成，这会导致利益板结，使作战单元和个人没有动力做增量，躺在存量上拿钱，企业因此失去了增长的机会。在一般情况下，华为的增量奖金生成机制与目标考核是脱钩的，以鼓励员工挑战高目标，避免与员工就目标的多少以及合理性进行内部博弈。业绩增长越多，奖金就越多。增长是指相对历史业绩的增长。华为的增量激励有三种典型的场景，其基本逻辑如下。

场景一：基于历史延长线生成奖金。基于过去的奖金，作为下一年奖金的基数，业绩有增长，奖金就有增长；业绩没有增长，奖金也没有增长。这里的业绩不仅仅是指销售额，业绩可以基于一组指标来定义，如销售额、利润、现金流等。如果企业对存量贡献承认不够的话，也会打击优势产品/优势市场（粮仓），因此在场景一的生成逻辑里，存量业绩和增量业绩都会得到激励（见图11-8）。

场景二：对于处于增长机会窗的业务，为了牵引团队尽快抢占市场，会更加重视业务增长，这就需要通过激励机制对增量加大激励。或者说在某些业务场景中，随着存量的持续增长，增量空间越来越有限，增长越来越困难，员工为了增长付出了更大的努力，此时也需要对增量加大激励，对增量业绩激励进行加速，（见图11-9）。

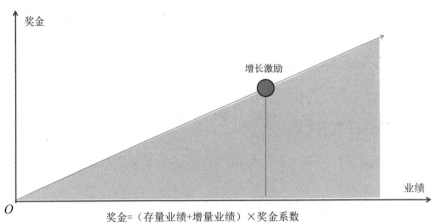

图11-8 场景一示意图

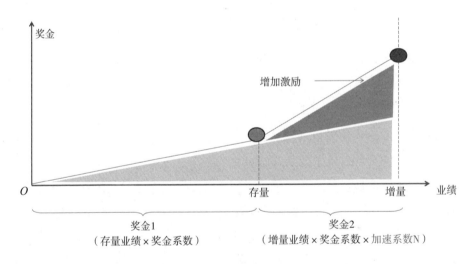

图11-9 场景二示意图

场景三：在某些业务场景下，存量业绩不需要付出太多的努力，只需要适当维护客户关系，订单就能稳定维持，此时维持与上一年相当的业绩量相对轻松。这就需要降低对存量业绩的激励力度，牵引员工努力拓展新的增长空间，避免员工躺在存量业绩上面拿钱，导致公司增长乏力。因此，企业会对存量业绩的激励打折，对增量业绩的激励进行加速（见图11-10）。

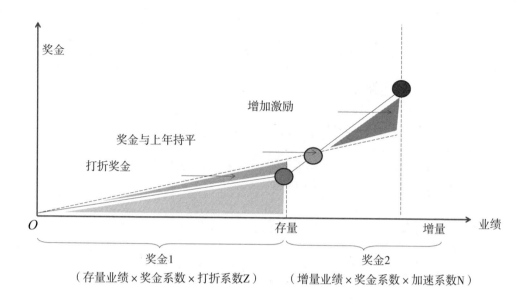

图11-10 场景三示意图

华为奖金到团队的方法主要有如表11-3所示的10种，每种方法适用的业务场景不一样，牵引的方向也不一样，要根据业务场景做差异化激励。

表11-3 华为奖金到团队的典型算法

典型算法	适用业务场景	适用团队	方法说明
业绩同比增长法	成熟/成长	一线作战团队	牵引业绩增长
业绩结果保底增长法	成熟/成长	一线作战团队	牵引业绩增长
业绩目标完成率法	成熟/成长	一线作战团队/作战支持团队	牵引目标完成
业绩同比增长+目标完成率法	成熟/成长	一线作战团队/作战支持团队	牵引同比增长与目标完成
业绩同比增长+中长期战略达成法	成熟/成长	一线作战团队/作战支持团队	牵引同比增长与战略达成
业绩绝对值法	成熟	一线作战团队	牵引多打粮食
比例分享法	成长	平台支撑团队	分享作战平台总体业绩
战略目标法	战略投入期	一线作战团队/作战支持团队	战略投入期，分享公共平台总体业绩

续表

典型算法	适用业务场景	适用团队	方法说明
比例联动法	共享服务业务	平台部门	牵引效率持续提升
员工卷积法	职能部门	定岗定编团队	根据人员情况分配奖金

团队类型参考（具体根据实际业务情况分类）
- 一线作战团队：A 销售部、B 销售部、C 销售部
- 作战支撑团队：解决方案销售、交付与服务、合同商务、供应链、采购
- 平台支撑团队：公共关系、财务、HR、总经办、行政

业绩同比增长法

适用对象：成熟期／成长期代表处的一线作战团队。

牵引导向：与当期经营结果挂钩，基于经营业绩同比增长计算奖金，牵引业务正增长、效率改进。

计算方法：参考历史计算各团队奖金基线，按业绩增长情况确定奖金包。

$$奖金=收入奖金+利润奖金+现金流奖金$$

$$收入奖金=基线奖金包×收入增长率×收入权重$$

$$利润奖金=基线奖金包×利润增长率×利润权重$$

$$现金流奖金=基线奖金包×现金流增长率×现金流权重$$

业绩结果保底增长法

适用对象：成熟/成长业务。

牵引导向：体现自我经营，鼓励增长，鼓励盈利，每财年年底根据业务单元的销售收入、贡献毛利等来确定实际奖金。

计算方法：

$$奖金=收入奖金×收入权重+贡献利润奖金×利润权重$$

基线奖金包一般为上一年奖金包，如果经营发生实质性变化，可以适当修正。

$$收入奖金=基线奖金包×本年收入÷（1+保底增长率）÷上一年收入$$

$$贡献利润奖金=基线奖金包×本年贡献利润÷（1+保底增长率）÷上一年贡献利润$$

业绩目标完成率法

适用对象：成熟期／成长期代表处的一线作战团队和作战支撑团队。

牵引导向：与当期经营结果挂钩，基于团队业绩完成率计算奖金，牵引当期业绩目标完成。

计算方法：参考历史基线计算各团队奖金基线，按业绩完成情况调节奖金包。

$$年终奖金=基线奖金包×业绩系数×调节系数$$

业绩同比增长+目标完成率法

适用对象：成熟期／成长期业务单元的一线作战团队和作战支撑团队。

牵引导向：根据当期经营结果，同时牵引经营业绩同比增长和目标完成。

计算方法：参考历史期限计算各团队奖金基线，按业绩增长情况确定奖金包。

年终奖金=基线奖金包×（权重1×同比增长系数+权重2×目标达成系数）

业绩同比增长+中长期战略达成法

适用对象：成熟／快速成长期业务。

牵引导向：

（1）与当期经营结果挂钩，按经营业绩分享奖金，牵引多打粮食。

（2）牵引当期经营目标达成的同时，兼顾产品线中长期战略目标，避免KPI过于短期化。

计算方法：把奖金分为经营产出部分（收入奖金、贡献毛利奖金）和战略达成部分（中长期战略达成奖金）。

年终奖金=收入奖金+贡献毛利奖金+中长期战略达成奖金

收入奖金=收入奖金系数×考核销售收入×收入权重

收入奖金系数=上年奖金/上年销售收入

贡献毛利奖金系数=上年奖金×利润奖金权重/上年贡献毛利

贡献毛利奖金=贡献毛利奖金系数×考核贡献毛利×贡献毛利权重

贡献毛利奖金系数=上年奖金/上年贡献毛利

中长期战略达成奖金=中长期战略达成情况×中长期战略达成权重

业绩绝对值法

适用对象：成熟期代表处的一线作战团队。

牵引导向：与当期经营结果挂钩，按经营业绩分享奖金，牵引多打粮食，上下对齐，力出一孔。

计算方法：按产出结果×奖金系数直接计算奖金，根据历史基线计算各团队的奖金系数。

$$年终奖金=收入奖金+利润奖金+现金流奖金$$
$$收入奖金=收入奖金系数×考核收入$$
$$利润奖金=利润奖金系数×考核利润$$
$$现金流奖金=现金流奖金系数×考核现金流$$

比例分享法

适用对象：定岗定编的平台支撑团队。

牵引导向：共同分享经营单元的整体业绩，适当区分贡献和牵引减人增效。

计算方法：根据历史基线计算各团队奖金基线，根据部门岗位作战属性设置不同的增长系数。

$$奖金=业务单元奖金×部门分享比例×部门绩效系数×支撑满意度$$

战略目标法

适用对象：战略投入期产品开发团队，此方法公共部门也可适用。

牵引导向：牵引战略投入尽快取得成效，促进效率持续提升，基于对产品的贡献"挣奖金"。

计算方法：

$$奖金=基础奖金（60\%）+贡献奖金（40\%）$$
$$基础奖金=新业务人数×成熟业务人均奖金×60\%×KPI系数$$
$$贡献奖金=新业务人力×成熟业务人均奖金×40\%×贡献系数$$

系数说明：贡献系数，以业务目标为牵引，体现对战略目标的支撑，由上级组织综合评价。系数取值范围为（0，1.2）。

比例联动法

适用对象：平台性部门等。

牵引导向：从作战团队分享奖金，鼓励持续提升服务效率，体现平台部门与作战团队共同成功。

计算方法：

平台部门奖金=∑平台部门人力×作战部门人均奖金×平台部门绩效系数

系数说明：团队绩效系数，以业务目标为牵引，体现平台对作战部门的经营目标的支撑，由作战部门评价平台部门的绩效系数。平台部门绩效系数取值范围为（0.9，1.1）。

员工卷积法

适用对象：定岗定编团队，平台部门。

计算方法：按人员数量测算奖金，卷积成为部门奖金包，根据上年度奖金分享结果计算各职级员工历史基线，考虑各类影响因素，如一线作战、业务属性、绩效结果、岗位职级等。

部门年终奖金=∑个体奖金

个体奖金=职级历史基线×岗位系数×绩效系数

奖金到个人的算法

华为员工个人的奖金主要依据公司效益、员工所属组织的绩效和个人绩效来确定，奖金评定向一线作战部队牵引，加强公司的价值创造和价值管理能力。奖金评定应根据员工责任、绩效等拉开差距，向绩效优秀者倾斜，体现价值分配与价值创造、价值评价相关联，落实"挣奖金、奖金从项目中来"的管理理念。公司批准各组织分享奖金包，各部门根据奖金包和部门实际情况，以及员工的责任贡献，完成员工个人的奖金评定。绩效为C的员工原则上奖金不能高于上年，绩效为D的员工年度奖金为零。出现部门调动的员工，其奖金由其所服务过的部门分别评定和承担，组织评议部门负责与员工沟通奖金评议结果，沟通时可告知员工各段评议值。奖金评议要考虑出勤系数。因违规、信息安全违规、已发文要求

无奖金等的员工，奖金为零。奖金到个人的典型算法如表11-4所示。

表11-4 华为奖金到个人的算法

典型方案	适用场景	方法说明
"小火车头"奖金方案	主管	基于组织业绩、个人绩效等分享奖金
同比增长法	作战类岗位	基于基线奖金和业务增长分享奖金
目标奖金法	销售类	牵引目标达成，与结果强挂钩
贡献权重法	作战平台类岗位	基于岗位性质、个人贡献等系数修正奖金基线来分享奖金
职级当量法	专业类员工	基于员工个人职级、职级均值奖金来计算奖金。
工资倍数法	基层员工	基于工资倍数计算奖金

"小火车头"奖金方案

适用对象：部门主管。

具体方法：根据岗位责任确定目标奖金基线，根据组织绩效、运作效率和个人绩效结果确定奖金修正系数。

计算方法：

个人奖金=年度目标奖金×（权重①×组织业绩系数+权重②×个人绩效系数）

同比增长法

适用对象：作战平台员工。

计算方法：员工分享组织整体奖金包的增/减幅，基于实际贡献，参考团队奖金增幅和个人绩效结果，进行拉通评估。

个人奖金=上年奖金基线×业务团队奖金包增长率×个人绩效系数

目标奖金法

适用对象：企业销售人员。

牵引导向：以"个人业绩分享"为主，激励与业绩显性关联。

计算方法：年终奖金与个人业绩（收入）强挂钩，根据产品、客户、行业、盈利情况调整。

$$个人奖金=销售收入×产品系数×客户系数×行业系数×盈利系数$$

贡献权重法

适用对象：作战类员工。

计算方法：根据由相应系数决定的个人贡献，在奖金包中获取分享。

$$个人奖金=（贡献分/\sum 成员贡献分）×团队奖金包$$
$$贡献分=岗位类别系数×个人绩效系数×人员类别系数$$

职级当量法

适用对象：专业类员工。

计算方法：根据员工个人职级以及对应级别的平均奖金计算个人奖金，再根据个人绩效系数调整。

$$个人奖金=个人职级×职级均值奖金×个人绩效系数$$

工资倍数法

适用对象：基层员工。

计算方法：基层员工直接根据绩效结果确认工资倍数，通过公式计算得出。

$$个人奖金=个体工资×绩效工资倍数×出勤时间$$

华为产品线奖金的分配办法

　　为了进一步落实高层领导绩效承诺制度，完善产品线自我激励、自我约束的责任和激励机制，特制订产品线奖金分配方案。

1. 目的和原则

　　产品线奖金由基础奖金和贡献奖金两部分构成。基础奖金与公司营业净利润挂钩，以牵引产品线关注公司的整体利益；贡献奖金与产品线贡献毛利挂钩，以强化奖金对产品线贡献的激励，提高人均效益。

　　产品线基础奖金与产品线领导的KPI承诺完成率挂钩，以强化产品线预算目标的达成对基础奖金的影响，同时为公司其他部门基础奖金的设计提供统一的参考基准。

　　各产品线贡献奖金与贡献毛利采用相同的挂钩系数，以体现"产品线的人

均贡献毛利越高，则产品线的人均贡献奖金越高"的原则。产品线与贡献毛利挂钩的奖金不封顶，以鼓励产品线将贡献毛利做大。

产品线贡献毛利的核算，在突出销售收入扩张导向的同时，兼顾产品线对制造成本、期间成本，用服费用、研发费用、营销与行销费用、管理费用，以及产品线非正常损失的责任。目的在于加强财务核算和内部管理，开源节流，同时向周边部门传递压力，从而对公司期间费用形成反向制约。

2. 适用范围

本方案适用的人员包括：直接为产品线服务的研发人员、产品行销人员、国内行销和国际行销人员（含办事处、地区部、海外代表处行销人员），以及本产品线行政服务人员。中央研究部核心网人员按所服务的对象划分到固网与无线产品线。

本方案批准实施后，除由公司文件批准增加产品线人员，需由公司人力资源部补充修订产品线的奖金挂钩系数外，其余产品线自行决定增减的人员不影响产品线奖金挂钩系数。

3. 产品线奖金总包的确定

产品线奖金=产品线基础奖金+产品线贡献奖金

产品线基础奖金=公司营业净利润×BPL×产品线平均人员比重×KPI完成系数

产品线贡献奖金=产品线贡献毛利×APL

=（产品线销售收入−产品线制造成本−产品线期间成本−产品线直接用服费用−产品线直接研发费用−产品线直接营销与行销费用−产品线管理费用−产品线非正常损失）×APL

式中各指标含义如下。

BPL：产品线与公司营业净利润挂钩的基础奖金系数。

产品线平均人员：产品线全年各月月末直接为产品线服务人数的平均值。

产品线平均人员比重：某产品线平均人员占全部产品线平均人员的比重。

KPI完成系数：为产品线领导绩效承诺中年度KPI目标的完成率。KPI完成系数的上限为1.2。KPI承诺与考核如表11−5所示。

表11-5 各产品线KPI与考核

KPI指标	权重	KPI 分数	承诺栏			加权分数
			持 平	达 标	挑 战	
			80	100	120	
销售收入	XX%	目标值	XX	XX	XX	
		实际完成				
新产品销售比重	XX%	目标值	XX	XX	XX	
		实际完成				
销售毛利率	XX%	目标值	XX	XX	XX	
		实际完成				
税前利润	XX%	目标值	XX	XX	XX	
		实际完成				
重点产品故障率	XX%	目标值	XX	XX	XX	
		实际完成				
客户满意度	XX%	目标值	XX	XX	XX	
		实际完成				

APL：产品线与贡献毛利挂钩的贡献奖金系数。过渡期，采用基础奖金与贡献奖金5：5的比例；正式运行期，采用基础奖金与贡献奖金4：6的比例。挂钩系数的数值如表11-6所示。

表11-6 挂钩系数的确定

系 数	单 位	5：5方案（过渡期）	4：6方案（正式运行期）
APL	%	1.37	1.77
BPL	%	4.1	3.5

产品线销售收入：包括所有设备销售收入和与设备销售相关的安装收入、运保收入、产品用户培训与维保收入及与产品线相关的服务营销收入、与产品线相关的其他收入。

产品线制造成本：与设备销售收入匹配的原材料成本、直接人工成本和分摊的供应链费用。

产品线期间成本：包括存货跌价准备金增量、存货报废、存货维修费用、存货盘点损失、质量保证金、销售运保费、发货关税与海关费用。

产品线直接用服费用：包括设备安装费用、产品用户培训费用与保内维保费用、保外未签维保费用、技术支援参与产品开发费用及与产品线相关的服务营销费用、与产品线相关的其他成本费用。

产品线直接研发费用：产品线实体研发费用（含外包费用）和中央研究部为产品线发生的有确定费用分摊比例的项目费用，不含中央研究部预研费用以及中央研究部发生的无确定费用分摊比例的项目费用。

产品线直接营销与行销费用：产品线直接发生的营销与行销费用，国内办事处产品行销费用，海外地区部、代表处产品行销费用，不含国内营销部、国际营销部机关及客户平台费用。

产品线管理费用：产品线管理部门发生的费用。

产品线非正常损失：包括存货跌价损失，借货损失、退换货损失、合同更改损失、评审外贴息、坏账损失、版本升级或切换造成的呆死料，以及因研发设计原因造成的批量换板损失。产品线非正常损失的内容已经包括在上述收入、成本和费用中的，不再重复计算。

以上指标的定义和具体核算方法遵照财经管理部制定的文件和核算细则。

4. 产品线战略投入的奖金补偿

经公司批准的战略性投入的产品线可以预借奖金，补偿产品线因战略性投入收入滞后对当年奖金的影响。预借奖金的数额参考各产品线的平均奖金水平合理确定。产品线预借奖金隔年一清，清完可再借。

5. 产品线奖金的内部分配

产品线基础奖金与贡献奖金在产品线内部的分配，由产品线自行决定。对于个别奖金过高的年份，可以采用奖金库的方式进行调节，以丰补歉，分配方案需报公司人力资源部审批备案。

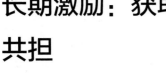

第十二章

长期激励：获取分享，风险共担

有恒产者有恒心，无恒产者无恒心。

——孟子

当下的企业正在告别过去的机会成长时代，进入价值成长、战略成长的阶段。企业的发展越来越依赖于人才，越来越依赖于围绕未来的目标长期坚持不懈地努力。从0到1的创新不可能一蹴而就，需要反复的试错、迭代、优化后，才有可能取得成功。这个时间跨度短则一年，长则10年、20年甚至更长，这就需要员工愿意为企业的长期发展做出不懈的努力。企业成长犹如两万五千里长征，需要员工的体力、耐力、忠诚度。这就需要企业与员工构建长期的利益关系，才能确保队伍顺利到达"延安"。很多企业的员工忠诚度只能按月计算，因为员工与企业之间是短期利益关系。企业给员工的主要收益是每个月发放的固定工资，员工与企业之间就是简单的雇佣交易关系。一旦员工发现有其他企业有更高的工资待遇，就会毫不犹豫地选择离开公司，尤其是现在劳动力市场高度发达，更换工作的成本代价对员工来说几乎为零，更是助长了员工的流动。因此，追求持续卓越成长的企业，唯有与员工建立长期的利益关系，尤其是与核心价值的创造者建立长期的利益关系，才能确保企业取得持续的商业成功。

当下企业在人才引进和保有方面，存在如下突出问题：

（1）优秀人才进不来、用不起、留不住。

（2）高工资、高奖金还是留不住人。

（3）"另立山头"现象屡屡发生。

（4）员工忠诚度越来越低。

（5）核心人才不愿意做0到1的创新业务。

（6）员工不关心企业的长期发展。

（7）员工干活总是出工不出力、出力不出活。

长期激励就是在企业与员工之间建立长期的利益分享机制，以此结成利益共同体，打造命运共同体。长期激励有利于吸引和保有优秀人才，促进员工为企业长期发展而持续奋斗，提升员工对企业的忠诚度，增强企业的创新能力，便于企业基于信任做简化管理，提高企业的经营效率。长期激励能够降低企业短期激励的压力，避免员工在短期利益上斤斤计较，促进员工面向未来做增量贡献。

长期激励基于收益的来源分为权益分享类和利润分享类。权益分享类员工通过持有企业的股权获得收益，包括分红收益和股权增值收益等。利润分享类员工不持有公司股权，直接从利润中获得收益。

权益分享类长期激励又分为股权类和期权类，主要方法如图12-1所示。

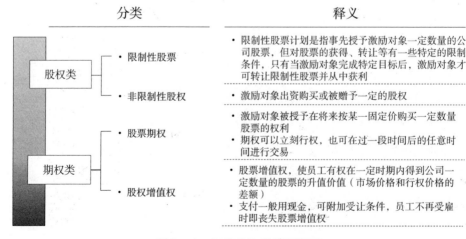

图12-1　权益分享类长期激励

利润分享类长期激励可以分为如图12-2所示的份额法、比例法和追溯法。

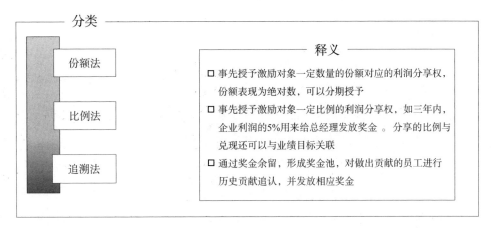

图12-2　利润分享类长期激励

企业可以根据发展的需要，灵活地采用上述一种或多种方式组合运用达到长期激励的效果。

如何平衡长期激励与短期激励

长期激励要根据企业的发展阶段和对人才依赖的程度来设计。一般来讲，越是初创期的企业，早期盈利少甚至没有盈利，就越需要用未来的钱来激励现有的员工。长期激励优于短期激励，才可能吸引和保有优秀人才。如果企业进入成熟期，股权结构也相对稳定和分散，没有更多可以用于激励的股权资源，公司业务的增长空间也有限，而且公司当下现金流较为丰富，盈利能力也较强，那么企业可以更多地用中短期激励来吸引和保有人才。

另外，企业越是高科技行业，对人才依赖越大，对创新依赖越大，就越需要利用长期激励来牵引员工为企业的创新和长期发展而奋斗。这就是为什么很多科技型企业特别注重长期股权激励。股权激励一方面能够降低企业当下的薪酬成本，另一方面能够与员工结成利益共同体。如果企业发展失败，那么员工的股权就一文不值。这就迫使员工为了公司利益和个人利益，背水一战，从而提升了企业成功的概率。

€ 如何平衡长期股权激励与长期奖金激励

长期激励从来源上可以简单分为权益分享和利润分享激励。权益激励需要在公司治理层面引入员工股东，稀释老股东的权益，而且员工与企业之间形成的投资关系受《公司法》的保护和约束。这样员工与企业的关系变得复杂起来。根据《公司法》，员工股东享有相应的权利，可以通过公司治理参与企业的经营决策等，从而影响原股东的权益，甚至削弱了原股东的控制权。而且，员工一旦成为股东，有可能导致其搭便车。因为是股东，即使不奋斗，也可以分享公司的利益。员工离职，可以根据《劳动法》合法解除劳动关系，但员工股权受《公司法》的保护。在未特别约定的情况下，员工离职，企业不能随意解除其股权。这样，股权激励就成了员工永久性利益，失去了持续激励员工的作用。

长期的奖金激励不属于股权的范畴，员工无权参与公司的治理。它是公司授予员工奖金的分享机制，这个分享机制属于薪酬的范畴，可以根据需要灵活调整，员工离职自动失效，员工不努力或业绩不达标企业也可以取消。长期奖金分享机制更能调动员工的积极性。

因此，能够用长期奖金激励的，尽量不用长期股权激励。一般成熟企业或成熟业务更多地用长期奖金激励，而创立期、成长期企业或亏损企业更多地用长期股权激励。

€ 如何平衡历史贡献和未来贡献

长期激励究竟应该面向未来，还是要优先考虑历史功臣。很多企业做长期激励，尤其是股权激励，往往特别关注历史功臣。股权激励成了奖励功臣和"杯酒释兵权"的交易对价。长期激励的兑现主要是基于未来某个时点的，而未来的利益分享需要未来创造，且需要靠未来能持续做贡献的员工创造，因此长期激励应该更多地面向未来能够做出贡献的价值创造者。

当然，有些历史功臣当年并没有得到相应的回报，尤其是一些做创新和技术的员工。由于当年业务机会还没有出现，因此给公司创造的价值并不明显。但过了两年、三年甚至更长时间后发现，当年做创新或技术攻关的员工的贡献，给公司创造了巨大的价值。公司应该对过去的英雄进行追认，对他们进行补偿性激励。这样的历史功臣应该加大奖励，因为他们不计较短期利益，从全局出发脚踏实地地工作，经得起历史检验。这就是长期激励中的追溯激励，它牵引员工耐得住寂寞，愿意为公司长远发展而努力。对于那些未来不能持续贡献，或者能力跟不上的历史功臣，不建议用长期激励，因为他们过去已经得到了相应的回报。

€ 如何平衡合法合规和激励机制的灵活性

长期激励涉及期限长，且涉及的都是关键岗位，因此要特别注意方案的前瞻性和可调整性。企业要从发展的角度合理设计长期激励方案，循序渐进，反复迭代优化。因为公司可能上市，战略会有大调整，因此在设计长期激励尤其是股权激励时，要设计法律防火墙，避免产生股权纠纷，为以后的上市造成障碍。尤其是股权激励，可能涉及员工出资，还要特别避免非法集资。不要对员工承诺保底收益，不要对不特定人群或公司之外的员工配股募集资金，以上任意一条有违反，都可能触发非法集资。所以企业在设计股权激励时，要聘请专业律师，在合法合规的基础上追求有效性和灵活性。

€ 利润分享激励

利润分享的长期激励一般适用于相对成熟的企业，这些企业有相对稳定的利润，可以提取一部分来奖励员工。它的好处是不需要改变现有的股权结构，不涉及股权相关的法律法规要求的程序性审批。它属于薪酬管理的范畴，经营管理层就可以决定它的发放规则，操作相对灵活。长期的利润分享计划有利于牵引激励对象关注企业盈利，有创造，有分享。针对长期利润分享激励的获取和兑现，还可以设定相应的条件。例如，达到一定绩效水平以上的某类员工才可以获得长期

奖金分享计划，或者员工达到一定业绩目标才能兑现奖金。例如，连续3年业绩的复合增长率不低于15%，就可以获得3年利润总额5%的分享。

华为的TUP

华为的TUP就是长期的利润分享计划，它设计得非常精巧，是各企业学习的典范。

华为根据部门绩效、个人绩效每年给员工分配TUP。TUP不需要员工花钱购买，它的收益与华为实际的股权是一样的，享有分红权和增值收益权。而且TUP有名义上的价格，名义的价格与公司内部股权的价格一致。TUP虽然是长期的奖金计划，但员工感受到的是与公司股东一样的收益权，而且是不需要花钱购买的股权，因此它非常受新员工和海外员工的欢迎。

用如表12-1所示的一个示例说明TUP的收益是如何设计的。假定2014年给员工A授予90万份TUP，有效期5年，享有分红收益和增值收益。

表12-1　TUP收益计算示例

年　份		当期股票价值	享有权益	当年行权TUP份数	当年分红总份数	当年每股分红
2014年	第一年	5.42元/股	没有分红权	无	无	1.9元/股
2015年	第二年	5.66元/股	获取90万份TUP的1/3分红权	30万份	30万份	1.95元/股
2016年	第三年	5.9元/股	获取90万份TUP的2/3分红权	30万份	60万份	1.53元/股
2017年	第四年	6.81元/股	全额获取90万份TUP的100%分红权	30万份	90万份	1.02元/股
2018年	第五年	7.85元/股	全额获取90万份TUP的100%分红权，同时进行股票增值收益结算	无	90万份	1.2元/股

分红收益计算如下：

个人分红收益=当年TUP分红总份数×当年分红价格

2014年分红收益=0

2015年分红收益=30×1.95=58.5（万元）

2016年分红收益=60×1.53=91.8（万元）

2017年分红收益=90×1.02=91.8（万元）

2018年分红收益=90×1.2=108（万元）

5年总分红收益=350.1（万元）

增值收益计算如下：

增值收益=当年行权TUP份数×（期末股票价值−期初股票价值）

备注：

（1）员工满5年才享有增值收益，未满5年的不计算增值收益。

（2）期末股票价值为第五年股票价值。

（3）期初股票价值为行权当年的股票价值。

5年总增值收益=30×（7.85−5.66）+30×（7.85−5.9）+30×（7.85−6.81）=155.4（万元）

员工A5年总收益=5年总分红收益+5年总增值收益=505.5（万元）

可以看出，华为采取的是5年期（$N=5$）的TUP，前4年递延分红权收益，最后一年除获得全额分红收益之外，还可能获得5年中股权增值的收益。

TUP在5年后清零，要求员工只能不断努力工作以换取更多的奖励期权，避免老员工在拥有大量股票后坐享收益，不思进取。由于TUP占用了部分可分配利润，原来虚拟受限股的分红比重会下降，必然会对老员工带来冲击。不过真正优秀的老员工的虚拟受限股拥有量很大，而且TUP的授予会补充一部分收益进来。只有那些无法继续成长的老员工，才会感受到长期收入减少的压力。

TUP奖金递延计划的亮点在于其增值收益，不同年度的奖金可以随着企业效益的增长而增加，否则奖金递延只能算"扣"人计划，算不上激励计划。华为TUP属于一种长期激励模式，相当于预先授予员工一个获取收益的权利，但收益需要在未来N年中逐步兑现。TUP的分红权属于"递延"部分，节省了企业的现金流；权益增值属于"递增"部分，以留住员工。这一制度安排比较好地解

决了工作5年员工的去留问题。按一般规律，员工在入职1~2年内属于投入期，之后才逐步有产出，对企业有贡献。在这个时间点如果优秀员工选择离开，对企业来说无疑是损失。华为采取的5年制TUP模式以及"递延+递增"的分配方案，恰好可以对冲这种风险。当员工工作满2~3年，因离开的机会成本过大，而会考虑选择留下来。

TUP是一种非常精巧的奖金递延激励，不存在任何法律上的障碍。这与股票不属同一个类别，所以不受诸如《公司法》和《证券法》之类的政策和法规限制，操作灵活。TUP的实施，可以解决全球不同区域、不同国籍人员激励模式的统一问题。

某中餐连锁店股权激励方案

1．总店激励方案

公司净利润的60%用于公司发展，40%用于分红。其中，分红部分的60%分给团队（身股），具体分红比例如表12-2所示；40%用于股东分红（银股）。60%的团队分红中，90%用于管理团队，10%用于优秀员工和弹性处理。

表12-2　总店团队人员分红比例

职　位	身股分红比例
总经理	25%
运营副总	20%
出品总监	16%
快餐经理	10%
人事经理	7%
采购经理	6%
财务经理	6%
优秀员工	10%

2．单店激励方案

单店净利润的30%作为该店团队的身股分红，具体的分红比例如表12-3所示。

表12-3　单店团队人员分红比例

职　位	身股分红比例
店长	30%
厨师长	20%
烤鸭师傅	10%
主管1	5%
主管2	5%
骨干优秀员工	30%

　　上面分别列举了华为和快餐连锁店的两种利润分享激励，这两种激励各有优缺点。华为TUP的缺点是相对复杂，不直接。优点是华为可以动态调整，将其与员工绩效和等级进行动态挂钩；可以设定期限，也可以不断增发，不需要通过改变比例去调整股权分配数量，只需要通过增发就可以调整股权结构；可以递延发奖金，增加企业现金流。而快餐店股权激励方案的优点是简单直观，容易操作。缺点是不能动态调整股权分配数量，股权分配比例相对锁定，容易导致员工搭便车；如果新增加人员，需要与每个人商量稀释股份，可能存在阻力；没有有效期约束，股权激励容易福利化，失去激励性。

€ 权益分享激励

　　随着社会分工的演进，企业成为社会运行的基本组织，而企业组织的存在又依赖员工，员工与企业究竟是什么关系？传统观念倾向于认为员工与企业是雇佣关系，劳动者让渡自己的劳动力给企业，企业支付薪酬给劳动者，企业与员工就是交易关系。随着知识经济的兴起，员工的才能和知识成为企业赖以存续的关键要素，没有员工持续地创新，企业就无法活下去。企业雇用的不是员工的一双手，而是整个人。员工与企业不再是简单的雇佣关系，而是共生关系，这个关系的核心是谁为谁打工的问题。有恒产才有恒心，权益类的股权激励就可以解决谁为谁打工的问题。只有员工也可以享有公司股权的时候，他们才会无须

扬鞭自奋蹄。

股权激励最早是由中国人发明的。明代时晋商的商号中所出现的"一人出本，众伙共而商之"的"委托经营"制，就是最早的企业合伙制。晋商在清代取得成功的一个重要原因是他们成功地打了一套"两权分离"与"人力入股"的组合拳。两边相辅相成，构成了高级委托代理经营制的两大内容。这里，两权指所有权与经营权。具体在山西商人那里体现为经理负责制，与当代经理人制度基本类似；人力入股，也称为"人身顶股"，或者简称为"人身股"，最早源于古代赫赫有名的山西票号，指的是针对票号中那些没有资本但有资历和能力的经理、伙计等人的配股机制，有点像我们今天所说的"全员持股"。

现代股权激励源于美国。20世纪50年代中期，美国旧金山的一位名叫路易斯·凯尔索的律师设计出了世界上第一份员工持股计划。到了20世纪70年代，一种新的股权激励方式——股票期权又应运而生，有效地解决了"内部人控制"和"人力资源资本化、证券化"的问题，一诞生便备受瞩目和推崇。

目前，员工持股计划和股票期权制度在世界范围内被广泛推广和应用。迄今为止，美国实施股权激励的企业达到了20 000余家，有3 000多万名企业员工参加了各种持股计划，全球工业企业500强中90%都实施了股票期权制度。华为、万科、联想都是员工持股获得巨大商业成功的典型案例。

很多企业对股权激励既熟悉又陌生，一说就明白，一学就会，但一做就错。它们往往会面临如下问题：

（1）究竟应该拿出多少股份进行员工股权激励？

（2）股权激励下的公司股权结构和公司治理如何设计？

（3）股权激励的对象如何确定？

（4）股权激励中股权授予方式如何设计（注册股、虚拟股、期权、期股等）？

（5）股权激励的企业估值如何设定，授予员工的股权如何定价？

（6）股权激励的员工的入股资金如何缴纳？

（7）股权激励的分红政策如何设计？

（8）股权激励如何避免员工搭便车、惰怠？

（9）股权激励的进入和退出机制如何设计？

€ 股权激励的设计方法

好的股权激励设计需要遵从系统化、结构化的基本原则，可以总结为股权激励"十定"模型。

1. 定目的

股权激励的目的不同，方法和结果自然有所不同。

股权激励的目的通常为：激发管理层以带动工作效率和绩效的提升，吸引优秀人才加入团队，留住老员工，打造分享文化，以股权换"兵权"即管理权，内部融资等。企业在设计方案时应明确方向，才能更好地发挥股权激励的作用。

华为股权激励的目的是将知识转化为资本这种形式，使劳动、知识以及企业家的累积贡献得到体现和报偿；利用股权的安排，形成公司的中坚力量和保持对公司的有效控制，使公司可持续成长；吸引和保有优秀人才，导向持续奋斗，确保公司在未来持续取得商业成功。基于这个目的，华为的股权激励更多地向未来能做出贡献的高潜人才，而不是向历史功臣、忠臣进行倾斜，因为股权激励分的是未来的利益，需要员工未来共同来创造，过去有过历史贡献的员工已经获得过去相应的利益分配。

2. 定架构

确定公司治理架构和控股架构。很多公司旗下设立了很多子公司，并且存在关联交易。如果不梳理清楚，股权激励会受到员工的质疑。

要确定股权激励的主体公司，应尽可能把相关业务和关联公司并入主体公司，以保持业务的相对完整和独立。

股权激励如果要做工商注册，一般要成立员工持股平台公司，可以是有限责任公司的持股平台，也可以是有限合伙企业的持股平台。为了降低税收成本，一般选择有限合伙企业作为员工持股平台。

股权激励的架构设计要避免股权的稀释导致公司控制权的丧失。因此，企业

在做股权激励架构设计的过程中要规划好股权稀释的节奏，做好控制权的安排。一般对企业的控制权可以通过如下方式实现：

（1）设计员工持股平台，实际控制人仍然作为员工持股平台的实际控制人，确保表决权仍然掌握在实际控制人手里。

（2）让持股平台与实际控制人成为一致行动人。

（3）通过公司章程设计同股不同权的治理机制，如一票否决权。

（4）通过实际控制人代持股权，投票权仍然由代持人所有。

（5）表决权委托给实际控制人。

通过以上一种或多种方式的组合，可以有效将控制权仍然掌握在实际控制人手中，做到分利不分权，收益权与经营权分离，以确保公司治理长治久安。

华为的员工股权激励通过华为工会代持，每个员工与工会签订委托代持，工会作为华为控股有限公司的第一大股东在工商注册登记，而任正非成为唯一的自然人股东，具体如图12-3所示。工会持股是早期国有企业改革的产物，现在的法律法规不支持工会作为独立的法人主体成为股东，但可以通过有限责任公司、有限合伙企业、信托计划等注册成为员工持股平台。工会作为代持主体，通过工会选择员工股东代表，由员工股东代表选举公司董事会成员。董事会成员需由法人代表同意，才能成为正式的董事会成员，再由董事会聘任经营管理层。任正非作为华为控股有限公司唯一的自然人股东，也是公司的法人代表，并在公司章程里规定了任正非有一票否决权，这样就确保了公司的管理权控制在实际控制人手里。

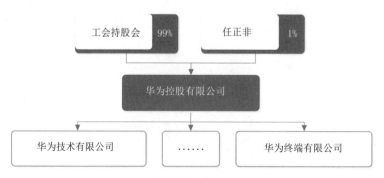

图12-3　华为股权激励治理架构图

3. 定对象

即股权激励授予哪些员工。企业做股权激励要确定激励的对象，这些激励对象需要满足的标准是什么？例如，激励对象的岗位类型、绩效、入职年限等。只有符合标准的员工才能成为被激励的对象。选择配股对象要遵守以下要点。

（1）企业选择股东：企业应能够选择自己的股东，而不是像证券市场上那样被动地由股东选择企业；企业的股东就是企业的"主人"，只有达到"主人"的标准才拥有成为"主人"的资格。

（2）股权倾斜分配：股权分配要向核心层和中间层倾斜。利用股权力量形成公司的核心力量和中坚力量，并保持对公司的有效控制。

（3）股权动态分配：不但按劳分配应实行动态分配，按资分配也应实行动态分配。公司战略、战术目标的调整将对公司的组织结构、岗位价值权重、专业人员的价值产生影响，股权的分配在企业不同阶段也要有不同的侧重，同时还要设计股权的"进入、转让，员工离职、退休"等的动态调整机制。

（4）员工区别鉴定：将"唯一性员工"与"可替代性员工"区别开来，将"知本型员工"与"一般员工"的区别开来，应该重点激励"唯一性员工"与"知本型员工"。

华为股权激励的对象向核心层和中坚层倾斜，就是向核心价值创造者进行配股。激励对象需要满足具备可持续性贡献、突出才能、品德并承担相应风险（需要缴纳入股资金）的条件，具体的操作标准会定期刷新。

4. 定模式

即企业授予员工相关权益收益的形式。股权激励并非简单的直接给予实际股权，可以有多种方式达到分享公司分红和增值收益权的目的。股权方式通常有实际股权、限制性股权、股票期权、虚拟股权等。不同方式对应的收益、权利、购入方式、退出方式、风险等有所不同。企业在设计时需考虑以单一模式还是混合模式进行股权激励。主要股权激励方式的对比分析如表12-4所示。

表12-4　主要股权激励方式的对比分析

股权激励方式	收益范围	表决权	股票购入	股票退出	融资功能	是否需要审批	风　险	财务透明
实际股权	分红增值	有	赠予或现金购买	需回购	有	需要	实际控制权稀释	高
限制性股权	分红增值	无	赠予或现金购买	需回购	有	需要	低	高
股票期权	增值	无	赠予或现金购买	无须回购	无	需要	低	低
虚拟股权	分红	无	赠予	无须回购	无	无	无	低

　　股权激励的模式设计要遵守的基本原则是员工自愿，有利可图，风险可控。股权激励模式的设计，要对员工有吸引力，才能达到激励效果，需要注意以下几个问题。

　　（1）财务制度要相对健全，相对清晰，公私分明。

　　（2）公司净资产收益率要高于银行理财产品。

　　（3）员工有资金实力购买股票，或者设计相应的借款机制。

　　（4）免费赠予与出资购买相结合。

　　（5）员工出资购买要预设保底股息率。

　　（6）设计可以退出的机制。

　　总之，公司股权吸引力越强，设置的授予条件就可以越严格；吸引力越弱，设置的授予条件就可以越宽松。

 某企业的股权激励模式

　　某企业的股权激励模式分步走的实施策略如图12-4所示。

限制性股票

持有方式：员工持股平台
行权时间：1~2年
激励范围：中高层+技术骨干
股权来源：增资扩股
股权权利：分红权、增值权、表决权
配股数量：岗位＋绩效
资金来源：工资、奖金、分红、股东贷款
回购资金：不涉及

限制性股票

持有方式：大股东代持
行权时间：2年
激励范围：中高层+技术骨干
股权来源：转让+增资扩股
股权权利：分红权、增值权
配股数量：岗位＋绩效
资金来源：工资、奖金、分红、股东贷款
回购资金：大股东设立运作基金

虚拟股票

持有方式：内部协议
行权时间：2年
激励范围：中高层
股权来源：净资产名义股
股权权利：分红权
配股数量：岗位+绩效
回购资金：不涉及

为什么分三步
- 财务制度还不够健全
- 需要让一部分人先尝到"甜头"，形成合伙氛围
- 需要逐步提高收益率，以提高激励的效果
- 让未来股权购买者积累必要现金

图12-4　股权激励三步走

华为目前的股权激励为饱和虚拟受限股（ESOP），是华为授予员工只有收益权没有表决权的股票。员工需要花钱购买，按照账面有形净资产进行估值。拥有虚拟股的员工可以获得相应比例的分红，以及虚拟股对应的公司净资产增值部分收益，但没有表决权，也不能转让和出售虚拟股。在员工离开企业时，股票只能由公司回购。

5. 定数量

即如何"分蛋糕"的问题。企业需计算公司目前所拥有的股权激励总量，规划股权结构，思考如何预留且预留多少未来新增和持续激励的数量。除了股权激励的总量，企业还需明确每个岗位以及对应具体人的激励数量。对于激励对象而言，企业应平衡其股权收入占总收入的比例，确保股权激励对象所得份额能有吸引力，以达到激励的效果。

员工配股一般根据员工等级实行级差配股，即配股额不成线性分布。员工等级与配股额度的数量关系如图12-5所示。

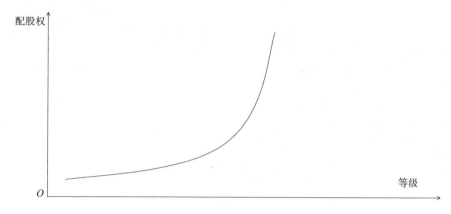

图12-5 员工等级与配股额度的数量关系

根据公司总体效益确定配股总额T:

$$T = \sum_{i=1}^{n} P_i L_i$$

其中，P_i为每级配股额度；L_i为每级评定人数。

华为股权激励强调按劳分配与按资分配的比例要适当。平均来讲，股权收益大概占到员工总薪酬收入的30%。华为股权激励的分配数量和分配比例的增减坚持以公司的可持续发展为原则。华为的员工股权激励比例超过了98%，是名副其实的员工持股公司。一般来讲，股权收益率要达到25%左右，基于这个基准来确定每年可以新增发的股权激励数量。每个员工的配股数量根据岗位来确定，每个岗位有个配股的上限值，员工自愿认购股权激励的数量不得超过岗位配股的上限值，但可以低于下限值，员工可以选择不买或者少买公司的股票。一般而言，在一个岗位干满3年，如果表现比较优秀，员工配股就会达到上限值，要想再增加配股，员工就需要提升自己的能力，晋升到更高级别的岗位，从而获得更多的配股机会。

6. 定价格

即企业在授予员工股权时是选择免费赠送、平价转让还是溢价转让，以及在回购股权时是以原价回购还是市价回购。股权激励定价的核心是如何对企业进行估值。企业估值一般有两种，一种是比较法，另一种是现金流折现法。比较法就是对比同类公司，选择核心指标进行估值，常用的有市盈率、市净率、市销率等；而现金流折现法适合比较成熟的企业，股权激励时一般较少运用。

股权的授予并非纯粹无条件给予，可通过以低价、平价或溢价等方式让员工花钱购买（因此股权激励也可作为内部融资途径）。员工购买价格与企业回购价格需根据企业实际所处发展阶段而定。当企业股权激励越有吸引力时，对员工入股的要求就可以越高；反之，当公司发展前景越不确定时，股权激励的吸引力就越低，甚至只能赠送股权给员工。

华为员工股权激励的价格随着股权激励方案的演进，定价方法也不一样。2001年以前，华为股权为每股1元，每年确定分红比例，员工退股时按照每股1元回购。早期的华为股权只有分红收益，没有增值收益，同股不同权。从2002年开始，华为股权按照有形净资产进行估值，员工股权既有分红权，也有增值收益权。

7. 定时间

时间划定分为股权授予时间、行权时间、持股锁定时间、入股资金缴纳时间、分红时间、回购时间等。时间的划定可以保障企业在股权激励时能有条不紊地进行。

华为每年定期授予员工股权，2010年以前每年第四季度配股，第二年就可以享受分红和增值收益；2010年以后，改为每年上半年配股，并完成员工入股资金的缴纳，第二年可以享受分红和增值收益。华为每年春节前会预告分红，第二季度完成分红。普通员工离职需办理股票回购手续，大约离职一个月内，股票回购款项就可以汇入员工账户，而管理层则分4年共8次回购。

8. 定条件

条件分为授予条件与行权条件。对于员工授予股份条件，一般可分为服务企业年限、业绩条件、岗位条件和专业技能；而对于员工持股所能行使条件则分为获取条件、转让条件、出售条件、回购条件（包括价格与时间）、退出条件（离职退出、在职退出、退休退出、分段退出）。

企业明确能获得股权激励的条件，可以增强牵引员工持续奋斗，同时减少各

种潜在的股权纠纷风险。

华为的员工配股有基本的门槛条件：必须是连续工作期满2年（从转正之日起）且职级在14级及以上的在职员工；配股日的前2个年度的年度绩效在B及以上，且不能有D；并且在这2个年度没有受到公司的处罚。只有满足以上3个条件，才有资格配股。

华为员工在职期间，在公司规定的每年某个时间段内，可以申请退回股权。员工因各种原因离职，公司必须全额回购股权。员工与公司还要签署《参股承诺书》，并明确规定出现员工辞职或因违反公司的规章制度被辞退等丧失持股资格的情况时，需要将所持股份以原值退回公司。华为规定，员工年龄满40岁，在华为连续工作8年以上，退休后可以保留部分或全部股票。但对退休人员退出的条件有明确要求，具体如下。

（1）退休受益人在职与退休时持有虚拟受限股股数均未超过40万股的，退休后可以工作。

（2）退休受益人在职期间曾经持有的最高虚拟受限股总数未超过80万股，且在退休时持有虚拟受限股股数未超过40万股的或退休后申请回购到按退休时计算的40万股及以下的，退休后可以工作，但在终止服务后两年之内不能加入任何与华为相竞争的公司或单位。华为对相竞争公司进行清单管理，清单每年刷新。

（3）退休受益人在职期间曾经持有的最高虚拟受限股总数超过80万股的，除可以从事以下工作外，未经工会虚拟受限股管理机构同意，不得到任何其他企业、机构或单位任职（任职包括但不限于担任股东、合伙人、董事、监事、经理、雇员、经理人、顾问等，以及其他直接或间接为上述企业提供服务），绝不允许利用自己的经验去建立管理平台、从事天使投资等。可以从事的工作如下：

①慈善、公益等非营利工作。

②担任教师，包括在中小学、大中专院校、职业教育机构、成人继续教育机构、幼儿教育、中小学校课外班等机构从事教学工作。

③投资经营幼儿及中小学教育。

④投资经营农业。

⑤投资经营咖啡馆、餐馆、茶馆、客栈。

⑥投资经营小型超市、淘宝网店、微店。

⑦以个人名义工作（如作家、演员、运动员、歌手）。

⑧以个人名义对外授课、演讲或担任社会组织职位（包括在咨询培训机构担任讲师）。

9. 定来源

定来源分为股份来源与资金来源。一方面，股权激励的股份是来自现有存量（由原股东或大股东转让），还是来自增资扩股方式，企业需权衡其中利弊以确定。另一方面，员工购买股份所需要的资金是由员工自筹，还是来自持股基金、员工奖金、工资，企业需考虑员工购买股票的能力。员工没有购买能力的公司可以做一些特殊的政策安排，确保员工愿意买、买得起。

华为股权激励的股份源于两部分：一部分来自员工离职回购回来的股份，重新用于分配；另一部分是根据公司发展需要和盈利能力而新增发的股份。

华为规定，职级在18级及以上的较高级员工的认购资金全部自筹解决，18级以下的员工可以通过员工互助贷款获得资金。互助贷款的资金源于公司其他老员工。他们将奖金和分红存入工会指定账户，用于贷款给需要资金的基层员工购买华为股票。华为规定内部借款比例不高于个人认购款总金额的60%，借款的年利率参照银行借款利率。

10. 定机制

员工配股管理机制是保障股权激励顺利进行的关键制度。管理机制的设定要让员工有安全感、公平感、参与感。首先，管理机制要确保员工出资购买公司股权是相对安全的。虽然在配股过程中会强调风险共担，收益共享，但员工承受风险的能力毕竟有限。公司配股机制的设定要让员工有安全感，如员工可以自愿参与，而不是强制参与；员工可以随时退出，而不是设计复杂的锁定机制。尤其针对中基层员工，首先要从资金安全的角度进行机制的设计，以确保本金的安全，避免员工过度承担风险，而将股权激励做成了负向激励。其次，要让员工有公平感。公平感源于规则面前人人平等，而不是根据企业实际控制人的喜好随意配

股。企业需要制定配股的规则，包括谁可以获得配股资格，每个岗位和个人配股多少如何决定，配股的进入和退出机制是什么。有了规则，就有公平感，获得股票的员工被激励，没有获得股票的员工有预期有目标。这样员工就不会计较谁多谁少的问题，就会按照公司的规则去努力奋斗，获得相应的股权激励。最后，员工股权激励要有参与感。企业可以邀请员工参与股权激励机制的设定与优化，可以选派代表组成持股委员会，定期对相关机制进行优化讨论，并提出优化建议。公司应每年向持股员工宣讲企业的经营报告，持股员工可以委托代表查阅公司的财务报表。公司应每年向员工进行分红，或者公布股票价格的变化，让员工有获得感。规范的员工配股管理机制有助于员工形成稳定的一致的预期，有助于吸引和保有优秀人才，引导员工持续奋斗。

华为经过持续的迭代优化，形成了相对规范的股权激励管理机制。首先，在公司治理层面，持股员工可以选取股东代表，组成员工持股管理委员会，员工持股管理委员会选取公司董事会。其次，在配股管理的组织层面，华为单独设立了虚拟受限股管理委员会，负责组织、协调、监督股权管理机制的有效运行，负责虚拟受限股管理机制的持续优化。最后，在具体的操作层面，华为制定了非常细致的规定、方法和工具，确保配股是公平的。

€ 初创公司的股权激励

初创公司的业务大多还处于验证期，甚至其产品还没有上市，可以用于激励的资源非常有限，所以很多初创公司都用股权来吸引优秀人才，寻找早期的创业合伙人。但很多初创公司对股权的授予都比较随意，一是因为还在创业期，大家对于股权的价值不是很敏感，股权往往成为"歃血为盟"的"鸡血"；二是因为创业初期，创始人对股权激励不怎么懂，创业阶段一般都是朋友关系走到一块，也不好谈什么条件。随着创业的持续推进，创业团队之间因为各自贡献大小与期初大家的预期有差异，原来召集大家创业的发起人可能并不是贡献最大的，大家开始觉得不公平了，彼此之间就有矛盾，甚至创业还没有成功，团队就开始闹"分家"了。

　　因此初创公司的股权激励，因为面对太多的不确定性，在设计股权激励机制的时候要特别重视动态的调整机制。要根据每个人贡献的大小，定期动态调整股权分配的额度，这样才能避免创业公司因为股权激励利益分配不公平，导致创业中断甚至失败。下面举一个简单的例子来说明创业公司动态股权激励应该如何设计。

　　小张工作两年后准备离职创业。他与小伙伴商量后，大家非常支持，纷纷表示愿意参与创业，做合伙人。但考虑到初创阶段和各位小伙伴的实际情况，每个人参与的程度和方式都不一样。等公司逐步打开局面后，大家都表示会全力以赴参与进来。其中，小李家里比较宽裕，他表示愿意首次投入100万元，但无法参与公司的日常管理。同时小李愿意将一些资源嫁接给该初创公司。小张最多只能投入50万元。另外，小王愿意离职，全职参与公司的管理，并承诺前期工资和小张一样按照4 000元每月计发。但小王现在的工资已经达到3万多元。小谢暂时不离职，愿意负责公司的财务工作，因前期工作量少，他一个人利用业余时间就可以完成。小胡也愿意支持，他把市中心的一套商住两用的150平方米的房子腾出来，免费给初创公司用。

　　大家都这么支持，马上要准备注册公司了，小张却很苦恼如何给大家分股份？小张考虑到他是发起人，也考虑到各位小伙伴关系都很好，于是他自己根据感觉大致分了股份，小张占股51%，小李占股25%，小王占股10%，小胡占股9%，小谢占股5%。简单商量后，大家都表示同意，于是小张马上进行公司注册，将小伙伴们都注册为自然人股东。

　　一年后，公司业务发展得不错，小张发现除了小王全力参与，其他人的参与越来越少。另外，小张计划从外面引入合伙人，希望把小伙伴们的股份适当稀释或收回，但碍于情面，小张又不好开口，毕竟大家都支持了公司早期的发展。小张应该怎么办？

　　我们可以给小张提出如下建议：

　　（1）设计一个可以动态调整的股权激励机制，根据每个人的贡献不同，至少每年动态调整一次。

（2）确定创业团队合伙人股权入股、股权转让、离职、退伙的机制，形成书面规则。股权分配后，尤其是已经工商登记后，受到法律保护，如果再要做任何变动，必须有事先的协议约定。否则，一方反对，另一方是不能强行做任何调整和变动的。

（3）确定公司各个阶段的估值方式。例如，外部机构投资前，公司估值如何确定？如果涉及股权比例的调整，股票价格如何确定？否则，后续对于股价就会是一个难以调和的分歧点。

（4）清晰地确定公司所有权、经营权、表决权，不能因为大家都是好哥们，就模糊处理。尤其是某些初创公司的股权比较分散，没有单一控股大股权，导致初始团队谁也不服谁，各自为政，内耗严重。

（5）将创始团队的各种资源投入货币化，这样便于确定贡献大小，可以作为股权分配比例调整的依据。

基于以上的建议，小张可以对创业早期的合伙人的投入重新进行评估，并据此进行股权的调整。小张对大家投入资源的货币量化如下：

小张创业计划前期共投入时间100天，按照40万元年薪，前期投入为15万元；创业创意算100万元；首期资金投入50万元；另外，小张在创业公司每个月4 000元工资，年薪约5万元，那么其工资投入为35万元，共投入200万元。

小李投入100万元；另外，他利用自己的资源帮助拉业务，贡献值算20万元，共投入120万元。

小王正常市场年薪为40万元，企业实际支付年薪5万元，资源投入为35万元。

小谢负责财务工作，总共投入时间60天，按照年薪30万元计算，投入6.7万元。

小胡免费提供了商住房作为办公室，按照市场价每月2万元计算投入，总投入24万元。

小张基于上述的量化，对原有的股权分配方式做了如表12-5所示的调整。

表12-5　股权分配比例调整

合伙人	初始股份	投入资源	调整后的股份
小张	51%	200万元	51.9%

续表

合伙人	初始股份	投入资源	调整后的股份
小李	25%	120万元	31.1%
小王	10%	35万元	9.1%
小谢	5%	6.7万元	1.7%
小胡	9%	24万元	6.2%

最后，小张计划和小谢聊一下，看他是否愿意全职加入，不加入，他将外聘财务负责人。另外，小张也将和小胡聊，明年，小张的公司将按照市场价支付房租。未来房租不能算入股资金。

€ 快速成长期公司的股权激励

处于快速扩张期的企业需要提升组织能力，快速复制业务和团队，以便迅速占领市场。处于成长期的企业的内部管理相对粗糙，但也没有时间停下来梳理内部的管理，否则就会错过业务发展的机会。因此处于快速成长期的企业需要通过利益分配机制，整合内外部资源，简化管理，导向攻城略地。下面用一个案例来说明如何设计成长期企业的股权激励。

小王的企业刚成立不久，主要做特色主题连锁餐饮店，定位年轻人的快消费。店铺风格简洁时尚，性价比高，很快获得了市场认可，每个店的盈利能力都很强。小王已经有三家店了，开始计划招聘职业经理团队，构建总部+区域店铺的管理模式。在最近招聘的过程中，所有职业经理人都看好小王企业的发展前景，希望能够有比较好的事业合伙机制，他们才愿意加入。小王还没有考虑股权和事业合伙机制，也不知道该如何操作，所以很苦恼。小王该怎么办呢？

我们可以给小王如图12-6所示的建议。

（1）建立支持快速扩张的合伙机制。通过划小经营单元，让每个经营单元独立核算，让渡股权份额，让各个经营单元自主管理，自我发展。

（2）建立分层分级的事业合伙机制。在店铺、区域、总部分别建立合伙机

制,将员工变成真正的股东,努力为自己干活,把员工从"要我干",变成"我要干"。另外,通过合伙机制能够减少总部的远程管理压力,避免信息不对称,总部不了解情况瞎指挥。最后,分层分级的合伙机制还有助于前中后台的协同,大家利益一致,增强了彼此的信任,简化了管理。

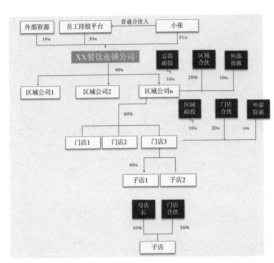

总部合伙机制:

1. 小张拥有公司51%股权,保留了公司的控制权
2. 建立员工持股平台,对员工进行动态的股权授予
3. 外部资源包括供应商、合作伙伴、投资机构等

区域层面合伙机制:

1. 总部核心管理团队强制跟投5%,另外5%自愿跟投
2. 区域核心管理团队强制跟投10%,另授10%虚拟股份

门店层面合伙机制:

1. 区域管理管理团队强制跟投5%,自愿跟投5%
2. 门店核心管理团队强制跟投10%,另授20%虚拟股份
3. 优秀门店可开四家子店(徒弟店)
4. 如果徒弟店业绩连续两年不达标,取消师徒利益关系
4. 新店利润较薄,前三年利益分享比例可以向门店倾向

图12-6 快速扩张期企业如何设计合伙机制

(3)建立全面合伙机制。可以将外部人才、资源也纳入合伙机制,如供应商、合作伙伴等。

(4)建立可以自动裂变的合伙机制。处于快速扩张期的企业需要复制团队,尽快抢占市场机会,可以通过合伙机制的设计、"谁扩张,谁受益"的方式来激励团队自我裂变。

€ 非上市公司的股权激励

非上市公司是指其股票没有上市和没有在证券交易所交易的公司。非上市公司的股权激励区别于那些已经上市或未来计划要上市企业的股权激励,尤其是那些专注企业自身的发展,并不把上市作为企业经营的目标,也不指望通过上市后股票溢价来激励员工的企业。这样的非上市公司的股权激励对员工的吸引力完全取决于公司是否盈利。只有盈利了，才能给员工分红。否则，员工不可能有收益。很多企业给员工做股权激励都是基于上市的预期，公司也没有计划要给员工分红，员工的收益取决于公司能否顺利上市。上市之后，员工通过公开市场卖掉股票获得收益。非上市公司的股票不能上市交易，也没有公开的市场价格，因此只能依靠公司分红才能实现收益。非上市公司股权激励做得好，对公司的良性发展是非常有利的，正是因为员工股权收益只能靠分红，公司的经营会更加务实，会更加聚焦为客户创造价值，不断提升盈利能力和竞争能力，公司才能获得合理的利润给员工分红。这样反而传递压力给经营管理层和全体员工，不能抱有任何投机的想法，要始终专注业务的发展。

非上市公司股权激励的特点如下。

（1）非上市公司无法通过资本市场分摊股权激励的成本，而是需独自承担这些成本。

（2）非上市公司股票或股份价值无法通过市场确定，经营者的业绩无法通过股票市场来判断，所以必须制定一套综合指标体系去衡量经营者的业绩。

（3）非上市公司的股权激励除《公司法》外，受到的其他约束不多，公司和股东共同自主监督，因而灵活性较上市公司更大。

非上市公司实施股权激励的主要难点下有以下几个。

（1）股权的定价问题。上市公司股权激励计划在行权价格的确定方面是以股票市场价格作为定价基础，非上市公司没有上市，没有公开可参照的市场价格。

（2）员工作为股东进退机制的问题。非上市公司的进入和退出，操作起来比上市公司复杂得多。

（3）公司价值的评价问题。非上市公司要评估其价值要难很多，目前大多数公司以净资产作为评价标准，但公司净资产随着会计处理的不同差异会很大，不能真实反映公司的长期价值。

华为是非上市公司股权激励的典范，也是一家全部由员工持股的公司，没有任何外部投资机构。华为通过实施全员持股机制，极大地调动了员工的积极性，与员工结成了利益共同体，从而与员工形成了事业共同体和命运共同体。华为在发展的过程中，经历了众多的危机。例如，1990年，选择落后技术方

向，差点出局；1998年，选择超前技术方向，差点成为"先烈"；2000—2002年，IT泡沫破灭，差点破产；2003年，惹上与美国思科公司的国际官司，差点被罚得破产；2007年，新劳动法出台，差点被全员离职；2013年，互联网冲击，差点失去方向；2018年，孟晚舟事件，差点被美国封杀。每次危机，华为都能转危为安，让自己变得更加强大。是全体员工拼命划船主动自救才化险为夷的。但这背后其实是因为员工都把自己的全部个人资产投入到了企业，与企业结成利益共同体，每个员工都有强烈的危机意识，大家团结一致共同奋斗成就了伟大的事业。

€ 参考案例：华为股权激励

华为非常注重长期激励，《华为基本法》第十七条明确规定："我们是用转化为资本这种形式，使劳动、知识以及企业家的管理和风险的累积贡献得到体现和报偿；利用股权的安排，形成公司的中坚力量和保持对公司的有效控制，使公司可持续成长。知识资本化与适应技术和社会变化的有活力的产权制度，是我们不断探索的方向。我们实行员工持股制度。一方面，认同华为的模范员工，结成公司与员工的利益与命运共同体。另一方面，将不断地使最有责任心与才能的人进入公司的中坚层。"第十九条明确规定："股权分配要向核心层和中坚层倾斜，股权结构要保持动态合理性。按劳分配与按资分配的比例要适当，分配数量和分配比例的增减应以公司的可持续发展为原则。"

华为从成立之初就实行了ESOP，在2013年又实施了TUP的长期奖金计划，避免员工持有ESOP后出现"一朝获得、一劳永逸"的弊端。华为坚持劳动回报优于资本回报，让公司价值创造主体获得更多价值回报。华为的长期激励机制是导向奋斗，让优秀人才在成长中始终保持价值创造的动力，同时也是对过去的贡献的一种再分配，并非福利人人有份。华为鼓励所有人都努力去无私贡献，团结贡献。

华为长期以来坚持"财散人聚"的理念，任正非只保留了约1.4%的股份，没有机构投资者，其余约98.6%的利益都与员工分享，把股份分光，把公司做大。且华为始终坚持以奋斗者为本，不断通过调整股票的分配方式来维系组织活力。这或许是华为30年来持续高速发展的原因。华为成功的背后，最为人津津乐道的是华为的虚拟股权激励制度。

华为的长期激励分为ESOP、TUP、追溯激励等，下面分别进行介绍。

ESOP投资股

ESOP是华为长期激励的主要形式，又称为虚拟饱和受限股，是公司授予员工的一种特殊股票。拥有虚拟股的员工，可以获得一定比例的分红，以及虚拟股对应的公司净资产增值部分，但没有表决权，也不能转让和出售。在员工离开企业时，股票只能由公司回购。华为的ESOP是随着华为的发展不断完善而成的。华为员工手中的股票与一般意义上理解的，以及法律所定义的股权并不是同一概念。

"财散则人聚。"这句关于人与利益的关系的阐述，是任正非经营管理理念中最有名的注释，一直被国内企业家们奉为圭臬。20年前，当许多中国企业家还在斤斤计较员工的薪酬与奖金计划时，任正非就已经通过分享公司股票的方式凝聚和激励员工。

1987年，任正非与5位合伙人共同投资成立深圳市华为技术有限公司（华为公司前身），注册资本仅2万元，当时，六位股东均分股份。3年后，华为即自称实行广泛的"员工持股制度"。

在电信、IT等高科技领域，各个公司最为核心的资源不是固定资产，而是掌握核心技术的员工，且行业内人员的流动性较大。正因如此，华为、中兴通讯等公司之间对于核心员工的争夺异常激烈，给核心员工配发公司股票和期权以便留住人才，是这些高科技公司普遍采取的方法。

自1990年起，华为员工开始以每股1元的价格购入公司股票，此外，华为与各地电信、行业客户成立的合资公司员工，也享有认购资格。当时每个持股员工手中都有华为所发的股权证书，并盖有华为资金计划部的红色印章。

每股1元的价格相当诱人。1993年，华为每股净资产为5.83元，1994年为4.59元，1995年为3.91元，但每股1元的认购价格一直延续到2001年。

在获取银行融资较为困难的初期，华为依靠这种内部融资的方式渡过了难

关。1997年，华为的注册资本增加到7 005万元，增量全部来自员工股份。1998—2000年，华为的内部股权激励机制一度让华为的业绩急速上升。

至1994年，为了规范各公司各种形式的员工持股计划，深圳市出台了《深圳市国有企业内部员工持股试点暂行规定》。但由于一些地方出现了内部职工股权证的非法交易，1993年、1994年国务院和原国家体改委两次发文，要求"立即停止内部职工股的审批和发行"。

1997年6月，华为对股权结构进行了改制，使其看起来相对简单。改制前，华为的注册资本为7 005万元，其中688名华为员工总计持有65.15%的股份，而其子公司华为新技术公司的299名员工持有余下的34.85%股份。改制之后，华为新技术公司、华为新技术公司工会以及华为公司工会分别持有华为5.05%、33.09%和61.86%的股份。同时，华为股东会议决定，两家公司员工所持的股份分别由两家公司工会集中托管，并代行股东表决权。华为与员工签署的《参股承诺书》中明确规定，员工辞职或因违反公司的规章制度被辞退等丧失持股资格之一的情况出现时，需要将所持股份以原值退回公司，这不符合公司法同股同权的规定。

1998年，华为高层赴美考察期权激励和员工持股制度，一种名为虚拟股的激励制度进入其视野。华为开始思考将原来的不同股同权的股权激励改造为虚拟股的激励。

2001年7月，华为股东大会通过了股票期权计划，推出了《华为技术有限公司虚拟股票期权计划暂行管理办法》。2001年，深圳市政府颁布了新的《深圳市政府内部员工持股规定》，适用范围扩大到了民营企业。当时的《深圳市政府内部员工持股规定》中明确规定，员工持股会（简称持股会）负责员工股份的托管和日常运作，以社团法人登记为公司股东。具体而言，持股会要设置员工持股名册，对员工所持股份数额、配售和缴款时间、分红和股权变化情况均需记录。

华为虚拟股明确了持股人没有所有权、表决权，且这种股票不必经过证券行业监督管理部门烦琐的审批程序，非上市公司的虚拟股体系也避免了公开市场所带来的股价的波动影响。华为的虚拟股没有公开市场的价格体系参照，采取的是每股净资产的价格，相关净资产的计算参照四大会计师事务所之一的毕马威公司的审计报告。推出虚拟受限股之后，华为员工所持有的原股票被逐步消化吸收转化成虚拟股，原本就不具实质意义的实体股明确变为虚拟股。

2000年12月，华为董事会决定，将华为新技术公司工会持有的11.85%的股权并入华为公司工会，任正非独立股东的地位在这次董事会上也第一次得到确认。华为将任正非所持的3 500万元股份单独剥离，并在工商局注册登记，他单独持有1.1%的股份，其余股份全部由华为公司工会持有。这种由任正非与华为公司工会并立的结构一直延续至今天。

持股员工通过选举产生股东代表，通过股东代表大会行使其应有的权利。而华为的公司章程也明确规定：公司最高权力机构为股东会，并具体写明关于召集股东会议的方式与步骤。在虚拟股制度下，持股员工的权利仅限于分红和股价增值收益，不涉及产权，而掌握实际权力的是华为控股股东会。

2008年，华为微调了虚拟股制度，实行饱和配股制，即规定员工的配股上限，每个级别达到上限后，就不再参与新的配股。这一规定使得手中持股数量巨大的华为老员工配股受到了限制，但是有利于激励华为新员工。

2011年4月，任正非与华为高层召开"如何与奋斗者分享利益"的座谈会。华为轮值CEO胡厚透露，当时华为内部的一些统计显示，由于长期坐享公司股票的丰厚分红，出现了一些"怠惰"的员工，因此华为出台了许多具体措施去识别"奋斗者"。只有被认定为"奋斗者"的员工，才能参与配股。华为不断通过调整股票的分配方式来维系整个组织的活力。选择"奋斗者"本身形成了某种内部竞争。除了实行岗位饱和配股，根据级别设置配股上限，达到配股上限后就不再参与新的配股，为了激发奋斗者，华为还实行业绩股，根据绩效单独配股，可以突破岗位级别的上限。

华为虚拟股融资的制度要比上市公司期权股权激励更具效果。上市公司股权激励，只能发行新股，或者既有股东出让老股，资源有限，而且要经过股东大会批准，操作起来成本很高。虚拟股则可以无限增加，股票来源不是问题。另外，内部发行，几乎没有监管成本。

TUP分红股

随着华为的发展，员工的结构在发生变化。一方面，原有的老员工的奋斗精神开始退化，能力开始跟不上公司的发展，华为的发展需要更多新的奋斗群体；另一方面，随着海外业务的发展，越来越多的海外员工加入华为，吸引和保有这些海外优秀员工对华为业务发展相比国内员工同样重要。基于上述变化，原有的华为ESOP长期激励已不能适应华为发展，原有股权激励遇到的主要挑战如下：

（1）股票价格逐步升高，银行不能贷款，员工自筹资金，入职2~3年有战斗力的员工没钱配股，无法激发他们的积极性。

（2）外籍员工不能配股，达不到激励效果，无法激发外籍员工的积极性。

（3）老员工出现惰怠，坐车人多、拉车人少，内部退休人员逐渐增多，影响在职员工的积极性。

（4）公司有意识控制劳动所得和资本所得比例：劳动回报和资本回报要从2：1逐步过渡到3：1或4：1，原有的ESOP的回报率下降，对员工的吸引力下降。

基于以上原因，2013年，华为推出了TUP，弥补了ESOP的不足，导向可持续发展，体现长期责任贡献和认可，聚焦关键优秀人才，避免一劳永逸。TUP与ESOP两种长期激励机制同时并行，虚实变化，相得益彰，具体如图12-7所示。

TUP实施的是基于绩效的长期奖金激励计划，该计划每年实施一次，每次为一期，员工可参与多期。公司授予的TUP是有有效存续期限的，该期限自授予日起5年，员工的聘用关系解除或终止时，被授予的TUP有效期结束。华为TUP是一种基于绩效的递延奖金激励安排，不得被视为或解释为股权计划或其他任何带有股权性质的计划。华为向员工授予TUP的行为，不是公司增资或增发股份，也不是公司股东转让出资或股份，员工并不出资。被华为授予TUP的员工通过签署承诺函，承诺遵守TUP相关的管理规定，在任何情况下，员工不得以任何形式自行处分TUP，包括但不限于转让、赠予、分割、继承、出售、质押、设置担保权利、用于清偿债务等。华为根据发展战略、经营状况、人力资源政策等综合因素确定TUP的收益，华为不对TUP的收益做任何承诺与保证，TUP的年度收益和期末收益可能为0。

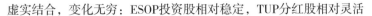

虚实结合，变化无穷：ESOP投资股相对稳定，TUP分红股相对灵活

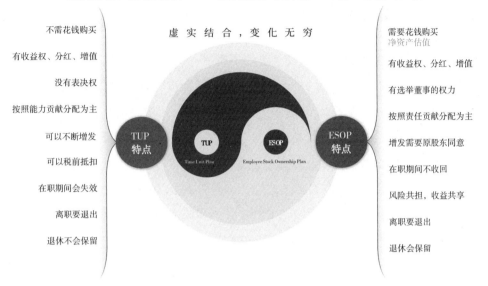

图12-7　华为股权激励模式

其相关计算示例可参见前文"利润分享激励"小节的介绍。

TUP本质上是一种递延发放的奖金，不存在倒扣或贬损的风险。因此，TUP是一种特殊的奖金，是基于员工历史贡献和未来发展前途来确定的一种长期但非永久的奖金分配权力。不需要员工花钱购买。工作5年之后，不符合公司价值观的员工会离开（主动或被动），再给予真正"奋斗者"配予可观的ESOP的机会，则长期留人的问题就可以得到较好的解决。而且对于核心高管层，尤其是有长期奋斗的使命感和责任感的高管层，只给TUP的激励是不够的，还要授予ESOP，与高管层形成利益共同体，从而打造事业共同体。因此，TUP与现行ESOP正好可以相互配合，解决中期与长期、多数与少数的问题。

追溯激励机制，导向长期价值主义

华为建立了追溯激励机制，定期复盘，对于当时没有得到合理评价和利益分配的员工进行追溯激励。这就是为什么华为员工愿意坐冷板凳，愿意做雷锋，不

担心自己的付出得不到认可。

 上市公司的股权激励

上市公司股权激励相对于非上市公司来讲，是指所发行的股票经过国务院或国务院授权的证券管理部门批准在证券交易所上市交易的股份有限公司。上市公司股权激励可以借助资本市场做员工股权激励，相对透明和规范，需要遵守相关的法律和法规。上市公司常见的股权激励方式是给员工授予限制性股权或期权，员工行权的条件与上市公司的业绩挂钩，员工可以通过资本市场兑现所持有的股票。上市公司通过股权激励实现员工与股东利益的一致。在上市公司股权激励中，万科的事业合伙制比较有借鉴意义。万科既通过公开上市的股权做员工激励，也有在子公司层面的股权跟投机制和项目层面的事件合伙机制。

参考案例：万科股权激励

 ## 万科事业合伙制

（一）万科事业合伙制的三种模式

万科2014年变"职业经理人"制度为"事业合伙人"制度，试图从根本上解决委托代理人问题。事业合伙人制度背后所体现的管理逻辑及对人性的洞察也更加深刻：一是将职业经理人从以往的同路人变成合伙人，从"给别人干"到"给自己干"；二是对人的假设从简单的利益人及经济人，向有事业心、有成就欲望的人转变。事业合伙人是在原有职业经理人的基础上，身份角色的进化，以进一步激发经营管理团队的主人翁意识、工作热情和创造力，强化经营管理团队与股东之间共同进退的关系。

目前，万科事业合伙人制度分为三个层次，分别为持股计划、中层跟投、基层事件合伙序列，顺序是自上而下。这三个层次的分类可以简化为事业合伙、项目跟投、事件合伙。

事业合伙人文化在利益共享的同时有其鲜明的特点。首先，共担风险，如果想要使收益最大化，就要勇于承担风险、承受失败的后果。其次，共同进退，共患难。合伙人之间每个人的利益都是相互影响的，这就需要合伙人之间的相互信任。因此合伙人不仅需要做到顾及自己的工作，更要关心集体的工作。合伙人制度给万科带来了诸多正面影响：让员工保持主导意识、集体之间相互关心信任；减少短期利益行为、冒险经营行为等；能有效提高组织能力和经营能力，从而提升公司价值。

1．事业合伙

2014年3月初，万科提出"事业合伙人"，并在接下来的3个月内先后建立了公司"持股计划"和"项目跟投制度"。"持股计划"是通过将万科事业合伙人在经济利润奖金账户的全部权益，统一委托给深圳盈安财务顾问有限合伙企业（简称盈安合伙）进行资金管理，并使用融资杠杆融得的资金一起购买万科股票。2014年5月28日，盈安合伙首次购入万科A股股票，当时股价约为8.45元/股；随后在6月、8月、9月又密集增持。2015年1月，在万科股权之争前，盈安合伙最后一次增持万科，共使用约4.52亿元资金，购入4.94亿股，股本占比增加到4.48%，平均购入价格为13.26元/股。

万科在集团层面针对高管及核心骨干建立了一个合伙人持股计划，其具体操作办法为：万科成立了深圳盈安财务顾问有限合伙企业，其中普通合伙人为深圳盈安财务顾问有限公司（简称盈安财务），有限合伙人为上海万丰资产管理有限公司（简称上海万丰）和华能信托有限公司（简称华能信托）。简单来讲，这三家公司的实际控制人均为万科管理层。合伙的资金来源均为万科1 320位员工的EP（经济利润）奖金，通过华能的一个信托计划注入合伙企业，十分巧妙地实现了1 320位员工的集体行动。

万科合伙人制度的目的是要让职业经理人掌握自己的命运，形成背靠背信任，做大事业，分享成就。万科合伙人制度的推进，实现了股东与职业经理人团队的双赢，是中国公司治理的一大进步。

2．项目跟投

"跟投制度"主要针对项目层面，规定了部分管理层必须跟投，员工可以自愿跟投，跟投机制激发了员工参与项目的积极性。跟投制度对不同的人员规定了不同的跟投规则，其中必须跟投的是项目管理团队，自愿跟投的是一般员工，同时员工也可以在所有的项目中跟投，但公司董事、监事、高级管理人员不得跟投。该制度是业务层面的跟投制度，其实施之后解决了很多问题，如增加了投资、减少了实名举报。根据万科半年报，截至2016年6月30日，万科的少数股东权益合计达到37.10亿元，这些少数股东权益是由跟投股权形成的，跟投投资人和项目合作方成为项目公司的少数股东。

在经济利润奖金制度下，万科将集体奖金滚存下来后，委托第三方购买万科A股股票，使万科管理团队和股东的利益紧密联系在一起。职业经理人即管理层为自己的利益而努力，而事业合伙人这一身份使管理层为了股东的利益而努力，这样就轻易地解决了经营者为了一己私欲而侵犯股东权益的问题。

项目跟投机制的运作：万科所有的项目，除旧城改造及部分特殊项目外，原则上要求项目所在一线公司管理层和该项目管理人员，必须跟随公司一起投资。具体运作方式如图12-8所示。

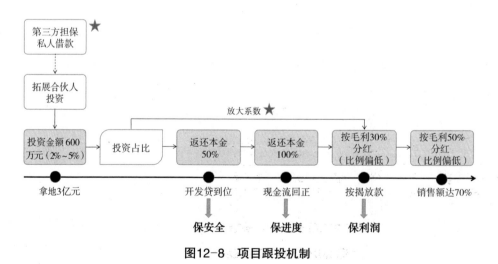

图12-8　项目跟投机制

从图12-8中可以看出，项目跟投制度主要有如下特点：

第一，投资比例限制。项目所在一线公司管理层和管理人员必须跟投，且有具体的投资最低比例限制，员工初始跟投份额不超过项目资金峰值的5%，同时还可以通过融资杠杆扩大投资规模。

第二，几乎覆盖万科所有项目。此次项目跟投制度覆盖万科当前及以后所有项目。

第三，认可管理要素的贡献及分配权。为鼓励跟投人员做好项目管理，发挥管理效益，跟投项目后管理要素也参与分配，如果项目利润额超出设定阈值，那么最终的利润分成比例将远远超出个人投资比例。与此同时，万科也明确了退出机制，分别在开发贷到位、现金流回正、按揭放款及销售额达到70%比例时回笼本金及分红。

3．事件合伙

事件合伙人则相当于互联网公司的临时项目组。根据事件需求，临时组织事件合伙人参与工作任务。在项目中拆解原有部门职务划分，旨在解决部门中权责过度划分对企业整体长期利益的损害，优化跨部门"协同"。万科传统的管理结构是一种静态的呈金字塔形状的架构，而作为动态的管理结构，事件合伙人管理颠覆了传统的管理结构。事件合伙人群组诞生于事件的发生，存在于事件的持续。同时，它是超越传统职能划分的无边界群组，可以跨部门"协调"联合找最优方案。事件合伙人管理最大的特点就在于一对多，即同一个人可以同时加入多个群组。事件解决后，事件合伙人就可以回到之前所在的部门。在互联网时代的背景下，事件合伙人群组内部的信息完全是扁平的，这无疑使公司的经营具有更高的效率。

（二）万科事业合伙制的操作

1．覆盖范围

集团董事会成员、监事以及高管和地方公司高管；集团公司总部一定级别以上的雇员；地方公司一定级别以上的雇员；由总裁提名的业务骨干和突出贡献人员。

2．主要目的

通过提高职业经理人所占股份，巩固职业经理人对公司的控制力，抵挡

"门口的野蛮人"。

万科的股权高度分散，在深圳宝能购买万科股权之前，第一大股东华润集团作为财务投资者持股比例不足15%，且不干涉公司经营，而公司经营层持股比例很低，包括王石、郁亮等高管在内的管理层持股总数，也不及万科最大的个人股东刘元生（1.21%），这造成了公司的股权意义上的实际控制人缺位。

作为一家股权高度分散的公司，万科管理层也需时时面对外部夺权的威胁：股权的高度分散导致公司极易被举牌或被恶意收购，"君万之争"和"宝万之争"就是教训。一旦控制权旁落，就会严重威胁到职业经理人和公司的前景。

增加经营层持股，将经营者的角色从打工者转变为股东，从而捆绑股东与合伙人的利益，激励经营层提升业绩。

3．操作过程

（1）汇集资金，成立深圳市盈安财务顾问有限公司。万科在2013年、2014年按照"不同级别、不同比例"的原则，对万科各级雇员（包括高管层在内）的年终奖金进行了留存，集体委托成立深圳市盈安财务顾问有限公司，于2014年5月12日取得工商登记，出资额共计14.1亿元，作为第三方资金管理和持股计划的投资平台。其中首批1 320名事业合伙人主要来自经济利润奖金计划的激励对象，在自愿原则下选择参与持股计划。该部分集体奖金及衍生财产进行统一封闭管理，锁定期限3年。

（2）组建合伙企业，形成投资主体。深圳市盈安财务顾问有限公司成立后，组建盈安合伙，形成投资主体。其普通合伙人为盈安财务，有限合伙人为上海万丰（万科工会委员会的全资子公司）和华能信托，这三家公司的实际控制人均为万科。

（3）注资。1 320名合伙人经济利润奖金形成的集体资金通过华能信托的一个信托计划注入盈安合伙，从而避开有限合伙企业50人的数量限制。

（4）持股。盈安合伙作为操作平台，购入万科股票，从而完成"持股计划"。购买万科股权所需的资金中，一部分为合伙人的自愿出资，另一部分为融资而来，这部分融资是杠杆化的，风险和收益匹配。

4．操作要点

高管购买有下限，雇员购买有上限。

事业合伙人计划是以万科A股股票为客体，以未来股价和购入时股价的差价为收益。基于这一点，万科为地方公司高管和非公司总部高管的员工参与合伙人计划设置了上限，即最多只能购买一定金额，以最大限度规避股价可能出现的波动给非高管雇员带来的潜在风险。而公司高管则被要求出资额不得低于一定数额，以确保高管阶层和公司发展利益的绑定。

5．流程图

万科实行如图12-9所示的事业合伙制后，组织活力明显提升，运作效率明显提高，业绩发展速度明显加快，其具体的效果表现在以下几个方面。

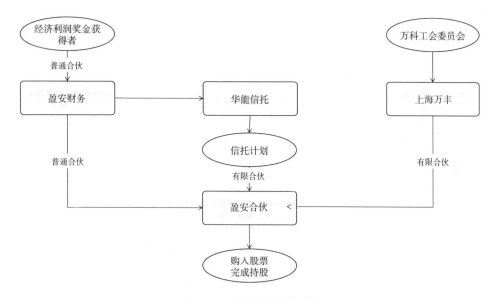

图12-9　万科股权流程图

（1）项目团队活力——从过去给任务，到积极寻找最优方案。在每个参与项目的员工都跟投之后，大家对项目的积极性高了很多，从过去完成公司给的任务变成积极主动寻找更优方案。

（2）跨部门"协同"——不扯皮，而是联合找最优方案。有了跟投制度之后，团队的各个部门主动配合设计部门，开始寻找替代方案。不但降低了费用

和后期客户风险，还大大缩短了工期，有力保障施工。

（3）营销去化加速——"人人都是销售"。到了营销环节，项目跟投带动的积极性更是不言而喻。员工成为项目的股东之后，由于事关切身利益，产品定位、新项目的预期收益情况、资金回流情况、风险控制等已不只是员工的饭后谈资。

（4）走向房地产行业的"轻资产"模式。万科的事业合伙人制度在项目层面，开始推行小股操盘、管理输出。以前万科与人合作项目，要占一半以上股份，所费的资金较多。事业合伙人制度减轻了万科运作的资金压力。转型后，万科只占小股份，通过输出管理和品牌，这种轻资产模式有利于提升万科的净资产收益率，也意味着在同等的资产规模下可以支持更大的经营规模，获得更大的市场份额，进而可以摆脱增长对股权融资的依赖，提高为股东创造回报的能力。

第十三章

福利补助：靠贡献获取，避免福利化

华为公司不能躺在高福利上过好日子，懒惰和懈怠不能在华为公司生根。

——任正非

福利补助也是企业的激励要素，但很多企业把福利补助做成了企业的"负利"，演变成了员工坐享其成的福利。企业福利政策应该在遵守当地法律法规和行业惯例的基础上，设计导向奋斗者、贡献者的差异化的福利补助机制，不搞一刀切，不搞平均主义，让员工通过自己的努力和贡献来获取更好的福利，要把福利变成激励。

€ 福利补助的类型

先澄清福利的定义和分类。福利是为了向员工提供生活便利，解除员工的后顾之忧，保证员工正常和有效地投入工作而提供的补偿性收入。福利补助从法律遵从的角度分为法定福利和非法定福利。法定福利需要遵守当地的法律法规并覆盖到每个员工，公司可以基于当地法律法规要求，结合当地的惯例，考虑人才吸引能力，选择合适福利水准。高福利对员工招聘有吸引力，但对保有优秀人才未必有利，反而是薪酬资源的低效配置。应该在合法合规的基础上，满足基本的福

利保障，将高福利转化为薪酬要素，根据员工的贡献进行分配。非法定的福利，可以根据员工工作态度、贡献、岗位级别、工作环境、工龄等进行设计，激励员工服从公司安排，愿意到艰苦地方工作，敬岗爱业。非法定福利可以根据覆盖人群分为补充福利和特色福利，补充福利可以应用到所有人群，特色福利是根据特定场景和人群设计的福利。福利补助分类如图13-1所示。

图13-1　福利补助分类

福利补助从发放方式上又分现金福利和非现金福利。现金福利分为津贴和补助，一般与工资合并发放；非现金福利分为保障性福利和非保障性福利，主要类型如表13-1所示。

表13-1　主要福利补助类型

	为什么要提供	福利（现金形式）	福利（非现金形式）
本地	保障生、老、病、死	—	员工保障福利 （五险一金，商业保险）
	当地法规、业界实践和业务需要（食住行等）	各国津贴补助 （就餐补助、待命津贴）	非保障性福利 （餐券、搬迁费报销）
	对特定岗位提供津贴	岗位津贴 （机要岗位津贴）	—

	为什么要提供	福利（现金形式）	福利（非现金形式）
外派	牵引和保障员工外派	外派补助 （离家补助、艰苦补助）	外派福利 （探亲机票、住宿）

€ 派遣补助

派遣补助制度是立足于全球业务运作的企业适用的福利补助，是对员工派驻外地短期和长期工作的一种补偿。表13-2是华为派遣补助的分类。

表13-2 华为派遣补助分类

长期国际派遣		短期国际派遣	
离家补助	对员工因长期派遣造成异地生活不便而给予的补助	短期国际派遣津贴	对员工因短期国际派遣造成异地生活不便而给予的补助（与派遣时间相关）
艰苦补助	考虑员工在长期国际派遣期间的艰苦因素给予的补助，向艰苦地区倾斜	艰苦补助	考虑员工在短期国际派遣期间的艰苦因素而给予的补助（艰苦补助标准分六类：0～80美元/天）
伙食补助	对员工长期国际派遣期间在派驻国就餐/生活成本而给予的补助	生活补助	对员工短期国际派遣期间在派驻国生活而给予的补助

€ 岗位津贴

根据岗位性质不同，岗位津贴类型分为四大类：责任岗位津贴、机要岗位津贴、兼职岗位津贴和特殊工作环境岗位津贴。

（1）责任岗位津贴适用于工作交付质量对组织业绩的影响范围广、程度深的工作岗位，其岗位津贴标准根据岗位的独特价值确定，以体现岗位责任的差异性；岗位津贴中的重大经营责任岗位津贴、特殊价值岗位津贴归入岗位工资。

（2）机要岗位津贴适用于工作内容涉及敏感的机要信息或数据、保密性要求高、离岗时有脱密期要求的岗位（可以根据机要岗位的涉密级别设置不同的脱密

期），其岗位津贴标准根据涉密级别和涉密范围予以确定，适当给予补偿。

（3）兼职岗位津贴适用于在本职工作之外额外承担非连续性工作职责的岗位，其岗位津贴标准参考所兼职岗位的贡献以及承担兼职岗位所付出的时间综合予以确定。

（4）特殊工作环境岗位津贴适用于经专业机构评估符合发放岗位津贴条件或当地法律法规要求发放岗位津贴的岗位，其岗位津贴标准结合工作环境影响程度和当地同类津贴水平综合确定，具有社会可比性，保证遵从。

主要的岗位津贴管理方法如表13-3所示。

表13-3　岗位津贴管理方法

类　别	适用岗位	典型场景	设计指导
责任岗位津贴	交付质量对组织业绩影响范围广、程度深	重大经营责任岗位、基建、内审	根据岗位独特价值，体现岗位责任差异性
机要岗位津贴	涉及机要信息和数据，保密要求高	信息安全、薪酬管理、IT机要岗位	结合涉密级别和涉密范围
兼职岗位津贴	本职工作之外承担非连续性工作职责	消防安全、监印员	参考兼职职责付出的时间价值
特殊工作环境岗位津贴	专业机构评估符合发放条件和当地法律要求	高温补贴、电磁辐射补贴	结合工作环境影响和当地同类津贴水平确定，具有社会可比性，保证遵从

€ 保障性福利

遵从当地社保法律法规，使员工在年老、患病、工伤、失业、意外伤害等情况下获得基本保障和合理补偿，福利待遇水平应不高于当地中间水平。华为的保障性福利的主要类别如图13-2所示。

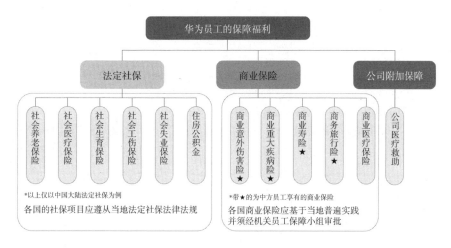

图13-2　华为员工的保障福利

保障性福利管理的主要方法如下。

（1）属地化管理：遵循属地化管理原则。

（2）确保合法合规：遵从所在国家和地区的社会保障和其他相关法律法规。

（3）提供基本保障：在养老、医疗、生命保障等方面为员工提供基本保障和合理补偿。

（4）福利水平管理：综合考虑保障性福利的定位水平，原则上应定位于所在国家和地区同行业的中间水平。

€ 非保障性福利

非保障性福利的补充福利、特色福利，主要参照当地国家和地区的行业实践与业界做法，体现公司一切靠贡献获取，不搞平均主义，不能在公司内部形成福利文化。华为的非保障性福利的主要类别如图13-3所示。

非保障性福利管理的主要方法如下。

（1）尊重当地实践：充分尊重和参考当地国家和地区的行业实践与业界做法。

（2）个性化设计：设计要充分体现非保障福利的个性化和差异化。

（3）福利成本管理：作为整体薪酬的重要组成部分，在符合当地整体薪酬竞

争性定位的基础上，综合考虑非保障福利的定位水平。

（4）非保障性福利的成本纳入工资性薪酬包，作为刚性工资成本的一部分。

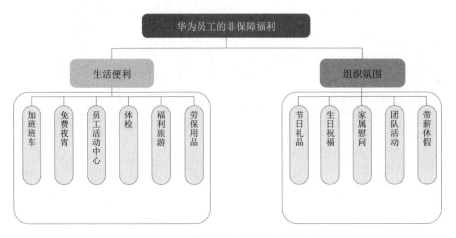

图13-3　华为员工的非保障福利

第十四章

非物质激励：导向持续奋斗

给我足够的军功章和绶带，我才能打胜仗。

——拿破仑

物质奖励是激发组织活力的"汽油"，非物质激励是激发组织活力的"机油"，只有加满油组织这趟"火车"才能跑得快。光给发动机加"汽油"，不加"机油"，磨损就大，效率会降低，持续时间会缩短，所以"机油"相对"汽油"同样重要。企业要针对不同层级员工非物质激励需求的特点，灵活运用多种激励手段（使命、目标、榜样、认可、培训和发展、工作环境等）激发员工工作的责任感和自我价值感，让员工能够持续奋斗。内在的自我激励，无须扬鞭自奋蹄。非物质激励的主要类别如表14-1所示。

表14-1　非物质激励的主要类别

类　别	激励手段
认可	• 荣誉奖、荣誉证书、奖杯 • 嘉奖函、通报表扬 • 明星员工宣传 • 与总裁合影、共进晚餐
学习与发展	• 承担更大的责任 • 主管关心员工个人发展 • 绩效管理（沟通、辅导） • 轮岗的机会 • 奖励性培训

类　别	激励手段
工作环境	• 主管的关心和认可 • 主管与下属的单独深度沟通 • 和谐的工作环境 • 关心员工健康 • 节日、生日祝福和问候

　　非物质激励的类别虽然很多，但主要分为两类，一类是机会激励，另一类是荣誉激励，下面分别介绍。

ⓔ 机会激励

　　机会激励就是员工对于未来的某种憧憬和追求。从企业角度来看，具体表现为企业愿景、目标带给员工的强烈使命感，员工愿意为之努力奋斗。从员工的角度来看，就是企业给员工提供成长机会、学习机会。分配的形式主要表现为职权。机会能够激发员工产生持续的动力，能带给员工极大的满足感、成就感、价值感。

　　组织成长与员工发展机会相联结，鼓舞员工群体挑战自我的更高追求。机会是对优秀人才的最大激励，给予机会也是企业内优秀人员不断涌现的关键手段。要将企业每一次业务发展、每一波技术进步、每一项管理改进、每一个空缺岗位配备，都视为给予优秀人才持续激励与发展的最好机会。对于已经在岗位上做出突出贡献、有使命感、有思想、有冲劲、有闯劲的人员要给予冲锋的机会，将这类员工优先投入企业战略性、挑战性岗位；对于在岗位贡献结果上持续优良、有责任感、技能精深的人才要给予担责的机会，敢于压担子、给权力，担当起日常业务与专业管理的骨干性、牵引性责任。

　　要用机会的牵引和挑战来发现、考察优秀人才。破格提拔首先要给予成功实践者新的挑战机会，促其在更具挑战性与更重要的岗位上接受新的业务与管理考验。破格提拔在为一贯绩效表现优良的员工提供成长机会的同时，也要敢于打破普遍规则，对于一些虽存较多缺点但在业务领域具有独特贡献的"歪瓜裂枣"，大胆给予担当重任的机会。对于在岗位上长期表现良好、有意愿、有能力的老员工，要给予稳定奋斗的机会，促使其始终如一地追求工作改进，在平凡的工作岗位上做出不平凡的贡献。

€ 荣誉激励

荣誉激励就是员工感受到的别人对自己价值的认可。具体表现为表彰对业务发展做出重要贡献和牺牲的员工，将他们树立为榜样，并号召员工向他们学习。表彰的形式主要为奖牌、奖杯、奖状、嘉奖函、奖券等。

用集体与个人的荣誉感，激发组织与员工群体持续产生更大责任感。要塑造员工的集体荣誉感，让集体荣誉感带来团队成就感与归属感，从而构建各级组织内主动协同、集体奋斗的精神基础。缺乏强烈荣誉感的组织与个体往往缺乏成功后继续追求更高目标的内在动力，难以持久凝聚组织内员工的奋斗热情。要及时对先进人员进行荣誉表彰，要善用多元化激励的方式。多元化激励不应该只是物质上的，精神层面也要有，如各类表彰、表扬。要分层分级授权直接主管拥有及时表彰、表扬的荣誉激励权力。员工的荣誉激励可以采用积分累计制，荣誉累积情况应可适度影响其长期激励，通过荣誉激励在组织中强化不断追求卓越、持续奋斗的贡献文化。通过正向积极、催人奋进的荣誉表彰仪式，让优秀的组织与个人获得更大的荣耀感，用荣耀感进一步激发出组织与个体更大的责任感，让个体性"一枝先秀"的榜样引导出群体性"百花齐放"的奋进。

某企业的荣誉激励地图如图14-1所示。

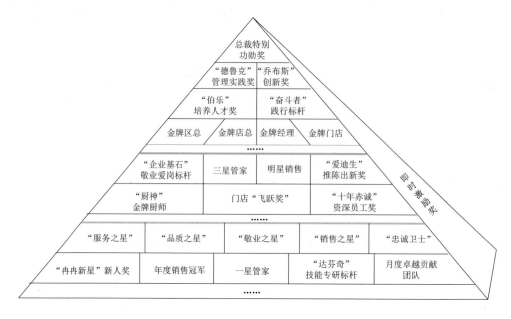

图14-1 某企业的荣誉激励地图

 ## 华为的荣誉激励

金牌奖

此奖旨在奖励为公司持续获得商业成功做出重大和突出贡献的个人和团队，是公司授予员工的最高荣誉奖励。金牌个人获奖比例是100∶1；金牌团队获奖比例按照400个人∶1个团队。2016年华为公司共评选出1 777名金牌个人，505个金牌团队。奖牌上是中英文的任正非名言："让青春的火花，点燃无愧无悔的人生。"下面是任正非的签名，再下面是黄澄澄金灿灿的纯金。获得金牌个人的员工有资格在天鹅湖畔与任正非单独合影和集体合影。

蓝血十杰奖

这是华为管理体系建设的最高荣誉奖。2013年11月29日董事会常务委员会做出就评选管理体系中"蓝血十杰"的事宜决议，以表彰"对管理体系建设和完善做出突出贡献的、创造出重大价值的优秀管理人才"。2014年6月18日公司召开了首届"蓝血十杰"表彰大会，获奖者有在职员工，也有离职员工，还有咨询公司的顾问。

明日之星奖

在发奖中也有个思维定式，即奖励只是对少数人的激励，奖励面不能太大，否则就会失去奖励的意义。所以，在奖励时，华为一直高度苛刻和吝啬。

为什么不能给平凡的人以感动？为什么要让获奖者孤独和孤立？任正非一直呼吁：华为要"遍地英雄下夕烟，六亿神州尽舜尧"，而不是"几个英雄下夕烟，十三亿神州几舜尧"；华为要"英雄倍出"，而不是"辈出"。在2015年10月23日的一次讲话中，任正非讲道："同时我们不要过分讲资历，优秀员工干得好，为什么不能提拔快些？华为正处在大浪淘沙、英雄倍出的时代，'六亿神州尽尧舜'，毛泽东说六亿人都能当圣贤，咱们十几万人怎么都不能当英雄呢？当然我们没有毛泽东那种气概，那么打个折，让25%的人当英雄难道不行吗？所以，公司每年有25%以上的人员能获得明日之星、金牌奖。"华为的明日之星奖是评奖领域一大创新，颠覆了传统的评奖和发奖模式。

华为2015年3月25日正式发布了《明日之星评选管理规定（暂行）》，这一规定的理论依据就来自任正非的上述思想。

明日之星奖的目的：公司要鼓舞正气上升，让英雄倍出，让大家看到前方的星照耀着我们前进的道路，千军万马就跟着上战场。通过组织各部门民主评选"明日之星"并予以表彰，以鼓舞士气，激励员工践行公司核心价值观，持续艰苦奋斗。有人的地方就有模范，有人的地方就有英雄。人人均有机会获得"明日之星"的荣誉称号。

明日之星奖的人数：按照部门总人数50%的比例进行评选，各个区域的评选比例可以有差别。

明日之星奖的评选方式：民主投票，各道德遵从办公室组织选区全员进行民主投票，一人一票，当场计票，当场公布结果，选票当场销毁。

明日之星奖品：发"明日之星"奖牌一枚，获奖信息记入员工荣誉档案。

截至2018年年末，华为共14.8万人次荣获"明日之星奖"，其中，7 511位员工当选过3次及以上，获奖比例为20%。

天道酬勤奖

2008年华为推出了"天道酬勤"奖。奖励的对象是：在海外累计工作10年以上或在艰苦地区连续工作6年以上的国际长期派遣人员，承担全球岗位的外籍员工全球流动累计10年或艰苦地区连续工作6年。奖牌为水晶材质，印有那双著名的芭蕾脚，上书罗曼·罗兰的名言：伟大的背后是苦难。当年获奖人数仅有17人，次年有15人获奖，2017年共有656人获得该奖项。截至2018年年末，公司共有3 943人获得"天道酬勤"奖。

2008汶川地震救灾抢通英雄纪念章

2008 年，汶川大地震。华为第一时间组织人员赶赴灾区，抢修通信。救灾抢通之后，127位在灾区最前线奋战的员工获得刻有任正非寄语的"让青春的生命放射光芒"和他签名的水晶砖作为永远的纪念。受当时条件限制，部分员工收到的是一块木质的荣誉证书。2015年，任正非兑现诺言，用奖章换回木牌，让大家"看到前方的星，鼓励千军万马上战场"。2015年，公司重铸"2008汶川地震救灾抢通英雄纪念章"。

家属奖

2009 年华为市场部大会，特意为华为人的家属发奖，任正非亲自颁奖，他指出："我们奋斗的目的，主观上是为了自己和家人幸福，客观上是为了国家和社会。最应该获奖的，应该是我们员工背后几十万的家人。其实他们才真正非常伟大。他们忍受了多少痛苦，才成就了华为，没有他们就不可能有华为的今天。"

从零起飞奖

　　任正非亲自参与奖牌设计，选定"航母起飞STYLE"图案，并命名奖牌为"英雄万岁"，指定由巴黎造币厂设计制作。获奖人员为：徐文伟、张平安、陈军、余承东、万飚， 2012年他们的年终奖金为"零"。其实在过去的2012年里，终端公司取得了巨大的进步，企业业务BG也在重大项目上屡屡突破，这些领导们自愿放弃奖金，意味着他们将来有更大的起飞。他们的这种行为就是英雄。

参考文献

[1] 黄卫伟. 以奋斗者为本华为公司人力资源管理纲要 [M]. 北京：中信出版社，
2014.

[2] 黄卫伟. 以客户为中心华为公司人力资源管理纲要 [M]. 北京：中信出版社，
2016.

[3] 黄卫伟. 价值为纲：华为公司财经管理纲要 [M]. 北京：中信出版社，2017.

[4] 包政. 管理的本质[M]. 北京：机械工业出版社，2018.

[5] 包政. 企业的本质[M]. 北京：机械工业出版社，2018.

[6] 丁伟，陈海燕. 熵减：华为活力之源[M]. 北京：中信出版集团，2019.

[7] 弗雷德里克·泰勒. 科学管理原理[M]. 马风才，译. 北京：机械工业出版社，
2014.

[8] 杰克·韦尔奇. 苏茜·韦尔奇. 赢[M]. 余江，玉书，译. 北京：中信出版社，
2017.

[9] 杰克·韦尔奇. 苏茜·韦尔奇. 商业的本质[M]. 蒋宗强，译. 北京：中信出版
社，2016.

[10] 稻盛和夫. 活法[M]. 曹岫云，译. 北京：东方出版社，2019.

[11] 稻盛和夫. 干法[M]. 曹岫云，译. 北京：东方出版社，2019.

[12] 黄铁鹰. 海底捞你学不会[M]. 北京：中信出版集团，2015.

[13] 田涛，吴春波. 下一个倒下的会不会是华为[M]. 北京：中信出版社，2017.

[14] 余胜海. 用好人，分好钱[M]. 北京：电子工业出版社，2019.

[15] 华为心声社区. 2018华为人荣誉报告[EB/OL]. [2019-02-02]. https：//mp.weixin.
qq.com/s/m8UlzBHuu6Y9FzqKOlo8QA.

[16] 华为心声社区. 这些年，华为颁过的"年终奖"[EB/OL]. [2016-01-12].
https：//mp.weixin.qq.com/s/Ivr082pY8xMLRL1Uhnrqkw.